Ausführliches Verzeichnis der

Guttentagschen Sammlung

Deutscher Reichs- und Preußischer Gesetze

— Text-Ausgaben mit Anmerkungen; Taschenformat —

welche alle wichtigeren Gesetze in unbedingt zuverlässigen Gesetzestexten und in mustergültiger Weise erläutert enthält, befindet sich hinter dem Sachregister.

Guttentagsche Sammlung
Nr. 42. Deutscher Reichsgesetze. Nr. 42.
Text-Ausgaben mit Anmerkungen.

Grundbuchordnung
für das Deutsche Reich
nebst den
preußischen Ausführungsbestimmungen.

Text-Ausgabe
mit Einleitung, Anmerkungen und Sachregister
von

Dr. Otto Fischer,
ordentlichem Professor der Rechte zu Breslau.

Vierte Auflage.

Berlin 1906.
J. Guttentag, Verlagsbuchhandlung,
G. m. b. H.

Inhaltsübersicht.

Erklärung der Abkürzungen.

A.	=	Anmerkung (also § 1 A. 1 = Anmerkung 1 zu § 1).
a.	=	Artikel, ohne Zusatz = Artikel des preußischen Ausführungsgesetzes zur Grundbuchordnung.
aE.	=	am Ende.
AG.	=	Ausführungsgesetz, ohne weiteren Zusatz = preußisches Ausführungsgesetz zur Grundbuchordnung.
Allg. Berggeſ.	=	preußisches Allgemeines Berggesetz vom 24. VI. 1865.
Allg. Vf.	=	Allgemeine Verfügung, ohne weiteren Zusatz = preußische Allgemeine Verfügung zur Ausführung der Grundbuchordnung.
ALR.	=	Allgemeines Landrecht für die preußischen Staaten.
B.	=	Bahn.
BahnG.	=	Gesetz über die Bahneinheiten.
BGB.	=	Bürgerliches Gesetzbuch für das Deutsche Reich.
BahnVf.	=	Allg. Vf. v. 1. XI. 1902.
Bek.	=	Bekanntmachung.
D.	=	Denkschrift zum zweiten Entwurf der Grundbuchordnung für das Deutsche Reich. (Guttentagsche Ausgabe.)
E.	=	Entscheidung mit folgenden Zusätzen:
Bay.	=	E. d. obersten Landesgerichts in München.

Erklärung der Abkürzungen.

FG.	=	E. in Angelegenheiten d. freiwilligen Gerichtsbarkeit, zusammengestellt im Reichsjustizamt.
Gr.	=	Gruchots Beiträge z. Erl. d. deutsch. Rechtes.
JW.	=	Juristische Wochenschrift.
K.	=	E. des Kammergerichts in Berlin (Abteilung A).
OLG.	=	Rechtsprechung der Oberlandesgerichte.
R.	=	E. des Reichsgerichts in Zivilsachen.
EEG.	=	Preußisches Gesetz über den Eigentumserwerb usw. vom 5. V. 1872.
EG.	=	Einführungsgesetz.
F.	=	Fassung.
FG.	=	Gesetz betr. die Angelegenheiten der freiwilligen Gerichtsbarkeit, ohne Zusatz = Reichsgesetz.
G.	=	Gesetz.
GB.	=	Grundbuch.
GBA.	=	Grundbuchamt.
GBBl.	=	Grundbuchblatt.
GBO.	=	Grundbuchordnung.
GVG.	=	Gerichtsverfassungsgesetz.
GS.	=	preußische Gesetzsammlung. (Die beigefügten Zahlen geben Band, bzw. Jahrg. und Seite an.)
HGB.	=	Handelsgesetzbuch.
JMBl.	=	preußisches Justiz-Ministerialblatt.
KB.	=	Kommissionsbericht.
KonsG.	=	Reichsgesetz über die Konsulargerichtsbarkeit vom 7. IV. 1900.
KO.	=	Konkursordnung.
M.	=	Motive zum ersten Entwurf der Grundbuchordnung für das Deutsche Reich.
Pr.	=	Preußen.
pr.	=	preußisch.

Erklärung der Abkürzungen.

RG.	=	Reichsgesetz.
RGBl.	=	Reichsgesetzblatt.
RTK.	=	Reichstagskommission.
S.	=	Satz oder Seite.
SchutzgG.	=	Schutzgebietsgesetz in der Fassung der Bekanntmachung vom 10. IX. 1900.
SchutzgV.	=	Kaiserliche Verordnung betr. die Rechte an Grundstücken in den deutschen Schutzgebieten vom 21. XI. 1902.
StGB.	=	Strafgesetzbuch.
V.	=	Verordnung, ohne weiteren Zusatz = preußische Verordnung betreffend das Grundbuchwesen.
Vf.	=	Verfügung.
ZVG.	=	Reichsgesetz über die Zwangsversteigerung und Zwangsverwaltung.
ZPO.	=	Zivilprozeßordnung.

Die römischen Ziffern I und II ohne nähere Bezeichnung bedeuten den ersten und zweiten Entwurf der Grundbuchordnung, die beigefügten arabischen Ziffern beziehen sich auf die Paragraphennummern jener Entwürfe. Der der Ziffer eines § oder Artikels beigefügte Exponent bezeichnet den Absatz.

Abkürzungen die einzelnen preußischen Gebietsteile betreffend in den Anm. auf S. 11 bis 13.

Einleitung.

Das moderne Recht der Grundstücke und sonstigen Immobilien beruht im Gegensatz zum römischen und zum allgemeinen deutschen Recht aber in Anknüpfung an altgermanische Einrichtungen auf der Führung eines öffentlichen Buchs (Grundbuchs), welches über die Rechtsverhältnisse, insbesondere über Eigentum und Belastung Auskunft gibt.

Solche Grundbücher hatten sich auch nach der Rezeption des römischen Rechts in vielen Gegenden Deutschlands erhalten. Bahnbrechend wirkte aber für die Neubelebung dieser Ordnung die preußische Kodifikation am Ende des vorigen Jahrhunderts. Das Immobiliarsachenrecht des Allgemeinen Landrechts vom 5. 2. 1794 hat das Dasein öffentlicher Bücher zur Voraussetzung. Die formelle Ordnung dieser Bücher enthielt die von Svarez verfaßte Hypothekenordnung vom 20. 12. 1783, welche sich, in einigen Punkten durch das Gesetz vom 24. 5. 53 abgeändert, bis zum 1. 10. 72 in Geltung erhalten hat, und welche namentlich ein ganz ausgezeichnetes, praktisch brauchbares Formular für die Einrichtung der Hypothekenbücher darbot.

Mit dem 1. 10. 72 trat zunächst für den landrechtlichen Teil Preußens*) die Grundbuchordnung vom 5. 5. 72 in Kraft, auf welche das für Neuvorpommern und Rügen unter dem 21. 3. 68 erlassene Gesetz einen gewissen Einfluß gehabt hat. Gleichzeitig wurde auch ein Gesetz über den Eigentumserwerb und die dingliche Belastung der Grundstücke, Bergwerke und selbständigen Gerechtigkeiten erlassen, welches das materielle Immobiliarsachenrecht des ALR. in wichtigen Punkten einer Abänderung unterzog.

Hinzu kamen dann noch das Gesetz vom 14. 3. 82, betreffend die Wiederherstellung zerstörter oder ver-

*) Mit Ausnahme der landrechtlichen Bezirke von Hannover. Der ursprüngliche Geltungsbereich (Altpr.) umfaßt die Provinzen Ost- und Westpreußen, Brandenburg mit Berlin, Schlesien, Posen, Sachsen und Westfalen, ferner die Provinz Pommern mit Ausnahme von Neuvorpommern und Rügen, d. h. des Regierungsbezirks Stralsund bzw. der Amtsgerichtsbezirke Barth, Bergen, Franzburg, Greifswald, Grimmen, Loitz, Stralsund und des gemeinrechtlichen Teils des Amtsgerichtsbezirks Wolgast (landrechtlich sind nur die Amtsbezirke Peenemünde, Crummin und Neuendorf auf der Insel Usedom), endlich die landrechtlichen Teile der Rheinprovinz, nämlich die Kreise Duisburg (Stadt), Essen (Stadt), Essen (Land), Mülheim a. d. R., Rees und Ruhrort (zu den Landgerichtsbezirken Duisburg und Essen, des OLG. Hamm gehörig), und den Teil der Stadt Langenberg (Kreis Mettmann, Amtsgericht Langenberg, OLG. Köln), welcher früher die westfälische Landgemeinde Oberbonsfeld bildete. (Gesetz vom 24. 2. 81.) Hier sind die Gesetze am 1. 10. 72 in Kraft getreten.

loren gegangener Grundbücher und das Gesetz, betreffend die Zwangsvollstreckung in das unbewegliche Vermögen vom 13. 7. 83. Eine besondere Regelung erfuhr das Grundbuchwesen für Privateisenbahnen und Kleinbahnen in dem Gesetz, betreffend die Pfändung an Privateisenbahnen und Kleinbahnen und die Zwangsvollstreckung in dieselben vom 19. 8. 95.

Durch eine Reihe von Einführungsgesetzen wurde dieses Grundbuchrecht allmählich in der gesamten preußischen Monarchie*) mit Ausnahme der ehemals

---

*) I. in der Provinz Hannover:

1. für die ganze Provinz (gemeinrechtliche und landrechtliche Gebietsteile) mit Ausnahme des Jadegebiets (Hann.), durch G. v. 28. 5. 73 (Gesetzeskraft v. 1. 10. 73). Eine Ergänzung gab das G. v. 29. 1. 79;

2. für das Jadegebiet (Amtsgericht Wilhelmshafen) (Jade) durch G. v. 23. 3. 73 (Gesetzeskraft v. 1. 4. 73). Ergänzend ist das G. v. 3. 2. 79 hinzugetreten;

II. in der Provinz Schleswig-Holstein:

1. für die ganze Provinz mit Ausnahme des Kreises Herzogtum Lauenburg (Amtsgerichtsbezirke Lauenburg, Mölln, Ratzeburg, Schwarzenbeck und Steinhorst) und der zufolge G. v. 18. 2. 91 dieser Provinz und dem Amtsgerichte Altona zugeteilten Insel Helgoland (Schl.-H.) durch G. v. 27. 5. 73 (Gesetzeskraft v. 1. 10. 73). Eine Ergänzung enthielt d. G. v. 31. 10. 79;

2. für den Kreis Herzogtum Lauenburg durch G. v. 8. 6. 96 (Gesetzeskraft v. 1. 10. 96);

III. in der Provinz Hessen-Nassau:

1. für den Bezirk des vormaligen Appellationsgerichts zu Kassel mit Ausschluß des Amtsgerichts zu

nassauischen Gebietsteile, in welchen das Stockbuchgesetz vom 15. 5. 51 in Kraft blieb und der Insel Helgoland eingeführt. Außerdem hatte es in den Fürstentümern Waldeck und Pyrmont (G. v. 25. 1. 81)

Vöhl (Regierungsbezirk Kassel mit Ausnahme des Bezirksamts Vöhl oder Bezirk des OLG. Kassel mit Ausnahme der Amtsgerichtsbezirke Battenberg, Biedenkopf, Gladenbach und Vöhl, ferner Amtsgerichtsbezirk Bockenheim des OLG. Frankfurt a. M., Amtsgerichtsbezirke Obernkirchen, Oldendorf, Rinteln und Rodenberg des OLG. Celle und Amtsgerichtsbezirke Brotterode, Schmalkalden und Steinbach-Hallenberg des OLG. Jena, (Kassel), durch G. v. 29. 5. 73. Gesetzeskraft (mit Ausnahmen) v. 1. 7. 74 ab. Ergänzungen boten die Gesetze v. 29. 5. 74 und vom 28. 5. 85);

2. für das Gebiet der vormaligen freien Stadt Frankfurt, sowie die vormals Großherzoglich Hessischen und Landgräflich Hessischen Gebietsteile (Frankf.) durch Gesetz vom 19. 8. 98 (Gesetzeskraft v. 1. 10. 95; mit Allg. Vf. vom 9. 11. 95 (JMBl. S. 349);

IV. in der Provinz Pommern:

für Neuvorpommern und Rügen (N.V.P.) durch Gesetz v. 26. 5. 73. (Gesetzeskraft v. 25. 6. 73.) Von dem G. v. 21. 3. 68 blieben einzelne Bestimmungen in Kraft;

V. in der Rheinprovinz:

1. für den Bezirk des ehemaligen Justizsenats zu Ehrenbreitstein (Ehr.) (Ostrhein oder rechtsrheinische Teile des Kreises Koblenz, Kreise Neuwied, Wetzlar und Altenkirchen. Vom Kreise Altenkirchen waren ausgenommen die Bürgermeisterei Friesenhagen und der rechts der Sieg belegene Teil der Bürgermeisterei Wissen, letzterer jedoch ohne den Distrikt Küchenhof. Nach der Gerichtseinteilung kamen in Betracht aus dem Bezirk des OLG. Frankfurt a. M. die Amtsgerichtsbezirke

Geltung erlangt.*) Es kam endlich modifiziert in den deutschen Konsulargerichtsbezirken und Schutzgebieten zur Anwendung.**)

Von dem Hypothekenwesen des französischen code civil, welches, allerdings in einer durch spätere Gesetze verbesserten Gestalt, in Elsaß-Lothringen in Geltung geblieben ist, unterscheidet sich schon die ältere preußische Gesetzgebung durch eine bessere Durchführung der Grundsätze der Spezialität und Priorität.

Braunfels, Ehringshausen und Wetzlar des Landgerichts Limburg a. L. und die Amtsgerichte Altenkirchen, Asbach, Daaden, Dierdorf, Ehrenbreitstein, Kirchen, Linz, Neuwied und Wissen des Landgerichts Neuwied) durch G. v. 30. 5. 73 (Gesetzeskraft v. 1. 10. 73) mit ErgänzungsG. v. 29. 1. 79;

2. für den Geltungsbereich des rheinisch-französischen Rechts (Rhein), welcher die sämtlichen bisher nicht genannten Teile der Rheinprovinz und des Bezirks des OLG. Köln umfaßt, durch G. v. 12. 4. 88 (Gesetzeskraft v. 1. 1. 89). Dazu das ergänzende bzw. abändernde G. v. 14. 7. 93 (Gesetzeskraft v. 14. 8. 93), die Allg. Vf. v. 21. 11. 88 (JMBl. S. 303) mit Allg. Vf. v. 7. 3. 92 JMBl. S. 86 u. v. 23. 11. 95 (JMBl. S. 410). Vorbereitende G. v. 20. 5. 85 u. 24. 5. 85;

VI. in Hohenzollern (Hz.) durch G. v. 31. 5, 73 mit Gesetzeskraft v. 1. 10. 73.

*) Ausf.V. v. 21. 9. 81 (JMBl. S. 190ff.). Ein Teil der Bestimmungen blieb hier außer Geltung.

**) RG. v. 10. 7. 79 §§ 2, 3, RG. v. 17. 4. 86 § 3, RG. v. 7. 7. 87, RG. v. 15. 3. 88 § 3 Nr. 2. Näheres bei Riebow, die Deutsche Kolonial-Gesetzgebung, herausgegeben von Schmidt-Dargitz und Köber.

Inzwischen sind die Grundbucheinrichtungen in sämtlichen reichsdeutschen Ländern in verschiedenartiger Weise zur Durchführung gelangt, so in Bayern durch das Hypotheken-G. v. 1. 6. 22, im Königreich Sachsen durch die V. v. 9. 1. 65 und in Württemberg durch die G. v. 15. 4. 25, 21. 5. 28 und 13. 4. 73.*)

Das am 1. 1. 1900 in Kraft getretene Bürgerliche Gesetzbuch für das Deutsche Reich vom 18. 8. 96 hat das materielle Sachenrecht auch für die Grundstücke und andere Immobilien soweit geregelt, als nicht die auf diesem Gebiete allerdings besonders weitgehenden Vorbehalte in dem Einführungsgesetz dem Landesrecht dauernd oder doch für die Übergangszeit Spielraum lassen.**) Die Zwangsvollstreckung in das unbewegliche Vermögen und andere Fälle der Zwangsversteigerung und Zwangsverwaltung von Immobilien sind dagegen im Anschluß an ZPO. §§ 864—871 durch das Reichsgesetz über die Zwangsversteigerung und die Zwangsverwaltung vom 24. 3. 97 (preußisches Ausführungsgesetz vom 23. 9. 99) geordnet.***)

---

*) Im übrigen M. 24 f.

**) Für das materielle Sachenrecht wird hier ein für allemal auf die Handausgabe des BGB. von O. Fischer u. W. Henle (7. Aufl. 1906) verwiesen.

***) In dieser Beziehung wird hier ein für allemal verwiesen auf: Die Gesetzgebung betr. die Zwangsvollstreckung in das unbewegliche Vermögen vom Reiche und in Preußen von J. Krech und O. Fischer (4. Aufl. 1903).

Das Sachenrecht des Bürgerlichen Gesetzbuches hat zur Voraussetzung, daß überall in seinem Geltungsbereich durch Grundbuchämter Grundbücher geführt werden.*) Deshalb ist auch in a. 1 EG. BGB. vorgesehen, daß gleichzeitig mit dem BGB. eine Grundbuchordnung für das Deutsche Reich in Kraft tritt, welche die formelle Ordnung des Grundbuchwesens und des Verfahrens in Grundbuchsachen soweit regelt, als nicht der Landesgesetzgebung die Ordnung im einzelnen zu überlassen ist.

Demgemäß hatte die von dem Bundesrate berufene Kommission zur Ausarbeitung des Entwurfes eines Bürgerlichen Gesetzbuches in erster Lesung auf Beschluß des Bundesrats vom 14. 6. 88 auch den Entwurf einer Grundbuchordnung aufgestellt, welcher schon im Jahre 1889 veröffentlicht wurde.**) Die Vorarbeiten, insbesondere die Beratungsprotokolle, sind ebensowenig veröffentlicht, wie bei dem BGB. selbst. Dagegen sind die von Hilfsarbeitern der Kommission auf Grund der Vorarbeiten ausgearbeiteten Motive dem veröffentlichten Entwurf beigegeben.

---

*) BGB. §§ 873, 875—877, 925, 928, 1116.

**) Entwurf einer Grundbuchordnung und Entwurf eines Gesetzes, betreffend die Zwangsvollstreckung in das unbewegliche Vermögen. Ausgearbeitet durch die von dem Bundesrate berufene Kommission. Nebst Motiven. Amtliche Ausgabe. Berlin. Verlag von J. Guttentag 1889.

Die an dem Entwurf des BGB. nach der ersten Lesung vorgenommenen sehr erheblichen Änderungen machten auch eine bedeutende Umarbeitung des Entwurfs einer Grundbuchordnung erforderlich. Diese ist erst nach dem Zustandekommen des BGB. erfolgt, demnächst vom Bundesrat als Reichstagsvorlage angenommen und unter dem 22. 1. 97 dem Reichstage vorgelegt. Diesem zweiten Entwurfe ist statt der Motive eine kürzere Denkschrift beigegeben.*)

Im Reichstage wurde die erste Lesung (StenBer. S. 4417—4428, am 3. 2. 93 vorgenommen. Sie endete mit der Verweisung des Entwurfs an die 16. Kommission, welche die Beratung am 19. 2. 97 beendete. Den Vorsitz führte der Abgeordnete Dr. v. Cuny, während der Abgeordnete de Witt als Berichterstatter fungierte. Der Bericht bildet die Nr. 686 der Drucksachen des Reichstags. Die von der Kommission beschlossenen Änderungen (2 neue Paragraphen und 12 Änderungen) sind nur von untergeordneter Bedeutung.

Der Reichstag hat sodann am 26. 2. 97 in zweiter Lesung und am 8. 3. 97 in dritter Lesung den unveränderten Kommissionsentwurf nebst einer Resolution (§ 2 A. 3) im ganzen angenommen.

---

*) Nr. 631 der Drucksachen des Reichstags, hier zitiert nach der Ausgabe Berlin, Verlag von J. Guttentag 1897.

Vom Bundesrat wurde die unveränderte Annahme am 18. 3. 97 beschlossen. Das Gesetz ist veröffentlicht in der am 3. 4. 97 in Berlin ausgegebenen Nr. 15 des RGBl. Eine neue Bekanntmachung des Textes erfolgte auf Grund des § 2 des Reichsgesetzes vom 17. 5. 98 unter dem 20. 5. 98 in Nr. 25 des RGBl. Geändert sind dabei lediglich Verweisungen auf andere, inzwischen abgeänderte Gesetze.

Die Reichsgrundbuchordnung ist mit dem 1. 1. 1900 für das ganze Reichsgebiet in Kraft getreten, aber nur mit der in § 82 festgesetzten Maßgabe, daß sie in jedem Grundbuchbezirke erst in dem Zeitpunkte im vollen Umfange in Kraft tritt, in welchem das Grundbuch als angelegt anzusehen ist (§ 82[1] mit a. 186, 189 EG. BGB.).

Charakteristisch für dieses Gesetz ist nun in erster Linie, daß es die Rechtseinheit auf dem Gebiete des formellen Grundbuchrechts nur in beschränktem Maße erstrebt und erreicht hat. Es sollte in das Landesrecht nicht tiefer eingegriffen werden, als es das Bedürfnis, dem materiellen Reichsrecht die formelle Grundlage zu sichern, erforderlich machte. Dementsprechend sind den bereits im EG. BGB. zugunsten des Landesrechts gemachten durch § 83 mit der Modifikation des § 84 auf das Grundbuchwesen erstreckten Vorbehalten weitere Vorbehalte hinzugetreten. Vor allem ist die Verfassung der Grundbuchämter Sache des Landesrechts, die Einrichtung der Grundbücher ist den Anordnungen der Landesjustizverwaltung überlassen (§§ 1, 2), und sind auf diesem Gebiete nur einzelne reichsrechtliche Bestimmungen (§§ 2—12) gegeben. Im weiteren ist dann in einzelnen Punkten der Landesgesetzgebung (§§ 98—102, EG. BGB. a. 187, 188) der landesherrlichen Verordnung (§§ 2^{3}, 85—87, 90—92, EG. BGB. a. 186) und den Anordnungen der Landesjustizverwaltung (§§ 1^{2}, 93—97) ein näher begrenzter Spielraum gewährt. Im übrigen gilt aber nach § 82^{2} der Satz, daß die das Grundbuchwesen betreffenden Vorschriften der Landesgesetze außer Kraft treten.

Den Kernpunkt des Gesetzes bildet der zweite Abschnitt (§§ 13—55), welcher die Eintragungen in das Grundbuch behandelt und insbesondere den Antrag bzw. das Ersuchen, die Bewilligung und die sonstigen Voraussetzungen der Eintragungen, die Eintragungen selbst, ihre Berichtigung und die Benachrichtigung der Beteiligten regelt. Daran schließt sich der dritte Abschnitt (§§ 56—70), welcher die über die Grundstückspfandrechte zu bildenden Briefe betrifft. Ein vierter Abschnitt (§§ 71—81) ordnet das Rechtsmittel der Beschwerde und weiteren Beschwerde. Der einleitende Abschnitt (§§ 1—12) enthält die schon erwähnten reichsrechtlichen Vorschriften über die Verfassung der Grundbuchämter und die Einrichtung der Grundbücher, während der letzte Abschnitt (§§ 82—102), abgesehen von der Bestimmung über das Inkrafttreten des Gesetzes, nur das Verhältnis zum Landesrecht zum Gegenstande hat.

Die reichsrechtliche Ordnung konnte sich nicht direkt an eine der bestehenden Grundbuchgesetzgebungen anschließen, da sie sich in erster Linie ganz dem Liegenschaftsrechte des BGB. unterzuordnen hatte. Gleichwohl läßt sich nicht verkennen, daß für das Gesetz in vielen Punkten die bereits bestehenden Grundbuchgesetze, und zwar in erster Linie die preußische Grundbuchordnung vorbildlich gewesen ist. Es handelt sich sachlich nicht um eine Neuschaffung, sondern nur um eine veränderte Ordnung des Bestehenden.

Die neue Grundbuchordnung hat in allen wesentlichen Fragen die bisherigen Grundsätze übernommen bzw. als Voraussetzung angenommen. Es konnte darüber von vornherein deshalb kein Zweifel sein, weil die wichtigsten dieser Grundsätze (Spezialität, Publizität, Konsens- und Antragprinzip) schon in dem BGB. selbst ausgesprochen oder vorausgesetzt sind.

Technisch sind der pr. GBO. gegenüber erhebliche Fortschritte gemacht, namentlich ist die Kasuistik vielfach durch Generalregeln ersetzt.

Für die preußische Monarchie dient zur Ergänzung der Reichsgrundbuchordnung zunächst das Ausführungsgesetz zur GBO. vom 26. 9. 99. Der Entwurf mit Begründung wurde am 12. 4. 99 dem Hause der Abgeordneten übersandt (Drucksachen des H. d. A. Nr. 140), in erster Lesung vom 24. 4. 99

der 15. Kommission überwiesen, welche die Beratung unter dem Vorsitze des Abgeordneten Dr. Porsch am 17. 6. 99 durch Feststellung des durch den Abg. Zimmermann (Schlüchtern) erstatteten Berichts (Drucksachen Nr. 223) beendete. Ein neuer Artikel ist eingefügt. 8 Artikel wurden geändert. Die Annahme in 2. und 3. Lesung erfolgte mit einer ganz geringfügigen Änderung.

Das Herrenhaus hat den Entwurf nach Beratung durch die verstärkte IV. Kommission (Vorsitzender Drenkmann, Berichterstatter Dr. Loersch, Drucksachen des HH. Nr. 138) unverändert angenommen. Das Gesetz ist veröffentlicht in der am 10. 10. 99 in Berlin ausgegebenen Nr. 31 der Gesetzsammlung.

Das Ausführungsgesetz trat mit einer Modifikation bezüglich der Bergwerke gleichzeitig mit der GBO. in Kraft (a. 33).

Das Gesetz hat sich grundsätzlich darauf beschränkt, nur diejenigen der Landesgesetzgebung vorbehaltenen Fragen zu regeln, welche in der preußischen GBO. und den dazu ergangenen Einführungsgesetzen geregelt waren, also davon abgesehen, die in Sondergesetzen enthaltenen grundbuchrechtlichen Vorschriften in sich aufzunehmen (vgl. aber A. 30, 31).

Das Gesetz, welches einer äußeren Gliederung entbehrt, zerfällt nach seinem sachlichen Inhalt in 5 Abschnitte: Grundbuchämter und Grundbuchbeamte (a. 1—9), Vorschriften für die Eintragungen, zunächst bei Grundstücken (a. 10—21), Vorschriften für Bergwerke und Gerechtigkeiten (a. 22—28), Abänderung und Aufhebung bestehender Gesetze (a. 29—32), Inkrafttreten (a. 33).

Eine zweite Ergänzung bietet die Königliche Verordnung, betreffend das Grundbuchwesen vom 13. 11. 99. Sie ist veröffentlicht in der am 18. 11. 99 in Berlin ausgegebenen Nr. 38 der Gesetzsammlung. Die Verordnung hat zum Hauptgegenstand die Anlegung der Grundbücher bzw. Grundbuchblätter.

Beigegeben ist der Verordnung ein Verzeichnis derjenigen preußischen Grundbuchbezirke und Anlegungsbezirke, in denen das Grundbuch mit Inkrafttreten des BGB. als angelegt anzusehen ist. Ausnahmen bestanden danach lediglich in den fünf Oberlandesgerichtsbezirken Kiel, Celle, Cassel, Frankfurt a. M., Köln*).

Auf Grund des a. 35 dieser Verordnung ergingen dann noch die Verordnung, betreffend die Anlegung der Grundbücher im Gebiete des vormaligen Herzogtums Nassau vom 11. 12. 99, veröffentlicht in der am 21. 12. 99 zu Berlin ausgegebenen Nr. 43 der Gesetzsammlung, und die Verordnung, betreffend die Anlegung des Grundbuchs für die Insel Helgoland vom 10. 4. 1900, in der am 25. 4. 1900 zu Berlin ausgegebenen Nr. 16 der Gesetzsammlung veröffentlicht.

---

*) S. u. S. 167.

Den Abschluß dieser generellen Ordnung des preußischen Grundbuchwesens bildet die in Nr. 43 des Justiz-Ministerialblattes vom 24. 11. 99 unter Nr. 90 veröffentlichte Allgemeine Verfügung des Justizministers zur Ausführung der GBO. vom 20. 11. 99. Die Verfügung zerfällt in 4 Abschnitte, von denen der erste hauptsächlich die Grundbücher, der zweite die Grundakten und der dritte die Briefe betrifft, während der vierte (Schlußbestimmungen) für einige besondere Arten von Grundstücken Bestimmungen trifft.

Als Anlagen sind dieser Allgemeinen Verfügung die probeweise ausgefüllten Formulare für die Grundbuchblätter und Briefe beigegeben.

EG. BGB. a. 112 ermöglichte die Fortdauer besonderer landesrechtlicher Gestaltung des Grundbuchwesens für die Eisenbahnen. In Preußen ist das Gesetz vom 19. 8. 95, nachdem es bereits eine geringe Änderung durch a. 31 pr. AG. GBO. erfahren hatte, durch das Gesetz vom 11. 6. 02 (veröffentlicht in der am 7. 7. 02 zu Berlin ausgegebenen Nr. 30 der Gesetzsammlung) in erheblicher Weise geändert worden. Die neue Fassung ist auf Grund der in a. 2 des G. vom 11. 6. 02 gegebenen Ermächtigung als „Gesetz über die Bahneinheiten" in der am 22. 7. 02 zu Berlin ausgegebenen Nr. 33 der Gesetzsammlung bekannt gemacht.

Eine Ergänzung gibt die in Nr. 44 des Justiz-Ministerialblattes vom 28. 11. 02 veröffentlichte

Allgemeine Verfügung des Justizministers, betreffend die Bahngrundbücher vom 11. 11. 02, welcher das Formular für das Bahngrundbuch beigefügt ist.

Diese Neuregelung umfaßt grundsätzlich die gesamte preußische Monarchie.

Die Gestaltung, welche das Grundbuchrecht nunmehr gefunden hat, gelangt auch in den deutschen Konsulargerichtsbezirken und Schutzgebieten modifiziert zur Anwendung.*)

---

*) KonsG. insbes. §§ 19—30, EinfV. v. 25. 10. 00 a. 1, 2, Abs. 1, 4 Schutzg.G. §§ 3, 4, 8, 15 SchutzgV., Vf. des Reichskanzlers v. 30. 11. 02 V. v. 6. 12. 87 (Bismarckarchipel) Salomonsinseln, 2. 8. 00 (Kaiser Wilhelmsland nebst Inseln), 25. 10. 00 (Tientsin und Hankau), 17. 2. 03 (Neu Pommern), 30. 3. 03 (Kiautschou), 23. 5. 03 (Südwestafrika), 3. 7. 03 (Neu-Guinea), 15. 7. 03 (Samoa), 6. 1. 04 (Ostafrika), 19. 7. 04 (Togo), 22. 7. 04 (Neu Guinea). Ferner die V. und Schutzbriefe hinsichtlich der Verträge betr. Grundstücke Eingeborner und der Besitznahme von herrenlosem Land. Vgl. Riebow, oben S. 13, A. **)

I. Grundbuchordnung.[1]

Vom 24. März 1897.

In der Fassung der Bekanntmachung vom 20. Mai 1898.

(RGBl. Nr. 25 S. 754—770.)

[1]) Entsprechende Anwendung auf die pr. Bahngrundbücher BahnG. § 9.

Erster Abschnitt.

Allgemeine Vorschriften.

Grundbuchämter. Einrichtung der Grundbücher.

§. 1. Die Grundbücher werden von den Grundbuchämtern[1]) geführt.

Die Einrichtung der Bücher[2]) bestimmt sich nach den Anordnungen der Landesjustizverwaltung,[3]) soweit sie nicht in diesem Gesetze geregelt[4]) ist.[5])

I 1[1], 16, II 1. M. 26, 47; D. 2, 3.

[1]) Die Verfassung der nach Reichsrecht mit der Führung des GB. zu betrauenden GBA. regelt die Landesgesetzgebung. Diese kann entweder das Amtsgericht im ganzen oder eine bestimmte Abteilung desselben zum GBA. bestimmten oder das GBA. als selbständige Staats- oder Gemeindebehörde einrichten oder mit einer anderen Staats- oder Gemeindebehörde vereinigen. Vgl. für letzteren Fall insbesondere § 100. Abgesehen von Baden, den beiden Mecklenburg und Württemberg, die aber auch Übertragung grundbuchamtlicher Funktionen auf die Amtsgerichte kennen, sind überall nach Landesrecht die Amtsgerichte zugleich

Grundbuchämter. Für Pr. pr. AG. a. 1. Die Landesgesetzgebung bestimmt auch, ob die Verrichtungen des GBA. durch einen oder mehrere Beamte wahrzunehmen und ob und inwieweit im letzteren Falle eine Teilung der Funktionen oder gemeinschaftliche Bearbeitung eintreten soll. In Pr. sind bei jedem Amtsgericht ein oder mehrere Richter und Gerichtsschreiber mit der Führung des Grundbuchs beauftragt. (pr. AG. a. 1 A. 1.) Über ihre Funktionen pr. AG. a. 4—7. Das Landesgesetz hat ferner die örtliche Zuständigkeit des GBA. (§ 3 A. 3), die Entscheidung der Zuständigkeitsstreitigkeiten, sowie die Folgen der Unzuständigkeit zu regeln. Für Pr. AG. a. 1—3. Außerdem fällt dem Landesrecht anheim, die Erlangung der Fähigkeit zum GB.Beamten, sowie die gesamten Dienstverhältnisse derselben zu bestimmen. Für Pr. AG. a. 1 A. 1. Auch die Ausschließung und Ablehnung der GB.Beamten untersteht der Landesgesetzgebung. Vgl. aber §§ 10 u. 81. Für Pr. AG. a. 1 A. 1. Über die Haftung der GB.Beamten § 12. Für Pr. § 12 A. 7. Das Landesrecht bestimmt auch über die Dienstaufsicht in GB.Sachen einschließlich der im Aufsichtswege zu erledigenden Beschwerden über Verzögerungen und sonstige Ordnungswidrigkeiten. Für Pr. AG. a. 1 A. 1. Dagegen ist für die *sachlichen* Beschwerden Instanzenzug und Verfahren in den §§ 71 bis 81, 100, 101 dieses Gesetzes geordnet. Dazu die Befugnis zum sachlichen Einschreiten des Amtsgerichts nach § 101.

[2]) Für die Einrichtung der GB. enthalten Bestimmungen die §§ 2—9, 85—92, 95, 96. Sache der Landesjustizverwaltung ist es insbesondere, ein Formular für die GBBl. und die Form der einzelnen Eintragungen zu bestimmen. Vgl. aber §§ 45 ff. Der Inhalt kann über das Reichsrecht hinaus erweitert werden. Für Pr. Allg. Vf. §§ 1 ff. Das Verfahren, in welchem die Anlegung erfolgt, bestimmt landesherrliche V. (EG. BGB. a. 186[1].) Für Pr. V. a. 5 ff., 15, 16 ff.

³) Vgl. pr. AG. a. 29. — Für die Schutzgebiete § 93 A. 1. — Für pr. BahnGB. BahnG. § 10¹.

⁴) Der Bestimmung des Landrechts bleiben auch die in der GBO. nicht geregelten allgemeinen Grundsätze des Verfahrens vorbehalten, insbesondere die Form der Entscheidungen, Protokolle, Zeugnisse über die Eintragungen, Zustellungen, die gesamte Bureauverwaltung, insbesondere die Anlegung und Behandlung der Grundakten, das Verhältnis des Grundbuchs zum Kataster und Flurbuch, das Stempelwesen (vgl. aber § 31) und das Kostenwesen. (Materielle Bestimmungen in BGB. §§ 449, 897.) — Für Pr. Allg. Vf. und die AG. a. 1 A. 1 aufgeführten Bestimmungen. — Über Anwendung ausländischen Rechts im GB.Verkehr E OLG. 4⁷⁵.

⁵) In Pr. besondere Bahngrundbücher BahnG. § 8.

Bezirke. Bezeichnung der Grundstücke.

§. 2. Die Grundbücher sind für Bezirke einzurichten.¹)

Die Bezeichnung der Grundstücke²) erfolgt in den Büchern nach einem amtlichen Verzeichniß, in welchem die Grundstücke unter Nummern oder Buchstaben aufgeführt sind.³) Die Einrichtung des Verzeichnisses wird durch landesherrliche⁴) Verordnung bestimmt.⁵)

I 5¹, 7, II 2. M. 30, 34; D. 3.

¹) D. h. dem GBA. ist ein bestimmter örtlicher Bezirk zu überweisen und dieser kann wieder in mehrere örtliche Bezirke geteilt werden, welche sich mit politischen Bezirken decken können, aber nicht zu decken brauchen, übrigens auch nur ein einziges Grundstück enthalten können. Für Pr. AG. a. 1. Für jeden Bezirk ist dann das GB. als GB. dieses Bezirks in einem oder mehreren Bänden einzurichten. Für Pr. Allg. Vf. § 1¹. Eine Ausnahme in § 85. Jeder

Band enthält eines oder mehrere Grundbuchblätter (Grundbuchhefte), welche entweder nach § 3 oder nach § 4 eingerichtet werden, in jedem Falle aber wohl aus mehreren Papierblättern bestehen. Für Pr.Allg. Vf. §§ 5ff. bis § 59².

²) Denen das Landesrecht überall die Bergwerke und die auf Grund der Vorbehalte im EG. BGB. nach Landesrecht bestehen bleibenden selbständigen Gerechtigkeiten gleichstellen kann. § 83 A. 1. Für Pr. AG. a. 22—28, Allg. Vf. §§ 22ff. Wegen des Erbbaurechts und anderer selbständiger Rechte § 7.

³) Zulässig ist, die Grundstücke zunächst in gewisse Gruppen zu zerlegen und für jede Gruppe eine besondere fortlaufende Nummern- oder Buchstabenreihe zu bilden. Für Pr. Allg. Vf. §§ 1, 2. Für die Umgestaltung der bisherigen GB. § 89. Abschreibung und Umbuchung bzw. Ausbuchung (§ 90) versehentlich aufgenommener Grundstücke ohne Auflassung, K. 21¹⁴⁴.

⁴) In den Schutzgebieten durch den Reichskanzler bzw. Gouverneur, Schutzg.V. § 1².

⁵) Der Reichstag hat bei Verabschiedung der GBO. eine Resolution angenommen: „die verbündeten Regierungen zu ersuchen, dahin zu wirken, daß bei der Neuanlage von GB. das Verzeichnis auf eine Flurkarte gestützt sein müsse, in welcher die Grundstücke mit denselben Nummern oder Buchstaben bezeichnet sind, wie in dem Verzeichnisse". Es bleibt also der landesherrl. V. überlassen, das Verzeichnis (Flurbuch, Lagerbuch, Fundbuch, Meßregister) mit der Flurkarte zu verbinden oder nicht. Für Pr. V. a. 2, Allg. Vf. §§ 3, 29, 30. Sie bzw. die Justizverwaltung (GBO. § 1²) hat auch zu bestimmen, inwieweit das Verzeichnis und das GB. Angaben über Lage und Größe der Grundstücke enthalten sollen und wie diese Angaben erforderlichenfalls zu berichtigen sind. Für Pr. Allg. Vf. §§ 3, 29. Der öffentliche Glaube des GB. (BGB. § 892) erstreckt sich auf diese Angaben nicht. — § 96.

Grundbuchblatt.

§. 3. Jedes[1]) Grundstück erhält[2]) im Grundbuch[3]) eine[4]) besondere Stelle (Grundbuchblatt).[5]) Das Grundbuchblatt ist für das Grundstück als das Grundbuch im Sinne des Bürgerlichen Gesetzbuchs anzusehen.[6])

I 6[1], II 3 M, 32; D. 4, 6.

[1]) Ausnahme § 90. — Wegen der Grundstücke der Farbigen in den Schutzgebieten SchutzgV. § 6 — pr. Bahneinheiten BahnG. §§ 1—4, 10, 55.

[2]) Ohne Antrag. Es wird vorausgesetzt, daß überall, wo Grundbücher noch nicht bestehen, solche nach der Anordnung der Landesjustizverwaltung (§ 2 Abs. 2) allgemein angelegt werden. pr. V. a. 5. Wegen nachträglicher Anlegung vgl. § 91 und wegen Wiederherstellung § 92. — Bezüglich der Bahngrundbücher BahnG. § 8.

[3]) Des zuständigen GBA., pr. AG. a. 1ff. Liegt das Grundstück in mehreren GBA.Bezirken, so bestimmt das Landesrecht, welches GBA. zuständig ist, und ob etwa bei den anderen GBA. ein Verweisungsblatt zu führen ist. Fr. Pr. AG. a. 2.

[4]) Bestehen bereits mehrere Bücher für ein Grundstück, so können sie beibehalten werden, § 87. Im übrigen kann eine doppelte Buchung desselben Grundstücks nur infolge eines Irrtums vorkommen. Die Beseitigung richtet sich nach Landesrecht, ebenso die Schließung des Blattes für ein z. B. durch Stromveränderungen abhanden gekommenes Grundstück. — Liegt das Grundstück in mehreren Bezirken desselben GBA. (§ 2 Abs. 1), so ist doch nur ein GBBl. einzurichten.

[5]) Reichsrechtliche Regel ist also, daß jedes für sich bestehende Grundstück (BGB. §§ 90, 890) ein besonderes GBBl. (§ 2 A. 1) enthält, welches alle auf dieses Grundstück bezüglichen Eintragungen aufnimmt, auch ein etwaiges

auf dem Grundstück lastendes Erbbaurecht (§ 7) und andere selbständige Gerechtigkeiten (§ 84, für hannov. Salzabbaurechte pr. G. v. 4. 8. 04 § 5), sowie die subjektiv-dinglichen Rechte, welche mit dem Grundstück verbunden sind (§ 7). § 4 gestattet aber auch ein GBBl. für mehrere Grundstücke. Das pr. Formular (§ 5 Allg. Vf.) ist für beide Fälle eingerichtet. Über das Eigentümerverzeichnis pr. Geschäftsanw. f. d. Amtsgerichte § 50 pr. AG., a. 1. A. 1c. Für Vereinigung von Grundstücken § 5. Wird ein Teil des Grundstücks veräußert (dazu EG. BGB. a. 119 Nr. 2), so muß der mit der gesamten Belastung (Ausnahme EG. BGB. a. 120, 121) auch dem Abschreibungsvermerk bezüglich eines Salzabbaurechts (pr. Allg. Vf. v. 26. 8. 1904 § 4) abgeschrieben und ein besonderes GBBl. gebildet werden (§ 49). Für Pr. Allg. Vf. § 30. Für Belastungen eines Teils § 6. §§ 88 Satz 1, 96. — Für Bahneinheiten BahnG. § 8. Wegen Vermerks der Zugehörigkeit des Grundstücks zu einer Bahneinheit BahnG. § 15.

[6]) D. h. überall, wo in dem BGB. in bezug auf ein Grundstück von dem GB. die Rede ist (z. B. § 873), ist darunter ausschließlich das dieses Grundstück betreffende GBBl. zu verstehen (§§ 88 a. E.).

Gemeinschaftliches Blatt.

§. 4. Über mehrere Grundstücke desselben[1]) Eigenthümers,[2]) die im Bezirke desselben[3]) Grundbuchamts[4]) belegen sind, kann ein gemeinschaftliches Grundbuchblatt[5]) geführt werden, solange hiervon Verwirrung nicht zu besorgen ist.[6])[7])

I 6², II 4. M. 32; D. 5.

[1]) Ausnahme für die bisherigen GB. § 87.

[2]) Oder derselben Miteigentümer, auch bei Gesamtgut. — BGB. § 1438. — Kein gemeinschaftliches Blatt

für Grundstücke verschiedener Eigentümer, auch nicht bei Bergwerken (pr. AG. a. 22, 23) EK. 30, 180.

3) Ausnahme § 86.

4) Wenn auch in verschiedenen Bezirken im Sinne des § 2¹. pr. Allg. Vf. § 1².

5) Man nennt ein solches GBBl. wohl Personalfolium. In Wirklichkeit handelt es sich aber auch hier im Gegensatz zu älteren Personalfolien nur um Realrechte und um Realhaftung. Das Prinzip der Spezialität wird streng durchgeführt. Aus jeder Eintragung muß deutlich ersichtlich sein, auf welche der mehreren Grundstücke sie sich bezieht.

6) pr. Allg. Vf. § 3 A. 5 § 7 A. 2 — Beschwerde EK. 23²²¹. — Ob verschiedene Belastung eine Besorgnis der Verwirrung begründet, ist im einzelnen Fall zu prüfen. Bei dem Wegfall der gesetzlichen Voraussetzungen ist, auch ohne Antrag, das gemeinschaftliche GBBl. aufzuheben. — Bei Veräußerungen eines einzelnen Grundstücks muß dessen Übertragung mit allen auf dasselbe bezüglichen noch gültigen Eintragungen auf ein neu anzulegendes GBBl. oder auf ein bereits für den neuen Erwerber bestehendes gemeinschaftliches GBBl. erfolgen. pr. Allg. Vf. § 8⁷.

7) Für Bahneinheiten BahnG., § 10², BahnVf. § 8.

Zuschreibung und Vereinigung.

§. 5. Ein Grundstück[1]) soll nur dann einem anderen Grundstück[2]) als Bestandtheil zugeschrieben oder mit ihm vereinigt werden,[3]) wenn hiervon Verwirrung nicht zu besorgen ist.[4])[5])[6])

II. 5. D. 6.

1) Nicht aber ein ideeller Anteil an einem solchen, z. B. das Miteigentum an einem Hofe oder einer Einfahrt, EFG. 4²³⁰. — Entsprechende Anwendung auf Erbbaurecht § 7 A. 4, auf andere Immobilien pr. AG. GBO.

a. 52. Einschränkung für Kohlenabbaugerechtigkeiten in pr. AG. BGB. a. 38 § 7. — Bahneinheiten BahnG. § 10², BahnVf. § 9.

²) Das auch in dem Bezirk eines anderen GBA. liegen kann.

³) Nur auf Antrag, ebenso die Wiederaufhebung, BGB. § 890. — BGB. §§ 93, 1131, Ausnahmen in EG. BGB. a. 119 Nr. 3. Zuständigkeit bestimmt das Landesgesetz, pr. AG. a. 2 und 3. — Zur Zuschreibung als Bestandteil genügt nicht der Antrag auf Vereinigung, noch weniger der auf Anlegung eines gemeinschaftlichen GBBl. EK. 30¹⁹⁰.

⁴) Nach dem Ermessen des GBA. Daß die Grundstücke im Flurbuch besondere Nummern haben, schadet nicht, EOLG. 2⁴⁶. Eine Verschiedenheit der Belastung steht nicht schlechthin entgegen, kann aber Unklarheit des GB. oder Schwierigkeiten bei der Zwangsvollstreckung im Gefolge haben.

⁵) Wegen BGB. § 873 muß bei Übergang in den Bezirk eines anderen GBA. während der Verhandlung über die Zuschreibung bei dem bisherigen GBA. ein nach der Übernahme zu schließendes besonderes GBBl. für das zuzuschreibende Grundstück angelegt werden. — pr. Allg. Bf. § 8³ Nr. 2.

⁶) Keine Beschwerde zur Beseitigung der bereits bewirkten Zuschreibung oder Vereinigung, kein Beschwerderecht der Pfandgläubiger der Einzelgrundstücke gegen die Zuschreibung E. FG. 6²⁴⁷, wohl aber des Gläubigers einer Gesamthypothek gegen die Ablehnung des Antrages des Eigentümers auf Zuschreibung des einen belasteten Grundstückes als Bestandteil zu dem andern, EK. 30¹⁷⁸.

Belastung eines Grundstücksteils.

§. 6. Soll ein Grundstückstheil¹) mit einem Rechte²) belastet werden,³) so ist er von dem Grundstück abzuschreiben und als selbständiges Grundstück einzutragen.[4]) Ist das Recht eine Dienstbarkeit[5]) oder eine Reallast,[6]) so kann die Abschreibung unterbleiben, wenn hiervon Verwirrung nicht zu besorgen ist.[7])[8])

I 26[1], II 6. M. 61, D. 7.

[1]) D. h. ein durch gedachte vertikale Linien abgegrenzter Teil der Fläche bzw. Raumes eines Grundstücks, bzw. eines von mehreren vereinigten (§ 5) Grundstücken (EBay. 1[227]). Horizontal abgegrenzte Teile des Grundstücksraumes sind keine Grundstücksteile. Die Bestimmung findet auch Anwendung, wenn im Wege der Separation mehrere Abfindungsstücke an die Stelle des Grundstücks getreten sind, K. 23[141]. Auf ideelle Anteile (Bruchteile eines Grundstücks im Sinne des § 1114 BGB.) findet die Bestimmung keine Anwendung. ZPO. § 864[2]. Sie findet auch keine Anwendung auf Belastungen des ganzen Grundstücks mit einem der Ausübung nach auf einen bestimmten Teil beschränkten Recht, z. B. einem Vorkaufsrecht EFG. 2[104] einer Grunddienstbarkeit. EOLG. 2[513].

[2]) Ausnahmen im Satz 2.

[3]) Im allgemeinen zulässig. BGB. § 93 steht nicht entgegen. — Auch Teilentlastungen fallen unter § 6 S. 1 (EFG. 1[208]). Dagegen nicht Vormerkungen zur Erhaltung des Rechts auf Auflassung eines Teils, die sich nicht als Belastungen, sondern nur als Verfügungsbeschränkungen darstellen, bei denen auch katastermäßige Abschreibung nicht erforderlich, wenn nur aus der Bezeichnung sich Lage und Größe in einer dem Verkehrsbedürfnisse entsprechenden Weise ergibt. (EFG. 1[158], EK. 20[80], 29[135].)

[4]) Doch kann gemäß § 5 das bisherige GBBl. als ein gemeinschaftliches Blatt für das alte und das neue Grundstück verwendet werden. — § 3 A. 5. — pr. Allg. Vf. § 8[3] Nr. 4.

[5]) Grunddienstbarkeit (BGB. §§ 1018 ff.), Nießbrauch

(BGB. §§ 1030ff.), beschränkte persönliche Dienstbarkeit (BGB. §§ 1090ff.).

[6]) BGB. §§ 1105ff., z. B. Altenteile, nicht aber Rentenschulden im Sinne des BGB. § 1199.

[7]) Nach dem Ermessen des GBA. — pr. Allg. Vf. § 30².

[8]) § 96.

Erbbaurecht.

§. 7. Ist auf dem Blatte eines Grundstücks ein Erbbaurecht[1]) eingetragen,[2]) so ist auf Antrag[3]) für dieses Recht ein besonderes Grundbuchblatt anzulegen.[4]) Die Anlegung erfolgt von Amtswegen, wenn das Recht veräußert oder belastet werden soll.[5])

Die Anlegung wird auf dem Blatte des Grundstücks vermerkt.[6])

II. 7. D. 7.

[1]) BGB. §§ 1012ff. — Entsprechende Anwendung auf Erbpachtrecht und Recht zur Gewinnung von Mineralien § 84. — Im übrigen EG. BGB. a. 196 und wegen des Stockwerkseigentums a. 182.

[2]) § 3 A. 5. Die Eintragung der zur Entstehung des Erbbaurechts erforderlichen Einigung (BGB. § 1015) muß zunächst auf dem GBBl. des Grundstücks erfolgen.

[3]) Ausnahme Satz 2.

[4]) Das Erbbaurecht wird rechtlich wie Grundstückseigentum behandelt (BGB. § 1017). Das für das Erbbaurecht angelegte GBBl. ist das GB. im Sinne des BGB. (§ 3 a. E.). — §§ 20, 22². — Pr. AG. a. 27.

[5]) Weil dieses die Voraussetzung für die zu der Veräußerung (BGB. § 925) und Belastung (BGB. § 873) erforderliche Eintragung ist. — S. 2 trifft auch zu, wenn ein Gläubiger die Zwangsversteigerung beantragt hat, EFG. 5²⁰³.

[6]) Pr. Allg. Vf. § 11².

Subjektiv-dingliche Rechte.

§. 8. Rechte, die dem jeweiligen Eigenthümer eines Grundstücks zustehen,[1]) sind auf Antrag auch auf dem Blatte dieses Grundstücks[3]) zu vermerken.[4]) Antragsberechtigt ist der Eigenthümer des Grundstücks sowie Jeder, dessen Zustimmung nach §. 876 Satz 2 des Bürgerlichen Gesetzbuchs zur Aufhebung des Rechtes erforderlich ist.[5])

Der Vermerk ist von Amtswegen[6]) zu berichtigen, wenn das Recht geändert oder aufgehoben wird.[7])

II 8. D. 8.

[1]) Insbesondere Grunddienstbarkeiten stets (BGB. § 1018), unter Umständen auch Vorkaufsrechte (BGB. §§ 1094^2, 1103^1) und Reallasten (BGB. §§ 1105^2, 1110), insbesondere Renten nach pr. AG. a. 20 Nr. 1 — pr. AG. a. 12^2 Nr. 2.

[2]) Sie werden bei ihrer Bestellung zunächst auf dem GBBl. des belasteten Grundstücks eingetragen (BGB. § 873 mit § 3 A. 5).

[3]) Sie sind (nicht wesentliche) Bestandteile desselben (BGB. § 96) und werden als solche nicht nur durch seine Veräußerung, sondern auch durch seine Belastung ergriffen.

[4]) Folge § 21. Daß der Vermerk erfolgt ist, muß auch aus dem GBBl. des belasteten Grundstücks ersichtlich sein. Bei Löschung ist der Vermerk zu berichtigen, EK. 23^{229}. — Pr. Allg. Vf. §§ 9, 25^1 Nr. 2. — Die dem Recht entsprechende Last muß zunächst auf dem dienenden Grundstück eingetragen werden, EK. 25^{142}.

[5]) Bei Grunddienstbarkeiten sind auch die Pfandgläubiger des herrschenden Grundstücks antragsberechtigt, EOLG. 4^{250}.

[6]) Die Anregung dazu wird bei der Eintragung der Änderung oder Aufhebung auf dem GBBl. des belasteten Grundstücks gegeben.

7) BGB. §§ 876, 877. — Der Verzicht auf ein dem Eigentümer zustehendes gesetzliches Vorkaufsrecht ist nicht eintragungsfähig, EK. 25[142].

Aufbewahrung von Urkunden.

§. 9. Urkunden, auf die eine Eintragung sich gründet[1]) oder Bezug nimmt,[2]) sind von dem Grundbuchamt aufzubewahren. Die Herausgabe einer solchen Urkunde darf nur erfolgen, wenn statt der Urkunde eine beglaubigte Abschrift aufbewahrt wird.[3])

Ist über das einer Eintragungsbewilligung zu Grunde liegende Rechtsgeschäft[4]) eine Urkunde errichtet, so können[5]) die Betheiligten die Urkunde[6]) oder eine beglaubigte Abschrift dem Grundbuchamte zur Aufbewahrung übergeben.[7])

I 14, II 9. M. 43; D. 8.

1) § 29, BGB. §§ 873ff., 925ff., 1015, 1154, 1155.
2) BGB. §§ 874, 885[2], 1115[1], § 50, pr. V. a. 9. — EBay. 1[815].
3) Ausnahme in § 95. — § 94.
4) Z. B. den einer Auflassung zugrunde liegenden Kauf (Form BGB. § 313) oder den der Bestellung einer Grundschuld zugrunde liegenden Darlehnsvertrag.
5) Bezw. im Falle des § 98 müssen.
6) D. h. bei öffentlichen Urkunden die ihnen erteilte Ausfertigung.
7) § 31.

Ausschließung der Beamten.

§. 10. Eine Eintragung in das Grundbuch ist nicht aus dem Grunde unwirksam, weil ein Grundbuchbeamter sie bewirkt hat, der von der Mitwirkung bei der Eintragung kraft Gesetzes oder in Folge einer Ablehnung ausgeschlossen ist.[1])

Von RTK. neueingefügter § 9a, KB. zu § 11 a. E.

[1]) Der Ausschluß bestimmt sich nach Landesrecht § 1 A. 1, pr. AG. § 1 A. 1a. Analoge Anwendung auf in der Beschwerdeinstanz angeordnete Eintragungen. — § 81².

Einsicht des Grundbuchs. Abschriften.

§. 11. Die Einsicht des Grundbuchs[1]) ist Jedem gestattet, der ein berechtigtes[2]) Interesse darlegt.[3]) Das Gleiche gilt von Urkunden, auf die im Grundbuche zur Ergänzung einer Eintragung Bezug genommen ist,[4]) sowie von den noch nicht erledigten Eintragungsanträgen.[5])

Soweit die Einsicht des Grundbuchs, der im Abs. 1 bezeichneten Urkunden und der noch nicht erledigten Eintragungsanträge gestattet ist, kann eine Abschrift gefordert werden; die Abschrift ist auf Verlangen zu beglaubigen.[6]) [7]) [8])

I 15, II 10. M. 44; D. 9.

[1]) Die etwaigen Kosten bestimmt das Landesrecht (§ 1 A. 3, pr. AG. § 1 A. 1b.). — Ein Recht auf Auskunftserteilung folgt aus § 11 nicht, EFG. 1²¹⁰. Anders, wenn nur das Nichtvorhandensein einer Eintragung, deren Abschrift beigefügt ist, mitzuteilen ist, EK. 23²¹⁴. Für pr. Behörden folgt das R. auf Auskunftserteilung aus anderen Bestimmungen, EK. 23²¹⁴. Vgl. aber § 71 A. 1.

[2]) BGB. § 824, StGB. 193, ZPO. § 76, HGB. § 9², FG. § 34. — Der Begriff „berechtigtes Interesse" ist weiter als der Begriff „rechtliches Interesse" (BGB. § 810), insofern ein Rechtsverhältnis, auf welches das Interesse zu gründen wäre, nicht vorhanden zu sein braucht.

Außer bei dem Eigentümer, sämtlichen auf dem Grundstück eingetragenen Personen und denjenigen, welche ein Recht auf den Erwerb von Eigentum oder sonstigen Rechten an dem Grundstück haben (z. B. im Falle des BGB. § 648), muß auch bei ernstlichen Reflektanten auf das Grundstück oder ein Recht an demselben ein berechtigtes Interesse angenommen werden. EK. 20[173]. Vertretung zulässig EK. 22[123].

[3]) Glaubhaftmachung (ZPO. § 294) nicht erforderlich.

[4]) § 9 A. 2.

[5]) § 17. — Diese sind aber keineswegs im übrigen den in Bezug genommenen Urkunden gleichgestellt und gelten nicht gleich diesem im Sinne des BGB. §§ 874, 1115 als Teile des Grundbuchs, EK. 57[285].

[6]) Ob Grundakten gehalten werden sollen, bestimmt die Landesjustizverwaltung. — § 94.

[7]) Für Pr. AG. a. 7[2], pr. Allg. Vf. §§ 33–36. Unberührt bleibt die auf dem öffentlichen Recht beruhende Befugnis von Behörden und Beamten auf Auskunftserteilung, Einsicht des Grundbuchs und Entnahme von Abschriften, EK. 23[214] (A. 1).

[8]) Eine Erweiterung des Rechts auf Einsicht und Abschriften ermöglicht § 93.

Haftung des Staates.

§. 12. Verletzt[1]) ein Grundbuchbeamter vorsätzlich oder fahrlässig[2]) die ihm obliegende Amtspflicht, so trifft den Betheiligten gegenüber die im §. 839 des Bürgerlichen Gesetzbuchs bestimmte Verantwortlichkeit[3]) an Stelle[4]) des Beamten den Staat oder die Körperschaft,[5]) in deren Dienste der Beamte steht.[6]) Das Recht des Staates oder der Körperschaft, von dem Beamten Ersatz zu verlangen,[7]) bleibt unberührt.

I 4, II 11. M. 30; D. 11.

[1]) Durch Tun oder Unterlassen.

[2]) Jedes Außerachtlassen der in der Ausübung des Amtes erforderlichen Sorgfalt (BGB. § 276), nicht aber ein Verstoß, dem ein subjektives Verschulden nicht zugrunde liegt, z. B. eine unrichtige Ansicht in einer streitigen Rechtsfrage, auch wenn sie im Widerspruch mit einer Reichsgerichtsentscheidung steht. EJW. 05[139].

[3]) Das Recht auf Ersatz des aus der Verletzung entstehenden Schadens ist nach BGB. § 839 davon abhängig, daß die verletzte Amtspflicht dem Beamten gerade gegenüber dem Beschädigten oblag, d. h. daß der Beschädigte bei der betreffenden amtlich zu behandelnden Angelegenheit beteiligt war. A. vor pr. Allg. Vf. § 1. — Die Folgen des Versehens können unter Umständen gemäß § 54 beseitigt werden. — ER. 57[277], 60[392].

[4]) Jede Inanspruchnahme des GB.Beamten durch Dritte auf Grund des BGB. § 839 ist also ausgeschlossen, und, soweit § 839 den allgemeinen Grundsatz des § 823 BGB. absorbiert, auch die Inanspruchnahme aus § 823. — EG. BGB. a. 77.

[5]) Z. B. der Gemeinde. § 1 A. 1.

[6]) Die Haftung des Staates oder der Körperschaft ist in jeder Hinsicht prinzipal. Sie besteht also ohne Rücksicht darauf, ob der Verletzte auf andere Weise Ersatz zu erlangen vermag.

[7]) Dieses Recht bestimmt sich nach dem Dienstverhältnis. Für Pr. AG. a. 8.

Zweiter Abschnitt.

Eintragungen in das Grundbuch.

I. Antrag.

§. 13. Eine Eintragung[1]) soll, soweit nicht das Gesetz ein Anderes vorschreibt,[2]) nur auf Antrag[3]) erfolgen. Der Zeitpunkt,[4]) in welchem ein Antrag bei dem Grundbuchamt[5]) eingeht, soll auf dem Antrage genau[6]) vermerkt werden.

Antragsberechtigt ist Jeder, dessen Recht von der Eintragung betroffen wird[7]) oder zu dessen Gunsten die Eintragung erfolgen soll.[8]) [9]) [10])

I 19, II 12. M. 51; D. 12.

[1]) Dieser Ausdruck bezieht sich hier und überall in der GBO., wo sich nicht ein anderes ergibt (über die Parallele mit § 55 FFG. 7[51]), auf alle Arten von Einschreibungen in das GB. Die GBO. enthält keine Vorschriften über die zulässigen Arten der Eintragung. Es ist daher an sich jede Eintragung zulässig, die nach den Vorschriften des materiellen Rechts Bedeutung hat, EOLG. 2[153]. In der ersten Linie stehen die endgültigen Eintragungen, welche bestimmt sind, entweder durch die Eintragung eine Rechtsänderung herbeizuführen (BGB. § 873) oder das von vornherein unrichtig gewesene bzw. durch eine ohne Eintragung eingetretene Rechtsänderung unrichtig gewordene GB. mit der Wirklichkeit in Übereinstimmung zu bringen (Grundbuchberichtigungen BGB. § 894, z. B. BGB. §§ 1942, 1287). Inhaltlich können die endgültigen Eintragungen sowohl die Entstehung des Rechts (BGB. § 873) oder dessen Untergang, der regelmäßig durch Löschung (§ 47) erfolgt oder zum Ausdruck gelangt (§§ 22ff., für das Eigentum BGB. § 928 mit EG. BGB. a. 129), als auch die Übertragung und Belastung desselben, sowie Personenwechsel anderer Art (BGB. §§ 873, 1132, 1154, 1163, 1168, 1173, 1174, 1175, 1177, 1182, 1274, 1291); endlich andere Änderungen, z. B. Wechsel der persönlichen Forderung (§ 1180), Ausschluß des Hypothekenbriefs (BGB. § 1116), Höchstbetrag des Werterfatzes (BGB. § 882), Rangänderung BGB. §§ 880, 1151), Rangvorbehalt (BGB. § 881). Überflüssiges (EK. 23[155]) und Selbstverständliches (z. B.

daß das gesetzliche Rangverhältnis gelte (EK. 21[165]), ist nicht einzutragen. Vgl. aber EK. 23[143] (Hinweis auf die Satzung einer Kreditanstalt). Unzulässigkeit der Eintragung eines Zustellungsbevollmächtigten, EOLG. 2[196], des Preises beim Vorkaufsrecht, EFG. 4[69], der Befugnis des Gläubigers, im Widerspruch mit BGB. § 1149 außerhalb der Zwangsversteigerung zu verkaufen, E.Bay. 3[681]. Die Zahl der eintragungsfähigen dinglichen Rechte ist nach dem BGB. eine geschlossene, nämlich Eigentum (§§ 903ff.), Erbbaurecht (§§ 1012ff.), Dienstbarkeiten (§§ 1018ff.), Vorkaufsrecht (§§ 1094ff.), Reallasten (§§ 1105ff.) einschließlich der aus §§ 914, 917 entstehenden Renten und Pfandrechte (§§ 1113ff.). Der Besitz (BGB. § 854) ist nicht eintragungsfähig. Ebensowenig kann das Verwaltungs- und Nutzungsrecht des Ehemanns und der Eltern (BGB. §§ 1363, 1649), sowie das Mietsrecht (trotz BGB. § 572) oder ein rein obligatorischer Anspruch (EK. 20[91]) eingetragen werden. — Hinzu aber treten die im BGB. dem Landesrecht vorbehaltenen Rechtseinrichtungen, wie Familienfideikommmiß, Lehen, Stammgut, Rentengut, Anerbenrecht (a. 59, 62, 64), Revenuenhypothek (a. 60), Wasserrecht, Deich- und Sielrecht, Bergrecht (a. 65—67), Enteignung (a. 101), Wiederherstellung zerstörter Gebäude (a. 110), Bahneinheit (a. 112, pr. BahnG. § 5), Grundstückszusammenlegung (a. 113), Stockwerkseigentum (a. 182) und für den Übergang ferner a. 184, 187—197. Vgl. für Pr. AG. a. 11—13, 15—28, pr. Allg. Vf. §§ 11, 21—26, 43—45. — Zu den endgültigen Eintragungen treten die Vormerkungen (BGB. §§ 883ff., 1179, 18[2]) zur Erhaltung des Rechts auf eine Eintragung, die Widersprüche gegen die Richtigkeit des Grundbuchs (BGB. §§ 899, 1139, §§ 18[2], 23), Verfügungsbeschränkungen (BGB. § 892) und Sperrvermerke (z. B. KO. § 113). Überall aber gilt der Grundsatz, daß das GB. nur solche Arten von Eintragungen aufzunehmen hat, welche durch das BGB. oder andere Rechtsnormen als eintragungsfähig bezeichnet sind. Überflüssige Vermerke, auch Wiederholungen sind nicht einzutragen, EK. 28[145]. — Ausführung der Eintragungen nach Landesrecht, pr. AG. a. 6.

[2]) Den Gegensatz bildet sowohl die Eintragung von Amts wegen, d. h. ohne Antrag, z. B. §§ 7, 8[2], 18[2], 23, 49, 52, 53, 54, 76, als auch die Eintragung auf Grund des Ersuchens einer Behörde (§ 39).

[3]) Antragsrecht in Abs. 2 und den §§ 14, 15. Bezüglich der Verfügungsbeschränkungen BGB. § 878. Den Inhalt des Antrages bildet das Verlangen, daß die Eintragung vorgenommen werde. Über die Bezeichnung des Grundstücks und des Geldbetrages § 28. Unzulässigkeit der Anträge unter Vorbehalt § 15[1]. Über die Bestimmung der Reihenfolge mehrerer Anträge durch die Partei § 16[2]. Über die Form §§ 29, 30. Ist der Antrag in den überreichten Urkunden enthalten, so muß das genügen, wenn sich nicht ergibt, daß die Urkunden ohne den Willen der Beteiligten dem GBG. eingereicht sind. EK. 28[265]. In dem Antrage auf nachträgliche Bildung eines Hypothekenbedarfs liegt schon der Antrag auf Eintragung der Aufhebung der Ausschließung der Brieferteilung, EK. 28[151]. Zurücknahme des Antrags § 32. Der Antrag allein genügt aber regelmäßig (vgl. indessen § 30) nicht, K. 21[127]. Seine regelmäßige Grundlage ist die Eintragungsbewilligung (Konsensprinzip) §§ 19—28, dazu § 29. — BGB. §§ 873, 874, 877, 885, 894, 899, 925, 1015. Dazu treten die Erfordernisse des Eingetragenseins der Betroffenen (§§ 40, 41) ihrer Geschäftsfähigkeit und Verfügungsberechtigung (§ 30 A. 2) und unter Umständen der Vorlegung des Briefes und anderer Urkunden (§§ 42—44). Unter Umständen auch gerichtliche oder sonstige staatliche Genehmigung, z. B. BGB. §§ 795, 1821 Nr. 1. EG. BGB. a. 88. Innehaltung der Verschuldungsgrenze (EG. a. 117 BGB.). Über andere Voraussetzungen §§ 33—38. Über die Behandlung der Anträge §§ 17, 18, 45—55. — EFG. 1[121]. — Zu eigenen Ermittelungen, insbesondere Beweisauf-

nahmen, ist das GBA. nicht verpflichtet, EK. 20[281]. Anders im Falle des pr. V. a. 30.

4) Besondere Bedeutung in den BGB. §§ 878, 892[2].

5) Ob darunter bei Verbindung mit einem Amtsgericht oder einer anderen Behörde nur die besondere für GB.Sachen gebildete Abteilung zu verstehen ist, hängt von der landesrechtlichen Einrichtung der Behörde (§ 1 A. 1) ab. Für Pr. AG. a. 4.

6) Nötigenfalls nach der Minute. — § 17.

7) D. h. der Passivbeteiligte, EFG. 3[40], EK. 23[115], [240], BGB. §§ 873, 875, 876, 877, 880, 885[1], 886, 894, 899, 1119, 1152, 1178, 1183. Neben wirklich Berechtigten kommen auch nur buchmäßig Berechtigte in Frage. Der Eigentümer (auch der nichteingetragene EFG. 1[245], 3[39]) wird durch alle inhaltlichen Änderungen der eingetragenen Rechte betroffen, auch durch die Umwandlung einer Art von Grundstückspfändern (§ 26 A. 1) in eine andere, sowie durch die Umwechslung der zugrunde liegenden Forderung (BGB. §§ 1116, 1180, 1186, 1198, 1203) nicht aber durch die Änderung der Person des Gläubigers, EFG. 4[175]. — Bei einzutragenden Vermächtnissen sind zunächst die Beschwerten die Betroffenen (BGB. § 2174). — Bei Zinserhöhung für eine Gesamthypothek sind die Eigentümer der Grundstücke, für welche die Erhöhung nicht eintritt, nicht betroffen. EK. 21[169]. Der Hypothekengläubiger wird durch Eintragung eines Eigentumswechsels nicht betroffen. EOLG. 2[492]. — EFG. 1[25], [208], 2[51], [100], [248], 3[42], EK. 22[317].

8) Der Aktivbeteiligte. Neben demjenigen, der als Berechtigter eingetragen werden soll, können auch solche Personen in Betracht kommen, zu deren Gunsten eine Eintragung wirkt, z. B. nachstehende Berechtigte bei dem Antrage auf Löschung eines vorstehenden Rechts. Wegen des Rechts des Pfandgläubigers in bezug auf Zuschreibungen § 5 A. 6. — Eine Erweiterung bringt § 14. — Nicht legitimiert ist z. B. ein früherer Eigentümer oder dessen Erbe, EOLG. 4[78]. Berechtigung des pr. Heroldsamts zur

Antragstellung und Beschwerdeführung bzw. der Richtigstellung der Bezeichnung der zu Unrecht mit dem Adelsprädikat eingetragenen Eigentümers, EK. 25^{87}.

[9]) Von mehreren Antragsberechtigten kann jeder für sich den Antrag stellen.

[10]) Jeder Antragsteller wird durch den Notar vertreten gemäß § 15. Andere Bevollmächtigte und Vertreter haben ihre Berechtigung besonders nachzuweisen. — §§ 29—32.

1. Antrag auf Berichtigung des Grundbuchs.

§. 14. Die Berichtigung des Grundbuchs[1]) durch Eintragung eines Berechtigten[2]) darf auch von demjenigen[3]) beantragt werden, welcher auf Grund eines gegen den Berechtigten[4]) vollstreckbaren Titels[5]) eine Eintragung in das Grundbuch verlangen kann,[6]) sofern die Zulässigkeit dieser Eintragung von der vorgängigen Berichtigung des Grundbuchs abhängt.[7])

I 45^1, S. 2, und ^{2}, II 13. M. 81; D. 13. Art. 14 pr. AG.

[1]) BGB. §§ 894ff. Gegensatz: Eintragungen, durch welche die Rechtsänderung erst bewirkt werden soll (§ 13 A. 1). Es handelt sich nicht nur um Beseitigung versehentlich oder ungültig eingetragener Berechtigter, sondern auch um eine Rechtsnachfolge, welche ohne Eintragung in das GB. erfolgt ist, z. B. BGB. § 1942. Die Vorschrift soll das sonst aus dem § 40^1 erwachsende Hindernis beseitigen (EFG. 1^{162}).

[2]) Gegensatz Löschung und Eintragung von sonstigen Änderungen ohne Änderung der Person des Berechtigten.

[3]) Erweiterung des Kreises der Antragsberechtigten, keine Ermächtigung zur Beantragung der Berichtigung bei mangelnder Einwilligung des Betroffenen ohne die notwendigen urkundlichen Belege. KA. 54^{86}.

[4]) D. h. den einzutragenden Berechtigten.

[5]) Vgl. zunächst ZPO. §§ 704, 794, 801.

[6]) Sei es, daß der Inhalt des Titels in der Verurteilung zu einer Eintragung bzw. deren Bewilligung besteht ZPO. §§ 894, 895, sei es, daß mit dem Titel die Befugnis, eine Eintragung zu seiner Sicherung ohne weiteres zu verlangen, gesetzlich verbunden ist, wie dieses bezüglich der persönlichen Verurteilung zu einer Geldschuld unter den Voraussetzungen der ZPO. §§ 866 ff. und für den Arrestbefehl nach ZPO. § 932 (für einstweilige Verfügungen ZPO. § 936) der Fall ist. Vgl. ZPO. §§ 792, 896, auch ZVG. § 17[1]. — EOLG. 5[291]. — § 14 versagt, seinem Wortlaut nach, für den Fall, daß jemand z. B. infolge des erst nach der GBO. geschaffenen ZPO. § 866[3] zwar zur Zwangsvollstreckung, nicht aber zur Eintragung einer Zwangshypothek berechtigt ist, wiewohl ZVG. §§ 17, 146 die Eintragung des Schuldners zur regelmäßigen Voraussetzung der Zwangsvollstreckung machen. Man wird aber dieses Ergebnis, da es dem Zweck des § 14 und der klaren Absicht aller bei seiner Abfassung Beteiligten widerspricht, im Wege korrektiver Interpretation beseitigen dürfen. EFG. 4[114].

[7]) Insbesondere gemäß §§ 40, 41 (§ 40 A. 5).

2. Antragsrecht der Notare.

§. 15. Ist die zu einer Eintragung[1]) erforderliche Erklärung[2]) von einem Notar[3]) beurkundet[4]) oder beglaubigt,[5]) so gilt dieser[6]) als ermächtigt, im Namen eines Antragsberechtigten[7]) die Eintragung zu beantragen.[8]) [9])

I 44, II 14. M. 80; D. 14.

[1]) Neben dem Antrage (§ 13 A. 3).

[2]) Auch Auflassungen, soweit sie ein Notar gemäß EG. BGB. a. 143[1] mit pr. AG. BGB. a. 26 entgegennehmen kann.

[3]) Das Notariat ist durch das Landesrecht geregelt. Für Pr. FG. a. 77 ff., vgl. a. 31 ff.

[4]) BGB. § 128. Daß das zugrunde liegende Rechtsgeschäft (§§ 9 Abs. 2, 98) beurkundet ist, genügt nicht (vgl. A. 1).

[5]) BGB. § 129.

[6]) Ohne Vollmacht, aber nur solange, als er zur Überreichung der Erklärung befugt erscheint (EK. 21[277]) und jedenfalls nur für die Dauer seines Amts (EOLG. 2[244]). Bezüglich anderer Personen greifen §§ 29—32 Platz.

[7]) D. h. jeder, der auf Grund jener Erklärungen im Sinne von § 13 A. 7—9 Anträge stellen durfte, auch wenn er selbst nichts erklärt hatte und überhaupt in den Erklärungen nicht erwähnt war, EFG. 2[40]. Als Antragsteller sind sämtliche Berechtigte zu betrachten, soweit nicht ein anderes erhellt, EK. 24[92].

[8]) Falls nicht der Antrag schon in den Parteierklärungen enthalten ist, EK. 21[153]. Es handelt sich aber nur um Anträge zur GB.mäßigen Verwirklichung der Erklärungen, EK. 22[295], FG. 6[271]. Das Rangverhältnis mehrerer Hypotheken, deren Eintragung gleichzeitig beantragt ist, kann der Notar nicht bestimmen, EFG. 3[246]. Wegen der Beschwerde § 80[1].

[9]) Zur Empfangnahme des Hypothekenbriefes ist er nicht ermächtigt, wenn er ihn auch überreicht hat, EK. 23[164], auch nicht ohne weiteres zum Antrage auf Beseitigung von Eintragungshindernissen, EK. 26[145].

3. Anträge unter Vorbehalt. Antrag auf mehrere Eintragungen.

§. 16. Einem Eintragungsantrage,[1]) dessen Erledigung an einen Vorbehalt[2]) geknüpft wird, soll[3]) nicht stattgegeben werden.[4])

Werden mehrere Eintragungen beantragt, so kann

von dem Antragsteller bestimmt werden,[5]) daß die eine Eintragung nicht ohne die andere erfolgen soll.[6])

I 38, II 15. M. 72; D. 14.

[1]) Oder Ersuchen, § 39 A. 3.

[2]) Z. B. daß die Eintragung einer Hypothek erst geschehen solle, nachdem die Zahlung des Darlehns erfolgt ist, oder (trotz § 18) nachdem die Unterlagen vervollständigt sind, EFG. 6[231]. Nicht getroffen wird dagegen ein Vorbehalt, der den Inhalt der Eintragung selbst bilden soll, z. B. BGB. § 881.

[3]) Eine unter Nichtbeachtung dieser Vorschrift erfolgte Eintragung ist nicht schon deshalb ungültig.

[4]) Ausnahme Abs. 2.

[5]) Es kann sich das auch aus den Umständen ergeben.

[6]) Z. B. Eintragungen Zug um Zug, sowie Eintragung des Eigentümers unter gleichzeitiger Eintragung einer Kaufgelderhypothek. E.Bay. 2[121].

4. Mehrere Anträge.

§. 17. Werden mehrere Eintragungen beantragt, durch die dasselbe Recht betroffen wird,[1]) so darf[2]) die später[3]) beantragte Eintragung[4]) nicht vor[5]) der Erledigung[6]) des früher gestellten Antrags erfolgen.[7])

I 49[1], II 16. M. 87; D. 15.

[1]) § 13 A. 7. — KOLG. 4[183].

[2]) Insbesondere wegen BGB. § 879, der auch bei Verletzung dieser Vorschrift für den Rang maßgebend bleibt.

[3]) § 13 A. 5 und 6.

[4]) Wohl aber die Abweisung, sofern nicht der Fall des § 16[2] vorliegt.

[5]) Also frühestens im unmittelbaren Anschluß an die früher beantragte Eintragung. Daraus ergibt sich zugleich die für den Rang zunächst maßgebende Stelle im GB. — § 46.

6) D. h. Eintragung, endgültige Zurückweisung der Eintragung einer Vormerkung nach § 18², EK. 60³⁹⁴. — § 76.

7) Auch auf Ersuchen von Behörden anwendbar. § 30 A. 4. — Folge der Nichtbeachtung Schadensersatz (§ 12), aber kein Bereicherungsanspruch des zurückgesetzten gegen den vorgesetzten Berechtigten, EJW. 04²⁹⁹.

5. Abweisung und Beanstandung.

§. 18. Steht einer beantragten Eintragung ein Hinderniß[1]) entgegen, so hat das Grundbuchamt entweder den Antrag unter Angabe der Gründe zurückzuweisen[2]) oder[3]) dem Antragsteller eine angemessene Frist zur Hebung des Hindernisses zu bestimmen.[4]) Im letzteren Falle ist der Antrag nach dem Ablaufe der Frist zurückzuweisen, wenn nicht inzwischen die Hebung des Hindernisses nachgewiesen ist.[5])

Wird vor der Erledigung des Antrags eine andere Eintragung beantragt, durch die dasselbe Recht betroffen wird[6]) so ist zu Gunsten des früher gestellten Antrags von Amtswegen eine Vormerkung[7]) oder ein Widerspruch[8]) einzutragen;[9]) die Eintragung gilt im Sinne des §. 17 als Erledigung dieses Antrags.[10]) Die Vormerkung oder der Widerspruch wird von Amtswegen gelöscht, wenn der früher gestellte Antrag zurückgewiesen wird.[11])

I 20, 48, 49². II 17. D. 15. — Abs. 2 ist von der RTK. hinzugefügt. — M. 86, 88.

1) Irgendwelcher Art wie es namentlich auch GB. und Grundakten ergeben können, EK. 28¹⁴. Es kann sich sowohl um Mängel der Begründung, Mängel der Form, Fehlen oder Mangelhaftigkeit der sonstigen Voraussetzungen, ins.

besondere der Eintragungsbewilligung und anderer vorzulegender Urkunden handeln, ebenso aber auch um besondere Umstände, welche der Eintragung entgegenstehen.

²) Dann geht die durch die Einrichtung des Antrags gewährte Priorität (§ 46, § 17 A. 5) wieder verloren. Vgl. aber § 77 A. 2. Keine Zurückweisung der vom Ersteher vor der Grundbuchberichtigung gestellten Anträge auf Eintragung einer Hypothek, EFG. 6[268]. Vgl. ZVG. § 130[3]. — Unzulässig ist die Anordnung einer nicht beantragten Eintragung, EFG. 1[24]. Keine Rechtskraft der Abweisung EOLG. 4[108].

³) Das gesetzlich schrankenlose Ermessen des GBA., von dessen Gebrauch unter Umständen Millionen abhängen können, darf wohl nur so gehandhabt werden, daß die Zwischenverfügung die Regel bildet und eine Zurückweisung nur dann erfolgt, wenn von vornherein feststeht, daß das Hindernis nicht zu beseitigen ist, wenngleich der Steller mangelhafter Anträge vor dem begünstigt wird, der den gesetzlichen Bestimmungen sogleich zu genügen trachtet und sehr häufig zur Wahrung der Priorität Anträge gestellt werden, ehe die nötigen Unterlagen beschafft sind. — Vgl. indessen § 16 A. 2.

⁴) S. g. Zwischenverfügung oder „temporisierende" Vf., gegen welche aber bereits Beschwerde (§§ 71 ff.) zulässig ist, EFG. 1[80]. Wird das Hindernis gehoben, so erfolgt die Eintragung mit der durch den mangelhaften Antrag (§ 46 Abs. 3) erworbenen Priorität. Erheblich auch für BGB. §§ 878, 892[2]. Wegen der Behandlung der Kollision mit einem zweiten Antrage s. Abs. 2.

⁵) Es genügt also Beseitigung nach Ablauf der Frist. Eine Nachfristbestimmung ist nicht vorgesehen, EN. 60[396] gegen EK. 20[276]. Auch die Beschwerdeinstanz kann die Frist setzen, EK. 21[160], 24[85]. Eine Zwangshypothek kann aber nicht mehr eingetragen werden, wenn inzwischen das Grundstück einem Dritten aufgelassen ist, EFG. 4[48].

⁶) § 13 A. 7. Über den Fall, daß vor Erledigung

des Antrages auf Vormerkung zur Sicherung des Rechtes auf Umschreibung einer Hypothek, der Antrag des Eigentümers auf Löschung der Hypothek eingeht, EFG. 4[259].

7) Im Falle des BGB. § 883. Auch diese Vormerkung dient nicht zur Sicherung obligatorischer Ansprüche, EK. 55[340]. — EFG. 7[73]. BGB. § 888 findet auf sie keine Anwendung. Gegenüber beantragten Eintragungen versagt der öffentliche Glaube des GB., EJW. 06[165].

8) Im Falle des BGB. §§ 894, 899.

9) Pr. Allg. Vf. § 14.

10) D. h. es kann die später beantragte Eintragung vorgenommen werden, was namentlich im Falle des BGB. § 1139 wichtig ist. — EOLG. 4[183].

11) Anwendbar auch auf Ersuchen von Behörden (§ 39 A. 4). — § 76.

II. Eintragungsbewilligung.

§. 19. Eine Eintragung[1]) erfolgt, wenn derjenige sie bewilligt,[2]) dessen Recht von ihr betroffen[3]) wird.[4]) [5]) [6]) [7]) [8])

I 21 [1], II 18. M. 55; D. 16.

1) § 13 A. 3. Der Testamentsvollstrecker des Hypothekengläubigers kann eine Löschung für sein eigenes Grundstück nicht bewilligen, EK. 23[247]. — § 20 A. 6.

2) Besonderer Inhalt in § 28, Form § 29. Eine Prüfung der Legalität der zugrunde liegenden Rechtsgeschäfte findet nach dem Konsensprinzip nicht mehr statt. Ausnahme in § 98. — Genehmigung der Aufsichtsbehörde bei Bahnpfandschulden BahnG. § 17.

3) Es handelt sich nur um den Passivbeteiligten, § 13 A. 7, EK. 29[176]. Wegen des Eigentümers EK. 26[140. 162], 28[102], FG. 5[120], Bay. 4[50], des Nacherben EK. 30[261], des Ehegatten K. 27[253], Bay. 4[42], der Pfandgläubiger EFG. 5[200]. Werden die Rechte mehrerer betroffen, so ist die Bewilligung aller erforderlich. Über den Fall des

Vorbehalts, daß der Gläubiger einseitig die Aufhebung der Ausschließung des Briefs erklären könne EK. 21[117]. Die brieflose Eintragung der Hypothek bedarf auch, wenn zur Eintragung verurteilt ist, besonderer Bewilligung, K. 21[172]. Es genügt einseitiger Antrag des Eigentümers, EOLG. 2[514].

[4]) Die Erklärung der Aufgabe einer Hypothek ersetzt die Löschungsbewilligung, ECG. 3[35]. Für den GB.Richter genügt die Bewilligung, gleichviel, ob nach materiellem Recht eine einseitige Erklärung genügt (z. B. BGB. §§ 875, 928, 1132², 1168², 1188¹, 1195, 1196²) oder eine Einigung erforderlich ist (z. B. §§ 873, 877, 880², 1166² u. ³, 1180), EFG. 1[24. 161], 3[165]. Eine Eintragung, für welche eine Einigung rechtlich unmöglich ist, z. B. Grundgerechtigkeit für den Eigentümer, darf aber nicht erfolgen, EFG. 1[169], EN. 47[204]. — § 54¹ S. 2. — EOLG. 5[288]. — Ausnahmen § 20.

[5]) Die Einwilligung fällt unter Umständen weg gemäß §§ 21, 22, 27, auch im Falle BGB. § 1139, ferner bei Löschungen, wenn bezüglich der Eintragung ein Ausschlußurteil vorliegt (BGB. §§ 887, 927, 1170, 1171). Wegen der Zustimmung der vorbehaltenen Berechtigten EK. 30[269]. Sie wird ersetzt gemäß §§ 25, 26, bei Aneignung durch den Fiskus nach BGB. § 928 und bei Erlöschen der Hypothek (BGB. §§ 1173, 1181), ferner durch Unschädlichkeitszeugnis, pr. AG. a. 20. Besonderheiten in §§ 23, 24.

[6]) In den Fällen des BGB. §§ 885, 899 genügt statt der Bewilligung die einstweilige Verfügung.

[7]) Ganz allgemein wird die Bewilligung durch die rechtskräftige Verurteilung zur Bewilligung ersetzt gemäß ZPO. § 894 — für vorläufig vollstreckbare Urteile vgl. ZPO. § 895. — Ansprüche darauf bestehen z. B. nach BGB. §§ 888, 894, 1438. — Eintragung auf Ersuchen § 39. — Wegen Eintragung der Pfändung einer Buchhypothek EN. 56[15].

[8]) Für die Zwangshypothek wird die Bewilligung durch den vollstreckbaren Titel wegen einer persönlichen Geld-

forderung ersetzt, § 14 A. 6. Kein Titel für die Kosten nötig wegen ZPO. § 788, EK. 30[246].

Bei Auflassung.

§. 20. Im Falle der Auflassung eines Grundstücks[1]) sowie im Falle der Bestellung[2]) oder Uebertragung[3]) eines Erbbaurechts[4]) darf die Eintragung nur erfolgen, wenn die erforderliche Einigung des Berechtigten[5]) und des anderen Theiles erklärt ist.[6])[7])

I 21[1], II 19. M. 55; D. 16.

[1]) BGB. § 925 mit EG. BGB. a. 143, pr. AG. BGB. a. 26. — Bergwerke pr. AG., a. 28 EK. 30[180]. Schutzgebiete SchutzgV. § 3. — Übertragung des Eigentums an buchungsfreien Grundstücken (§ 90, pr. V. a. 1) nach pr. AG. BGB. a. 27.

[2]) BGB. § 1015 mit EG. BGB. a. 143.

[3]) BGB. § 1017. [4]) Weitere Anwendung in § 84.

[5]) Oder seines Vertreters bzw. des an seiner Stelle Verfügungsberechtigten, K. 21[128], § 29 A. 3. Bei mangelnder Vertretungsmacht nachträgliche Genehmigung (BGB. § 177) möglich, K. 22[146], ebenso bei sonst erforderlichen Genehmigungen z. B. der des Ehemanns (EK. 24[235]). Auch die Einigung eines nicht berechtigten Veräußerers mit dem anderen Teil genügt, wenn die Genehmigung des eingetragenen Eigentümers (BGB. § 185) hinzutritt, EFG. 2[252].

[6]) § 19 A. 4. Neben der Einigung (EOLG. 4[311]) ist eine besondere Eintragungsbewilligung nicht mehr erforderlich, EFG. 3[143]. 5[105]. Die Einigung kann für beide Teile durch denselben, von ihnen bestellten Vertreter erklärt werden. EK. 21[293]. Testamentsvollstrecker kann in der Regel nicht an sich selbst auflassen, EFG. 3[101]. — Wegen Vorlesung des Protokolls und der darin in bezug genommenen Anlagen EFG. 5[103].

[7]) Auch hier Ersatz durch rechtskräftige Verurteilung gemäß ZPO. § 894. Für vorläufig vollstreckbare Verurteilung ZPO. § 895. Über die Vorlegung des zur Eigentumsübertragung verpflichtenden Vertrages § 98. Seine Prüfung liegt außerhalb der Aufgaben des GBA., EK. 30[207]. Wegen der in Preußen dem GB.Richter hinsichtlich des Auflassungsstempels obliegenden Belehrungen Allg. Vf. v. 13. 6. 00 (JMBl. S. 501). Wegen der Mitteilung der Auflassungen an die Steuerbehörden pr. Allg. Vf. v. 29. 2. 96 (JMBl. S. 63) und v. 12. 12. 01 (JMBl. S. 283).

2. Bei subjektiv-dinglichen Rechten.

§. 21. Steht ein Recht, das durch die Eintragung betroffen wird,[1]) dem jeweiligen Eigenthümer eines Grundstücks zu,[2]) so bedarf es der Bewilligung derjenigen, deren Zustimmung nach §. 876 Satz 2 des Bürgerlichen Gesetzbuchs zur Aufhebung des Rechtes erforderlich ist, nur dann,[3]) wenn das Recht auf dem Blatte des Grundstücks vermerkt ist.[4])

II 20. D. 17.

[1]) § 13 A. 1. [2]) § 8 A. 1.

[3]) § 19 A. 5. Die Bestimmung ist nicht nur eine Ausnahme von dem § 19, sondern auch vom BGB. §§ 876, 877 (dazu EG. BGB. a. 120[2] Nr. 21), welche die Zustimmung ohne Rücksicht auf den Vermerk fordern.

[4]) Gemäß § 8.

3. Bei Berichtigung des Grundbuchs.

§. 22. Zur Berichtigung des Grundbuchs[1]) bedarf es der Bewilligung desjenigen, dessen Recht von der Berichtigung betroffen wird,[2]) nicht,[3]) wenn die Unrichtigkeit nachgewiesen[4]) wird. Dies gilt insbesondere für die Eintragung oder Löschung einer Verfügungsbeschränkung.[5])

Die Berichtigung des Grundbuchs durch Eintragung eines Eigenthümers[6]) oder eines Erbbauberechtigten[7]) darf, sofern nicht der Fall des §. 14 vorliegt,[8]) nur mit Zustimmung des Eigenthümers[9]) oder des Erbbauberechtigten erfolgen.[10]) [11])

II 21. D. 17.

[1]) BGB. § 894. Es handelt sich insbesondere um den Fall, daß das GB. durch eingetretene Rechtsänderungen unrichtig geworden ist, z. B. durch Eintritt der Gütergemeinschaft. Dazu BGB. §§ 1438[3], 1519, 1549. Eintragung eines Verstorbenen unzulässig, EFG. 3[199]. Antrag gemäß § 13 erforderlich. Zu den Berechtigten (§ 13 A. 1) gehört nicht der, welcher, bereits Auflassung erhalten hat, aber noch nicht als Eigentümer eingetragen ist, EK. 26[245]. — Ersuchen einer Behörde § 39. — Weiterer Fall der Berichtigung ohne Antrag § 54.

[2]) § 19 A. 3.

[3]) Anwendung auch in § 27. Ausnahmen in Abs. 2, in § 23 und unter Umständen auch in § 27.

[4]) EK. 48[56], EOLG. 4[406], 5[296]. Form des Nachweises § 29. So genügt z. B. in den Fällen des BGB. der §§ 1144, 1145, 1167 statt der Bewilligung die bloße Quittung (BGB. § 368). Im Falle des BGB. § 1173[2] bedarf es des Nachweises, daß der Eigentümer keine Ersatzansprüche gegen die anderen Eigentümer hat, EK. 24[256]. Berichtigung bei Nachweis der Unrichtigkeit des Bestandsverzeichnisses, EK. 25[98. 106].

[5]) BGB. §§ 135ff., 888[2], 892, 1518, 2113, 2211.

[6]) Z. B. BGB. §§ 900, 927, 928, 1438, 1922.

[7]) Weitere Fälle in § 84. [8]) EFG. 1[162].

[9]) D. h. des wahren, noch nicht eingetragenen E., EFG. 1[161], EOLG. 4[188], K. 25[98]. Alle Miteigentümer, auch

Miterben trotz BGB. § 2038[1] müssen zustimmen, auch die Erbeserben, EFG. 3[199], K. 25[113]. Die Übertragung eines Grundstücks an einen Miterben bedarf der Auflassung, wenn nicht der Weg des BGB. § 2033 gewählt wird, EFG. 3[202], K. 22[301], R. 52[177].

[10]) Das entspricht dem Gedanken des § 20. Die Zustimmung bedarf aber nur der in § 29 bestimmten Form. Auflassungsform ist nicht erforderlich.

[11]) Anwendung auf Bergwerke pr. AG. a. 28.

4. Bei Löschung von Rechten auf Lebenszeit.

§. 23. Ein Recht, das auf die Lebenszeit des Berechtigten beschränkt ist,[1]) darf nach dessen Tode, falls Rückstände von Leistungen nicht ausgeschlossen sind, nur mit Bewilligung des Rechtsnachfolgers gelöscht werden,[2]) wenn die Löschung vor dem Ablauf eines Jahres nach dem Tode des Berechtigten erfolgen soll oder wenn der Rechtsnachfolger der Löschung[3]) bei dem Grundbuchamte widersprochen hat;[4]) der Widerspruch ist von Amtswegen in das Grundbuch einzutragen.[5]) Ist der Berechtigte für todt erklärt, so beginnt die einjährige Frist mit der Erlassung des die Todeserklärung aussprechenden Urtheils.[6])

Der im Abs. 1 vorgesehenen Bewilligung des Rechtsnachfolgers bedarf es nicht, wenn im Grundbuch eingetragen ist, daß zur Löschung des Rechtes der Nachweis des Todes des Berechtigten genügen soll.

II 22. D. 18.

[1]) Z. B. BGB. § 1061 mit § 1090[1]. — Entsprechende Anwendung im Falle des § 24.

²) An sich würde nach § 22 der Nachweis des Todes genügen. — Wegen Genehmigung des Vormundes, Gegenvormundes, Vormundschaftsgerichts EFG. 4^{181}.

³) Vor ihrer Ausführung. Der Widerspruch liegt also außerhalb des Rahmens des BGB. § 899.

⁴) Ausnahme für beide Alternativen in Abs. 2.

⁵) Pr. Allg. Bf. § 14. ⁶) BGB. § 18.

5. Bei Löschung anderer zeitlich beschränkter Rechte.

§. 24. Die Vorschriften des § 23 finden entsprechende Anwendung, wenn das Recht mit der Erreichung eines bestimmten Lebensalters des Berechtigten oder mit dem Eintritt eines sonstigen bestimmten Zeitpunkts oder Ereignisses erlischt.

II 23. D. 18.

6. Bei Löschung einer Vormerkung oder eines Widerspruchs.

§. 25. Ist eine Vormerkung oder ein Widerspruch auf Grund einer einstweiligen Verfügung[1]) eingetragen, so bedarf es zur Löschung[2]) nicht der Bewilligung des Berechtigten, wenn die einstweilige Verfügung durch eine vollstreckbare Entscheidung aufgehoben ist.[3]) Diese Vorschrift findet entsprechende Anwendung, wenn auf Grund eines vorläufig vollstreckbaren Urtheils nach den Vorschriften der Civilprozeßordnung[4]) eine Vormerkung oder ein Widerspruch eingetragen ist.

II 24. D. 18.

¹) BGB. §§ 885^1, 899^2. — § 19 A. 5.

²) Auf Antrag des Betroffenen § 13^2.

³) Gehört das Grundstück zum eingebrachten Gut, so

muß die Entscheidung auch gegenüber dem Manne ergangen sein, EK. 22[137].

[4]) ZPO. § 895.

7. Bei Übertragung und Belastung von Briefpfändern.

§. 26. Soll die Uebertragung einer Hypothek, Grundschuld oder Rentenschuld, über die ein Brief ertheilt ist,[1]) eingetragen werden,[2]) so genügt es, wenn an Stelle der Eintragungsbewilligung[3]) die Abtretungserklärung[4]) des bisherigen Gläubigers[5]) vorgelegt wird.[6])

Diese Vorschrift findet entsprechende Anwendung, wenn eine Belastung der Hypothek, Grundschuld oder Rentenschuld[7]) oder die Uebertragung oder Belastung einer Forderung, für die ein eingetragenes Recht als Pfand haftet,[8]) eingetragen werden soll.[9])

I 36. II 25. M. 70; D. 19 § 40.

[1]) Briefpfand BGB. §§ 1116, 1192, 1199. Der Ausdruck Pfand wird vom BGB. und der GBO. vermieden, weil das BGB. im Widerspruch mit dem allgemeinen Sprachgebrauch unter Pfand nur ein Mobiliarpfand versteht.

[2]) Die Eintragung ist nur fakultativ. — BGB. §§ 1154, 1192[1].

[3]) Ausnahme von § 19.

[4]) Form § 29. — Statt der Abtretung genügen gemäß BGB. § 1155 S. 2. Überweisungsbeschluß (ZPO. §§ 835—837, vgl. auch § 831) und Anerkenntnis eines gesetzlichen Überganges (BGB. § 412).

[5]) Oder seiner Rechtsnachfolger. Wegen des Ausweises seiner Erben EK. 26[92].

[6]) Die Annahmeerklärung ist nicht erforderlich. Wegen Vorlegung des Briefs §§ 41, 43.

[7]) Nießbrauch (BGB. §§ 1069, 1154, 1192), Pfandrecht (BGB. §§ 1274, 1154, 1292).

[8]) BGB. § 401.

[9]) Dadurch ist zugleich die im BGB. nicht vorgesehene Zulässigkeit einer solchen Eintragung begründet. Der öffentliche Glaube des Grundbuchs (BGB. § 892) erstreckt sich aber weder auf den Bestand der Forderung noch auf die Legitimation des Gläubigers.

8. Bei Löschung von Pfandrechten und deren Belastung.

§. 27. Eine Hypothek, eine Grundschuld oder eine Rentenschuld[1]) darf nur mit Zustimmung des Eigenthümers[2]) des Grundstücks gelöscht werden.[3])

Ein Recht,[4]) mit dem eine Hypothek, eine Grundschuld oder eine Rentenschuld belastet ist, darf nur mit Zustimmung[5]) desjenigen gelöscht werden, welchem die Hypothek, die Grundschuld oder die Rentenschuld zusteht.[6]) Für eine Löschung, die zur Berichtigung des Grundbuchs erfolgen soll,[7]) ist die Zustimmung nicht erforderlich,[8]) wenn die Unrichtigkeit nachgewiesen wird.[9])

I 35, II 26. M. 70; D. 20.

[1]) Gleichviel, ob es sich um ein Briefpfand (§ 26 A. 2) handelt, oder nicht. — Vgl. aber § 69.

[2]) Des wahren Eigentümers. Steht fest, daß der Bucheigentümer zu Unrecht eingetragen ist, so kann ihm selbstverständlich der gegen ihn eingetragene Widerspruch (§ 54) kein Verfügungsrecht geben, EK. 26[250]. Sämtliche Miteigentümer müssen zustimmen. EFG. 1[121]. Bei ehelichem Gesamtgut nur der Mann, EK. 22[140]. EFG. 2[89], EBay. 2[219. 796]. Für den Antrag auf Löschung FG. 4[168]. Die Bestimmung beschränkt sich nicht auf den Fall, daß eine Eigentümerhypothek vorliegen kann und gilt auch für

Freigabe bei Gesamthypotheken, EK. 24[135]. Im Falle des BGB. § 1173 Löschung auf den übrigen Grundstücken ohne Zustimmung und vorgängige Eintragung der Eigentümer, EK. 4, FG. 4[267]. Wegen des Einflusses einer Pfändung EK. 52[257].

[3]) Für den Fall der Aufhebung des Pfandrechts (BGB. §§ 1183, 1192) ist das nur eine selbstverständliche Anwendung des § 29. BGB. §§ 1163, 1168, 1170[2], 1171, 1177. Die Vorschrift greift aber auch Platz, wenn im gegebenen Falle die Entstehung einer Eigentümerhypothek ausgeschlossen ist, EFG. 2[240]. Dagegen ist es für den Fall einer Grundbuchberichtigung (§ 13 A. 1) unter Umständen eine Ausnahme von § 22. — Wegen Vorlegung von weiteren Urkunden vgl. § 44. — Löschung auf Ersuchen § 39.

[4]) § 26 A. 6.

[5]) BGB. § 878 kommt nicht zur Anwendung.

[6]) Anwendung von § 19 unter Berücksichtigung der BGB. §§ 1063, 1068, 1256, 1273.

[7]) § 22 A. 1. [8]) Entsprechend dem § 22.

[9]) Z. B. im Falle des BGB. § 1255 mit § 1273.

III. Bezeichnung des Grundstücks und des Geldbetrags.

§. 28. In der Eintragungsbewilligung[1]) oder, wenn eine solche nicht erforderlich ist,[2]) in dem Eintragungsantrag[3]) ist das Grundstück übereinstimmend mit dem Grundbuch[4]) oder durch Hinweisung auf das Grundbuchblatt[5]) zu bezeichnen. Einzutragende Geldbeträge sind in Reichswährung anzugeben.[6]) [7])

I 25, 29, II 27. M. 60, 64; D. 21.

[1]) § 19, K. 21[124]. — Eine von der Bewilligung getrennte Angabe genügt nicht, K. 21[127].

[2]) § 19 A. 5—8.

[3]) § 13 A. 3, bzw. in dem Ersuchen, § 39 A. 3.

4) § 2². Für Teilstücke EBay. 3 1053.

5) §§ 3 ff., sofern sich daraus das Grundstück zweifellos ergibt.

6) BGB. § 1115 u. § 56. Die Bestimmung gilt auch für Reallasten (BGB. §§ 1105 ff.) soweit dieselben auf Geld gehen und im Falle des BGB. § 882. Für Schutzgebiete genügt die dort geltende Währung, SchutzgV. § 4. Die sog. Goldklausel oder Abrede, daß die Befriedigung aus dem Grundstücke im Golde zu erfolgen habe, darf, wie gegenüber der abweichenden Praxis festgehalten wird, weder ausdrücklich noch durch Bezugnahme auf die Bewilligung als Nebenbestimmung eingetragen werden. Vgl. Fischer-Henle Handausgabe des BGB. 7. Aufl. § 1115 A. 3.

7) Die weiteren für die Eintragungen erforderlichen Angaben ergeben sich aus den Bestimmungen für den einzelnen Fall, z. B. für Grunddienstbarkeiten aus BGB. § 1018, für beschränkte persönliche Dienstbarkeiten aus BGB. § 1090, für Pfandrechte aus BGB. §§ 1115, 1192, 1199, für Sicherungshypotheken aus BGB. 1184, Höchstbetragshypotheken aus BGB. § 1190.

IV. Nachweis der Voraussetzungen.

§. 29. Eine Eintragung soll[1]) nur erfolgen, wenn die Eintragungsbewilligung[2]) oder die sonstigen zu der Eintragung erforderlichen Erklärungen[3]) vor dem Grundbuchamte zu Protokoll gegeben[4]) oder durch öffentliche[5]) oder öffentlich beglaubigte[6]) Urkunden nachgewiesen[7]) werden. Andere Voraussetzungen der Eintragung[8]) bedürfen, soweit sie nicht bei dem Grundbuchamt offenkundig[9]) sind, des Nachweises durch öffentliche[10]) Urkunden.[11]) [12])

I 39, 40, II 28. M. 72, 75; D. 21.

[1]) Ordnungsvorschrift, welche auf die Gültigkeit der Eintragung ohne Einfluß ist.

[2]) Oder deren Ersatz, soweit erforderlich. § 19 nebst A.

[3]) Namentlich die Bewilligung nach §§ 23[1], 24, die Abtretungserklärung nach § 26 und die Zustimmung nach §§ 22[2], 27, 66, die Erklärung des § 58[3], der Bestimmung nach § 60[2], auch die erforderlichen Vollmachten, EFG. 1[122], 2[190], EBay. 2[290]. Der Notar kann in Pr. bezeugen, daß der Erklärende im Besitz der Vollmacht gewesen sei. EK. 23[120]. Der Notar kann nicht eine Vollmacht auf sich selbst beurkunden EK. 24[2]. — Ausnahmen für Antrag und Vollmacht dazu in § 30. Anwendung auf Rücknahme und Vollmachtswiderruf § 32. — EBay. 2[340, 555].

[4]) § 1 A. 1 u. 3. Der durch das Landesrecht (§ 1 A. 1) zu bestimmende Beamte des GBA. (in Pr. der Richter, a. 5 AG.) ist verpflichtet, alle diese Erklärungen zu Protokoll zu nehmen. Das Landesrecht kann diese Verpflichtung zur Protokollierung noch erweitern. Auf das Protokoll finden, soweit darin ein Rechtsgeschäft beurkundet wird, die reichs- und landesgesetzlichen Vorschriften über gerichtliche Beurkundung von Rechtsgeschäften (FG. §§ 168 ff., pr. FG. a. 40 ff.) Anwendung. Über Notwendigkeit der Verlesung der Anlagen EFG. 5[103].

[5]) ZPO. § 415. Pr. AG. BGB. A. 12 § 2 bezieht sich nur auf das obligatorische Geschäft und schafft nicht die Form des § 29, EK. 29[135]. Über Beilagen der Urkunden EOLG. 4[82]. Die Erklärungen öffentlicher Behörden (auch kommunaler und kirchlicher Behörden, sofern sie nach Landesrecht als öffentliche anzusehen sind) in eigenen Angelegenheiten in gesetzlicher Form ausgestellt, bedürfen daher einer weiteren Beglaubigung nicht. Die Zugehörigkeit der Unterzeichner zur Behörde braucht nicht nachgewiesen zu werden, EK. 21[101]. Das gilt auch für die Behörden in den anderen Bundesstaaten (§ 1 RG. v. 1. 5. 78). Pr. Allg. Vf. v. 25. 3. 85 (JMBl. S. 128) für Mecklenburg-Strelitz. Für die Feststellung

der Unterschrift bei Erklärungen ausländischer Behörden durch Legalisation § 2 RG. vom 1. 5. 78, Staatsverträge mit Österreich-Ungarn v. 25. 2. 80 (RGBl. 1881 S. 4) und 13. 6. 81 (RGBl. S. 253). Die Zuständigkeit kann in jeder geeigneten Weise festgestellt werden. Für Pr. AG. a. 9.

[6]) D. h. Privaturkunden mit Unterschriftsbeglaubigung, BGB. § 129. Sie werden erst mit dem Zeitpunkte der Beglaubigung perfekt, so daß in diesem Zeitpunkt die Legitimation des Erklärenden vorhanden sein muß, EK. 21[277]. Bei Erklärung von offenen Handelsgesellschaften genügt bloße Unterschrift mit der Firma, 21[108]. Bei Genossenschaften ist die Zeichnung der Genossenschaftsfirma nicht erforderlich, K. 21[105]. Die Befugnis zur Beglaubigung nach Reichs- oder Landesrecht muß vorhanden sein (FG. §§ 167, 183, 184, 200). Kenntnis ausländischen Rechtes behufs formaler Prüfung ausländischer Beglaubigungen muß sich das GBA. selbst beschaffen, EK. 25[117]. Zusätze, welche nachträglich ohne besondere Beglaubigung hinzugefügt sind, machen die Urkunde ungeeignet, EFG. 2[101], K. 29[116]. Wenn nicht, wie z. B. bei Vollmachten (§ 33 A. 3) der Besitz der Urkunde selbst einen wesentlichen Bestandteil der Legitimation bildet, so genügt auch beglaubigte Abschrift der Urkunde, EFG. 1[130], EK. 20[285], 25[120].

[7]) Ob durch die Urkunde die Erklärungen, sowie die Identität und Geschäftsfähigkeit des Erklärenden nachgewiesen sind, bleibt zu prüfen, EK. 20[177. 281], 23[7].

[8]) Z. B. die Legitimation eines gesetzlichen Vertreters (§ 13 A. 10), der Nachweis der Unrichtigkeit nach § 22[1], der Nachweis des Todes (§ 23) oder des in § 24 gedachten Ereignisses oder der Aufhebung einer einstweiligen Verfügung (§ 25). Kein Nachweis der Nichtbeschränkung der elterlichen Gewalt der Mutter, EFG. 6[246]. GBA. kann, auch nach erfolgter Auflösung das Verfügungsrecht des Veräußerns auf Grund ihm sonst zugänglich gewordener Urkunden beanstanden, EK. 25[117]. Bezüglich der gemäß

§§ 33—38 zu erbringenden Nachweise sind die Mittel in den gedachten Paragraphen im einzelnen angegeben. — BGB. § 2356[1].

[9]) ZPO. § 291. Das GBA. hat auch bezüglich der in anderen Akten des GBA. oder des Gerichts, zu dem das GBA. gehört, enthaltenen Voraussetzungen Bezugnahme genügen zu lassen. EFG. 1[171], EK. 48[400], Allg. Vf. § 35[2].

[10]) EK. 22[210]. Hier genügt Unterschriftsbeglaubigung nicht. Dagegen kann auch hier beglaubigte Abschrift genügen (A. 6). Bescheinigung der im Statut einer Privatsparkasse bestimmten Behörde über die Zusammensetzung des Vorstandes, EK. 30[165].

[11]) Wer ein Urteil auf Eintragung erlangt hat, kann nach ZPO. § 896 an Stelle des Schuldners die Erteilung, bei Behörden und Beamten, insbesondere Notaren, verlangen. — § 40 A. 5.

[12]) Wegen der Aufbewahrung § 11.

1. Antrag und Vollmacht.

§. 30. Für den Eintragungsantrag[1]) sowie für die Vollmacht zur Stellung eines solchen[2]) gelten die Vorschriften des §. 29[3]) nur, wenn durch den Antrag zugleich eine zu der Eintragung erforderliche Erklärung[4]) ersetzt werden soll.

I 43, II 79. M. 29; D. 22.

[1]) §§ 13—15. Wegen Rücknahme § 32.

[2]) § 13 A. 10. § 31. — Wegen Widerrufs § 32. — Auf die Legitimation des gesetzlichen Vertreters oder des Verfügers über fremde Rechte (Konkursverwalter, Testamentsvollstrecker, Pfleger nach BGB. § 1914, „Vertreter" nach ZPO. § 58), sowie der Organe privater und öffentlicher juristischer Personen (vgl. z. B. pr. Allg. Vf. v. 14. 8. 97, 2. 11. 98, für Militärbehörden v. 6./17. 11. 00 betr.

die Strombau- und Kanalverwaltungen), sowie das Erforderniß einer Ermächtigung, Genehmigung u. dgl. (vgl. z. B. pr. Allg. Vf. § 4 A. 2) bezieht sich das nicht.

[3]) § 29 A. 3.

[4]) Insbesondere die Bewilligung (§ 19 EK. 24[87]) oder die in § 26 erwähnte Abtretungserklärung. Keine Form für den Antrag des Erben auf Umschreibung einer Hypothek, wenn Erbschein und Brief vorliegen, EK. 22[154]. — EK. 28[265], FG. 5[105].

Vollmachtsstempel.

§. 31. Wird im Falle der Auflassung eines Grundstücks sowie im Falle der Bestellung oder Uebertragung eines Erbbaurechts die erforderliche Einigung des Berechtigten und des anderen Theiles[1]) durch Bevollmächtigte[2]) vor dem Grundbuchamt erklärt, so ist die Vollmacht stempelfrei,[3]) wenn das der Einigung zu Grunde liegende Rechtsgeschäft[4]) von einem Notar beurkundet und die Vollmacht in der Urkunde ertheilt ist.[5])

Von der RTK. neu eingefügter § 29a, Bericht zu § 14.

[1]) § 20. [2]) § 13 A. 10, § 30 A. 2.

[3]) § 1 A. 3. [4]) § 9 A. 4.

[5]) Die Stempelfreiheit bleibt auch dann bestehen, wenn schließlich von der Vollmacht kein Gebrauch gemacht, sondern auch die Einigung durch die Beteiligten selbst erklärt wird.

2. Zurücknahme und Vollmachtswiderruf.

§. 32. Erklärungen, durch die ein Eintragungsantrag[1]) zurückgenommen[2]) oder eine zur Stellung des Eintragungsantrags ertheilte Vollmacht[3]) widerrufen wird, bedürfen der im §. 29 Satz 1 vorgeschriebenen Form.[4])

II 30. D. 22.

[1]) § 13.

[2]) Einseitige Zurücknahme nur zulässig, wenn einseitig gestellt, K. 24[92].

[3]) § 13 A. 10. Für den Notar genügt die vermutete Vollmacht des § 15. Seine Zurücknahme bedarf aber der beglaubigten Form, EK. 28[80], R. 60[396].

[4]) § 30 findet also keine Anwendung.

3. Handelsgesellschaften.

§. 33. Der Nachweis, daß der Vorstand[1]) einer Aktiengesellschaft[2]) aus den im Handelsregister eingetragenen Personen besteht, wird durch ein Zeugniß des Gerichts über die Eintragung[3]) geführt.[4])

Das Gleiche gilt von dem Nachweise der Befugniß zur Vertretung[5]) einer offenen Handelsgesellschaft,[6]) einer Kommanditgesellschaft,[7]) einer Kommanditgesellschaft auf Aktien[8]) oder einer Gesellschaft mit beschränkter Haftung.[9]) [10]) [11])

II 31. D. 22. — RG. vom 1. 5. 89 § 26 Abs. 2, BGB. § 69.

[1]) Auch die Liquidatoren. [2]) HGB. § 198.

[3]) Nur über die Eintragung. Ein Zeugnis, daß der Vorstand an einem bestimmten früheren Zeitpunkte zur Vertretung legitimiert war, kann nicht begehrt werden, EFG. 1[150].

[4]) Pr. Allg. Vf. v. 7. 11. 99 § 2 (JMBl. S. 313), pr. FG. a. 18. Es genügt Bezugnahme im Falle des § 35. Auch vom Gerichtsschreiber beglaubigte Abschrift der Eintragung oder des Gerichtszeugnisses genügt. EFG. 1[130], 3[106], EK. 20[285], 24[96]. Daß der Nachweis nur so geführt werden könne, ist gegenüber der allg. Vorschrift des § 29 nicht gesagt. EFG. 6[274].

[5]) Daß das Zeugnis nicht älter sei als die Eintragung des Vertreters, ist grundsätzlich nicht zu verlangen, sondern nur, wenn gegründete Zweifel am Fortbestehen der Vertretungsbefugnis bestehen, EFG. 1[78].

[6]) HGB. §§ 106, 125. [7]) HGB. § 161.

[8]) HGB. § 325.

[9]) RG. v. 20. 4. 92 § 10.

[10]) Für Erwerbs- und Wirtschaftsgenossenschaften RG. v. 1. 5. 89 § 10, für eingetragene Vereine BGB. § 69. — Für Unfallversicherungsberufsgenossenschaften EK. 26[90]. (Nachweis der Behinderung des ersten Vertreters darf von dem für diesen Fall bestellten zweiten nicht gefordert werden).

[11]) Auf die Vertretungsbefugnis des Prokuristen bezieht sich § 33 nicht, EK. 20[23]. — Über Eintragungen auf die Firma eines Einzelkaufmanns, EOLG. 5[254].

4. Eheliches Güterrecht.

§. 34. Der Nachweis, daß zwischen Ehegatten Gütertrennung[1]) oder ein vertragsmäßiges Güterrecht[2]) besteht oder daß ein Gegenstand zum Vorbehaltsgut eines Ehegatten gehört,[3]) wird durch ein Zeugniß des Gerichts[4]) über die Eintragung des güterrechtlichen Verhältnisses im Güterrechtsregister[5]) geführt.[6])

II 32. D. 22.

[1]) BGB. §§ 1426ff. [2]) BGB. §§ 1432ff.

[3]) BGB. §§ 1365ff.

[4]) Pr. Allg. Vf. v. 6. 11. 99 (JMBl. S. 302 a. 3). Pr. FG. a. 18. Es genügt Bezugnahme im Falle des § 35. Nachweis durch Vorlegung des Ehevertrages nicht ausgeschlossen, EOLG. 4[188], FG. 6[148].

[5]) BGB. §§ 1558ff.

[6]) Sonst ist das Vermögen der Ehefrau als eingebrachtes Gut (wegen der dadurch herbeigeführten Beschränkungen BGB. § 1404) und das Vermögen des Ehemannes als durch die Ehe nicht beeinflußt zu behandeln. — Gilt nicht unbedingt für bestehende Ehen, EK. 19[65].

Bezugnahme.

§. 35. Ist in den Fällen der §§. 33, 34 das Grundbuchamt zugleich das Registergericht, so genügt statt des Zeugnisses die Bezugnahme auf das Register.[1])

II 33. D. 22.

[1]) Recht und Pflicht des GBA. den gesamten die Firmen betreffenden Inhalt des Registers und der Registerakten zu berücksichtigen, EK. 20[72].

5. Erbfolge[1]) und Testamentsvollstreckung.

§. 36. Der Nachweis der Erbfolge kann nur durch einen Erbschein[2]) geführt werden. Beruht jedoch die Erbfolge auf einer Verfügung von Todeswegen, die in einer öffentlichen Urkunde enthalten ist,[3]) so genügt es, wenn an Stelle des Erbscheins[4]) die Verfügung und das Protokoll über die Eröffnung der Verfügung[5]) vorgelegt werden; erachtet das Grundbuchamt die Erbfolge durch diese Urkunden nicht für nachgewiesen, so kann[6]) es die Vorlegung eines Erbscheins verlangen.[7])

Das Bestehen der fortgesetzten Gütergemeinschaft sowie die Befugniß eines Testamentsvollstreckers zur Verfügung über einen Nachlaßgegenstand ist nur auf Grund der in den §§. 1507, 2368 des Bürgerlichen

Gesetzbuchs vorgesehenen Zeugnisse als nachgewiesen anzunehmen; auf den Nachweis der Befugniß des Testamentsvollstreckers finden jedoch die Vorschriften des Abs. 1 Satz 2 entsprechende Anwendung.[8])

I 41, II 34. D. 23. Der letzte Halbsatz ist Zusatz der RTK. — M. 76.

[1]) Für Fideikommißgüter und andere Güter mit Sondernachfolge, sowie für Güter mit Obereigentum pr. AG. a. 15ff.

[2]) BGB. §§ 2353 ff. Für die gesetzliche Erbfolge ist jeder andere Nachweis ausgeschlossen. Für die testamentarische s. Satz 2. — Der Erbschein muß zur Zeit des Ablegens der fraglichen Erklärungen wirksam bestanden haben, EOLG. 3[390].

[3]) BGB. §§ 2231 Nr. 1 (Gegensatz Nr. 2 mit § 2267), 2249, 2276, teilweise 2250, 2251 und des RG. vom 2. 5. 74, § 44.

[4]) Der auch hier zulässig ist (BGB. § 2355).

[5]) BGB. §§ 2260, 2273, 2300. Wegen privatschriftlicher Nachzettel EK. 25[278], wegen ausländischer Privattestamente und der durch Niederlegung nach dem Tode bei der ausländischen Behörde begründeten bloßen Vermutung der Echtheit. EK. 27[108].

[6]) Nicht muß, EFG. 1[172], 3[137], EN. 48[400], EK. 23[120], 25[123]. Für Hann. EK. 24[224]. Es wäre gesetzwidrig, wenn das GBA. in jedem Falle ohne besonderen Grund (z. B. Anfechtbarkeit EFG. 5[206]) den Erbschein verlangen würde. Dagegen Beschwerde EK. 24[90].

[7]) Wegen Umschreibung auf unbekannte Erben EK. 28[288]. Wegen der Eintragung eines Vorerben vgl. auch § 52 und wegen der gleichzeitigen Eintragung des Testamentsvollstreckers § 53. — Vermächtnisnehmer haben nach BGB. § 2174 lediglich eine Forderung auf Leistung des vermachten Gegenstandes gegen den Beschwerten (§ 13 A. 7), können also nur auf Grund einer Bewilligung des Beschwerten eingetragen werden.

[8]) Es genügt regelmäßig, wenn neben dem Testament in öffentlicher Urkunde die Bescheinigung des Nachlaßrichters über die Annahme des Amts beigebracht wird, EK. 24^{221}, FG. 4^{265}. — Für ausländische Testamentsvollstrecker EFG. 6^{160}.

6. Erbauseinandersetzung.

§. 37. Soll bei einer zu einem Nachlasse gehörenden Hypothek, Grundschuld oder Rentenschuld[1]) einer von mehreren Erben[2]) als neuer Gläubiger eingetragen werden, so genügt zum Nachweise der Erbfolge und der Eintragungsbewilligung der Erben ein Zeugniß des Nachlaßgerichts.[3])

Das Zeugniß darf nur ausgestellt werden, wenn die Voraussetzungen für die Ertheilung eines Erbscheins vorliegen und die Erklärungen der Erben vor dem Nachlaßgerichte zu Protokoll gegeben oder durch öffentliche oder öffentlich beglaubigte Urkunden nachgewiesen sind.[4])

I 42, II 35. M. 78; D. 23.

[1]) § 27 A. 1. — Ausdehnbar auf Eigentum und Erbbaurecht § 99.

[2]) Ausgedehnt auf Gütergemeinschaft § 38.

[3]) § 99 A. 1. Andere Nachweise sind zulässig.

[4]) Entsprechend dem § 30. Das GBA. hat die Beobachtung des Abs. 2 nicht nachzuprüfen.

7. Auseinandersetzung einer Gütergemeinschaft.

§. 38. Die Vorschriften des §. 37 finden entsprechende Anwendung, wenn bei einer Hypothek, Grundschuld oder Rentenschuld,[1]) die zu dem Gesammtgut einer ehelichen Gütergemeinschaft[2]) oder einer fortgesetzten Gütergemeinschaft[3]) gehört, ein Betheiligter, auf den das Recht bei der Auseinandersetzung übertragen ist, als neuer Gläubiger eingetragen werden soll.

II 36. D. 24.

[1]) § 27 A. 1. Ausdehnbar auf Eigentum und Erbbaurecht § 99.
[2]) BGB. §§ 1438, 1474 ff., 1519, 1546, 1549, 1550.
[3]) BGB. §§ 1485, 1497 ff.

V. Eintragung auf Ersuchen einer Behörde.

§. 39. In den Fällen, in denen nach gesetzlicher Vorschrift[1]) eine Behörde befugt ist, das Grundbuchamt um eine Eintragung zu ersuchen, erfolgt die Eintragung auf Grund[2]) des Ersuchens[3]) der Behörde.[4])

I 50 S. 1, II 37. M. 90; D. 24.

[1]) Des Reichs- oder Landesrechts. Z. B EG. BGB. a. 91. Dazu gehören insbesondere auch die gerichtlichen einstweiligen Verfügungen (BGB. § 885). Ferner ZVG. §§ 19, 34, 130, 146, 161, 172, 176, 180, KO. §§ 113, 163, 190, StGB. §§ 93, 140, RG. v. 31. 3. 73 § 143. Für Pr. AG. a. 12—14, 16, 19, 23 bis 25, pr. V. v. 30. 6. 34, G. v. 29. 6. 35, Dekl. v. 30. 7. 42, G. v. 2. 3. 50, v. 26. 6. 75, v. 17. 1. 83, v. 25. 3. 89, G. v. 7. 7. 91 §§ 6, 12, G. v. 2. 7. 98 §§ 3 ff. (Allg. Vf. § 43), G. v. 11. 6. 74 §§ 24[4], 33, V. v. 24. 1. 44, Allg. Berggeſ. §§ 160, 162, 223, 234, G. v. 20. 8. 83, b. G. v. 2. 3. 50 § 4, G. v. 13. 5. 79 § 86, G. v. 6. 7. 75 §§ 17, 39, G. v. 1. 4. 79 § 28, V. v. 15. 11. 99 §§ 51, 53. Ersuchen der Bahnaufsichtsbehörden nach

BahnG. §§ 8, 13, 14. — Das GBA. hat die Innehaltung der Grenzen der der ersuchenden Behörde zustehenden Amtstätigkeit auch für den einzelnen Fall zu prüfen, z. B. ob sich das Ersuchen des Vollstreckungsrichters im Rahmen des ZVG. § 130 hält. EFG. 2^{185}, $3^{48.\ 92}$, K. 21^{179}, 23^{224}. Bay. 3^{86}. Ersuchen um Wiederherstellung versehentlich gelöschter Eintragungen EFG. 3^{217}, § 54 A. 2. Die bereits verfügte Eintragung einer Auflassung kann durch einstweilige Verfügung des Prozeßgerichts nicht gehemmt werden, EOLG. 2^{514}. Die Grundlagen des Ersuchens sind nicht nachzuprüfen, EFG. 2^{253}, EK. 24^{118}.

[2]) Das Ersuchen ersetzt Antrag (§§ 13ff.) und Bewilligung (§§ 19ff.), auch die etwa erforderlichen Erklärungen Dritter (z. B. §§ 23, 24, 26, 27), nicht aber die sonstigen allgemeinen Voraussetzungen der Eintragung, insbesondere das Erfordernis der zuvorigen Eintragung des Berechtigten (§§ 40, 41) und die Vorlage des Briefes (§§ 42, 43, vgl. aber § 42 A. 3) und der in § 44 gedachten Urkunden, EFG. 1^{158}.

[3]) Der Inhalt des Ersuchens muß den §§ 28, 16, 48 genügen. Form pr. AG. § 9.

[4]) Bei der Behandlung des Ersuchens finden die §§ 17, 18 Anwendung.

VI. Vorgängige Eintragung des Berechtigten.

§. 40. Eine Eintragung[1]) soll[2]) nur[3]) erfolgen, wenn derjenige, dessen Recht durch sie betroffen wird,[4]) als der Berechtigte eingetragen ist.[5])

Bei einer Hypothek, Grundschuld oder Rentenschuld, über die ein Brief ertheilt ist,[6]) steht es der Eintragung des Gläubigers gleich, wenn dieser sich im Besitze des Briefes befindet[7]) und sein Gläubigerrecht nach §. 1155 des Bürgerlichen Gesetzbuchs nachweist.[8])

I 23, 32, II 38. M. 58 68; D. 25.

¹) Jeder Art (§ 13 A. 1, 2), auch auf Ersuchen einer Behörde (§ 39 A. 2). Wegen Löschung von Reallasten und Ersatz durch Eintragung einer Rentenpflicht EK. 24[124], wegen Ersuchen der Generalkommission um Eintragung einer Grunddienstbarkeit für ein Rentengut EK. 26[125], wegen Pfändung eines Anspruchs auf Berichtigung einer Hypothek EOLG. 2[152].

²) Ordnungsvorschrift zur Ergänzung der BGB. §§ 873, 875, 876, ohne Einfluß auf die Gültigkeit der Eintragung.

³) Ausnahme in Abs. 2 und in § 41, EFG. 1[175], 3[146]. Eigentümerpfandrechte können aber, sobald das Recht des Eigentümers nachgewiesen ist, ohne zuvorige Umschreibung von dem eingetragenen Eigentümer abgetreten, zur Löschung gebracht oder gepfändet werden. FG. 1[125. 161], 2[198. 245], EK. 21[159], 22[172], JW. 05[371].

⁴) § 13 A. 7. Für gemeinschaftliche Rechte vgl. § 48. Beim Gesamtgut müssen beide Ehegatten eingetragen sein, EK. 20[189], auch wenn bei Eintragung einer sichernden Vormerkung nur der Name eingetragen war, EFG. 5[114]. Bei fortgesetzter Gütergemeinschaft auch die Abkömmlinge, EFG. 4[179]. Der Antragsteller als solcher braucht nicht eingetragen zu sein, EFG. 3[42].

⁵) EN. 47[862]. Es ist Sache des Antragstellers (§ 13) bzw. der ersuchenden Behörde (§ 39), die zuvorige Eintragung herbeizuführen. Die Verpflichtung ergibt sich zunächst aus BGB. § 895. Über die Mittel zur Herbeischaffung der erforderlichen Urkunden A. 10 § 29. Die Legitimation zu dem Berichtigungsantrage gegen einen eingetragenen Dritten gibt § 14, die Grundlage ist durch Geltendmachung des im Wege der Zwangsvollstreckung zu überweisenden Berichtigungsanspruchs des einzutragenden Berechtigten oder durch eine Feststellungsklage (ZPO. § 256) gegen den Dritten zu beschaffen. ZVG. §§ 17, 130³. — Über den Fall, daß der Eingetragene nicht der Berechtigte ist EFG. 3[39], K. 22[197].

⁶) § 26 A. 1.

[7]) EK. 47[162].

[8]) Also durch eine auf den eingetragenen Gläubiger zurückführende zusammenhängende Reihe von öffentlich beglaubigten Abtretungserklärungen oder deren Surrogate (§ 26 A. 4), EFG. 1[175], 3[146]. Ausgeschlossen bei Beerbung EFG. 3[202].

§. 41. Ist derjenige, dessen Recht durch eine Eintragung betroffen wird, Erbe des eingetragenen[1]) Berechtigten, so findet die Vorschrift des §. 40 Abs. 1 keine Anwendung, wenn die Uebertragung oder die Aufhebung[2]) des Rechtes eingetragen werden soll oder wenn der Eintragungsantrag durch die Bewilligung des[3]) Erblassers oder eines Nachlaßpflegers[4]) oder durch einen gegen den Erblasser oder den Nachlaßpfleger vollstreckbaren Titel[5]) begründet wird.[6])

Das Gleiche gilt für eine Eintragung auf Grund der Bewilligung eines Testamentsvollstreckers[7]) oder auf Grund eines gegen diesen vollstreckbaren Titels,[8]) sofern die Bewilligung oder der Titel gegen den Erben wirksam ist.[9])

II 21[2], II 39. M. 57; D. 26.

[1]) Gilt nicht zugunsten der Erben eines nicht eingetragenen Berechtigten, FG. 1[175], 3[146.202], K. 25[119.303], 26[151] auch nicht, wenn es sich um eine Eigentümergrundschuld oder um eine Übertragung an einen Miterben handelt, wohl aber zugunsten der Erben der eingetragenen Eigentümer auch hinsichtlich der nicht umgeschriebenen Pfandrechte, § 40 A. 3, EFG. 2[245]. Für Erbeserben EK. 53[305], FG. 3[202]. Für den Fall, daß ein Dritter einen Erbschaftsanteil erworben hat EFG. 4[263]. — EFG. 4[207],

5[81], K. 26[96]. Keine Anwendung auf Vormerkung zur Erhaltung des Rechts auf Auflassung gegen die Erben EFG. 6[56]. Wegen Löschung im Falle des § 1177 auch § 27 A. 2. Wegen Berücksichtigung der Nacherben EFG. 3[202.250], 4[56], 6[140], K. 25[303], 30[215], JW. 05[240].

[2]) Auch die Auflassung oder Entpfändung von Teilen, FG. 2[242], 4[126]. § 47. — Nicht aber Umwandlung in eine (Eigentümer)grundschuld EFG. 3[202]. Auch nicht Belastung EK. 27[263].

[3]) Eingetragenen.

[4]) BGB. §§ 1960ff., oder Nachlaßverwalters §§ 1975ff.

[5]) § 14 A. 5.

[6]) Die Personen der Erben brauchen noch nicht festzustehen. Entsprechende Anwendung bei Fideikommissen usw. pr. AG. a. 15[2].

[7]) BGB. §§ 2197ff., EFG. 3[42].

[8]) ZPO. §§ 748, 749.

[9]) Das ist aus BGB. § 2213 in Verbindung mit §§ 2205 bis 2209 bzw. ZPO. §§ 325ff., 327 (auch §§ 727, 728) zu prüfen.

VII. Vorlegung von Urkunden.[1])

1. Des Hypothekenbriefes.

§. 42. Bei einer Hypothek, über die ein Brief ertheilt ist,[2]) soll eine Eintragung[3]) nur erfolgen, wenn der Brief vorgelegt wird.[4]) Für die Eintragung eines Widerspruchs bedarf es der Vorlegung nicht, wenn die Eintragung durch eine einstweilige Verfügung angeordnet ist und der Widerspruch sich darauf[5]) gründet, daß die Hypothek oder die Forderung, für welche sie bestellt ist, nicht bestehe oder einer Einrede[6]) unterliege oder daß die Hypothek unrichtig eingetragen sei.[7])[8])

Der Vorlegung des Hypothekenbriefs steht es

gleich, wenn in den Fällen der §§. 1162, 1170, 1171 des Bürgerlichen Gesetzbuchs auf Grund des Ausschlußurtheils die Ertheilung eines neuen Briefes beantragt wird.[9]) Soll die Ertheilung des Briefes nachträglich ausgeschlossen[10]) oder die Hypothek gelöscht werden,[11]) so genügt die Vorlegung des Ausschlußurtheils.[12])

I 31[1], S. 1, 2, II 40. M. 65; D. 27.

[1]) § 98.

[2]) § 26 A. 1. Modifizierte Anwendung auf andere Briefpfänder in § 43.

[3]) Irgendwelcher Art, auch die des § 1119. § 13 A. 1. — Ausnahme für den Konkursvermerk wegen KO. § 113, EFG. 2[204]. — Nötig auch bei dem Vermerke des Vorrangs, EFG. 4[243], nicht aber bei der auf Ersuchen der Enteignungsbehörde mit Vorrang vor den eingetragenen Belastungen einzutragenden Beschränkung, EK. 28[105].

[4]) BGB. §§ 1154, 1155. — Über den zu machenden Vermerk § 62[1]. Ein Recht auf Vorlegung geben BGB. §§ 896, 1144, 1145, ER. 47[160]. — Die Vorlegung der etwa beigegebenen Zins- und Erneuerungsscheine (§ 70 A. 5) ist nicht vorgeschrieben.

[5]) Sie bleibt also erforderlich, wenn der Widerspruch sich gegen die Übertragung des Rechts richtet oder auf eine Verfügungsbeschränkung im Sinne des BGB. § 892[1] gestützt wird. EFG. 6[164].

[6]) Peremtorischen (BGB. § 1169, EFG. 7[60], K. 30[240]) oder dilatorischen im Sinne des BGB. §§ 390, 768, 1137, 1157, 1211. Die Forderung als solche kommt bei Grundschulden nicht in Betracht, EFG. 7[60].

[7]) Das GBA. hat aber den Besitzer des Briefes zur Vorlegung anzuhalten, § 62[2].

[8]) Über Vorlegung bei Berichtigung „von Amtswegen" § 54[2].

[9]) §§ 67, 68. [10]) BGB. § 1116[2].
[11]) § 27. [12]) §§ 982—987, 1024 ZPO.

2. Des Grundschuld- und Rentenschuldbriefs.

§. 43. Die Vorschriften des §. 42 finden auf die Grundschuld und die Rentenschuld[1]) entsprechende Anwendung.[2]) Ist jedoch das Recht für den Inhaber des Briefes eingetragen,[3]) so bedarf es der Vorlegung des Briefes nur dann nicht,[4]) wenn der Eintragungsantrag durch die Bewilligung eines nach §. 1189 des Bürgerlichen Gesetzbuchs bestellten Vertreters oder durch eine gegen ihn erlassene gerichtliche Entscheidung begründet wird.[5])

I 31[1], S. 1, 2, II 41. M. 65; D. 27, 29.

[1]) § 26 A. 1. [2]) Vermerk nach § 62[1].
[3]) BGB. §§ 1195, 1199, auch 796.
[4]) Ausnahme von § 42[1] S. 2.
[5]) Über Vorlegung bei Berichtigungen „von Amtswegen" § 54.

3. Der Inhaber- und Ordrepapiere.

§. 44. Bei einer Hypothek für die Forderung aus einer Schuldverschreibung auf den Inhaber, aus einem Wechsel oder einem anderen Papiere, das durch Indossament übertragen werden kann,[1]) soll eine Eintragung nur erfolgen, wenn die Urkunde[2]) vorgelegt wird; die Eintragung ist auf der Urkunde zu vermerken.[3])

Diese Vorschrift findet keine Anwendung,[4]) wenn eine Eintragung auf Grund der Bewilligung eines nach §. 1189 des Bürgerlichen Gesetzbuchs bestellten

Vertreters oder auf Grund einer gegen diesen erlassenen gerichtlichen Entscheidung bewirkt werden soll.[5])

II 42; D. 29.

[1]) Sicherungshypothek (ohne Brief) gemäß BGB. §§ 1187, 1185 mit BGB. § 793, HGB. §§ 363 ff. WO. a. 9 ff.

[2]) Welche als Inhaberpapier oder Orderpapier im Verkehr ist. Vgl. aber BGB. § 796. — EFG. 2^{147}.

[3]) Entsprechend dem $§ 62^1$.

[4]) Entsprechend dem $§ 43^2$.

[5]) Außerdem muß es entsprechend dem $§ 42^2$ auch genügen, daß die Vernichtung oder Kraftloserklärung nachgewiesen wird.

VIII. Eintragung. 1. Datum und Unterschrift.

§. 45. Jede Eintragung[1]) soll[2]) den Tag, an welchem sie erfolgt ist,[3]) angeben und mit der Unterschrift des Grundbuchbeamten versehen werden.[4])[5])

I 52, II 43. M. 91; D. 29.

[1]) § 13 A. 1. — Pr. Allg. Vf. §§ 15, 16.

[2]) Die Gültigkeit ist dadurch nicht bedingt. Anders in § 56.

[3]) BGB. § 879. — Die Unterschrift kann möglicherweise später erfolgen ohne die Wirksamkeit zu beeinträchtigen.

[4]) Das Landesrecht kann Näheres bestimmen, auch die Unterschrift mehrerer Beamten erfordern, so in Pr. AG. § 6. — § 1 A. 1—3.

[5]) Weitere die Bewirkung der Eintragung betreffende Vorschriften enthalten die §§ 46—52. Die Eintragung kann die Anlegung eines neuen GBBl. erforderlich machen. § 3 A. 5, § 4 A. 6, § 6.

2. Reihenfolge. Vermerk über den Rang.

§. 46. Sind in einer Abtheilung[1]) des Grundbuchs mehrere Eintragungen[2]) zu bewirken, so erhalten sie die Reihenfolge, welche der Zeitfolge der Anträge[3]) entspricht; sind die Anträge gleichzeitig gestellt, so ist im Grundbuche zu vermerken, daß die Eintragungen gleichen Rang haben.

Werden mehrere Eintragungen, die nicht gleichzeitig beantragt sind, in verschiedenen Abtheilungen unter Angabe desselben Tages[4]) bewirkt, so ist im Grundbuche zu vermerken, daß die später beantragte Eintragung der früher beantragten im Range nachsteht.

Diese Vorschriften finden insoweit keine Anwendung, als ein Rangverhältniß nicht besteht[5]) oder das Rangverhältniß von den Antragstellern abweichend bestimmt ist.[6])

I 49³. 44 M. 88; D. 30.

[1]) § 1 A. 2 und BGB. § 879¹ Satz 1.

[2]) Irgendwelcher Art. § 13 A. 1. § 17 und § 48 A. 1 a. E. — BGB. § 879 hat dagegen nur Rechte im Auge. Für Meliorationsdarlehen EG. BGB. a. 18.

[3]) D. h. des Eingangs des wenn auch mangelhaften Antrages oder Ersuchens, sofern keine Zurückweisung erfolgt ist. — § 18, § 77 A. 2. — Eine Verfügungsbeschränkung hinsichtlich einer Briefhypothek ist vor einer später eingehenden Abtretungsurkunde einzutragen, auch wenn die Urkunde älter ist, da sie allein wegen BGB. § 1154 den Übergang der Hypothek nicht beweist, EK. 25¹⁶³.

[4]) Andernfall ergibt sich die Priorität schon aus dem Datum gemäß BGB. § 879¹ S. 2.

[5]) Z. B. zwischen Eigentum und Belastung.

[6]) Die Abweichung ist dann in das GB. einzutragen. BGB. § 879³ — Über Rangänderung BGB. § 880 Rangvorhalt BGB. § 881, Rangbestimmung durch Vormerkung BGB. § 883³. — Der getilgte Teil einer Eigen-

tümerhypothek ist mit dem Range nach dem ungetilgten umzuschreiben, EK. 25[303].

3. Löschung und Nichtübertragung.

§. 47. Die Löschung eines Rechtes oder einer Verfügungsbeschränkung erfolgt[1]) durch Eintragung eines Löschungsvermerkes.[2])

Wird bei der Uebertragung eines Grundstücks oder eines Grundstückstheils auf ein anderes Blatt ein eingetragenes Recht nicht mitübertragen,[3]) so gilt es[4]) in Ansehung des Grundstücks oder des Theiles[5]) als gelöscht.

I 34, II 45 M. 69; D. 31.

[1]) In allen Fällen, auch bei der Grundbuchberichtigung, BGB. § 894. — § 13 A. 1.

[2]) Eine Durchstreichung oder Untersteichung, welche die Landesjustizverwaltungen daneben vorschreiben können (§ 1 A. 2), genügt nicht.

[3]) §§ 3 und 45 A. 4, auch § 49 und EG. BGB. a. 120[1].

[4]) Auch wenn ein Versehen vorliegt. Übertragung ist aber nachträglich zu bewirken, EK. 27[115], § 54 A. 2.

[5]) EFG. 2[242].

4. Gemeinschaftliche Rechte.

§. 48. Soll ein Recht für Mehrere gemeinschaftlich eingetragen werden,[1]) so soll die Eintragung in der Weise erfolgen, daß entweder die Antheile der Berechtigten in Bruchtheilen angegeben werden[2]) oder das für die Gemeinschaft maßgebende Rechtsverhältniß[3]) bezeichnet wird.[4])[5])

I 27, II 46. M. 62; D. 31.

¹) Oder soll eingetragen werden, daß das bereits eingetragene Recht gemeinschaftlich geworden ist. — BGB. § 1438³, pr. Allg. Vf. § 10 Nr. 1. — Sämtliche Mitberechtigte sind namentlich einzutragen. Doch ist Hypothek für unbekannte Erben zulässig, EFG. 4²⁵⁶. Über eine Mehrheit rheinischer Landbürgermeistereien EK. 28⁷⁶. Eine gemeinsame Eintragung über verschiedene Hypotheken verschiedener Gläubiger ist unzulässig, EK. 20¹⁰¹, wohl aber eine gemeinsame Hypothek nach dem Verhältnisse der Forderungen, EFG.¹⁵¹, aber nicht für die Regreßansprüche mehrerer Bürgen, EFG. 4¹²⁸. Keine gemeinsame Zwangshypothek, wenn eine Forderung unter 300 Mark, EFG. 4²⁴⁵. — Gilt auch bei Eintragung einer Vormerkung auf den Anteil eines Miteigentümers, EFG. 5²⁶². Dagegen sind die Angaben nicht zu erfordern, wenn eine Vormerkung auf dem Ganzen zur Sicherung des Anspruchs auf Einräumung einer Hypothek, für ein Vermächtnis zugunsten noch nicht erzeugter entfernter Abkömmlinge des Erblassers erfolgen soll, EK. 25¹⁵¹, auch nicht, wenn sämtliche Miteigentümer eine Löschung auf dem Ganzen beantragt haben, EK. 27¹⁴³.

²) Im Falle der regelmäßigen Gemeinschaft nach Bruchteilen, welche jedem Berechtigten die Verfügung über seinen Anteil gestatten. BGB. §§ 741, 747, 1095, 1106, 1114, ZPO. § 864². Die bloße Angabe, daß Miteigentum nach Bruchteilen bestehe, genügt nicht, EK. 20³⁰⁵, 21¹¹⁰. — Gilt auch bei Eintragung auf Ersuchen von Behörden, EK. 23²²⁴, 26¹⁰³. Es genügt Angabe durch die Erwerber allein, EOLG. 2⁵¹⁴, wenn sich nicht ergibt, daß gleichwohl der Fall des A. 3 vorliegt, EK. 29¹⁷⁸.

³) Z. B. Gesellschaft (BGB. § 719 bzw. HGB. §§ 105, 161, 335), eheliches Gesamtgut (BGB. §§ 1438, 1442, 1471², 1485³, 1487, 1519, 1549), Erbengemeinschaft (§ 2033²). Hier ist regelmäßig eine Verfügung über den Anteil oder doch die über die Anteile an den einzelnen Gegenständen ausgeschlossen. Bei einer auf testamentarischer

Anordnung beruhenden Gemeinschaft oder Mehrheit genügt der Hinweis auf das Testament, wenn die Angabe der Bruchteile nicht möglich ist, EJG. 3[136]. — EBay. 1[737].

[4]) Der Antrag (§ 13) oder das Ersuchen (§ 39) muß die nötigen Angaben und Unterlagen enthalten. — Wegen der Mitwirkung des Ehegatten dazu BGB. § 1438[3].

[5]) Fehlen diese Angaben, so ist das GB. unrichtig, EJW. 03[62]. Zur nachträglichen Berichtigung bedarf es der GBO. § 29 geforderten Unterlagen, aber keiner Auflassung, EK. 25[131].

5. Mitbelastung.

§. 49. Werden mehrere Grundstücke[1]) mit einem Rechte[2]) belastet, so ist auf dem Blatte jedes Grundstücks die Mitbelastung der übrigen von Amtswegen erkennbar zu machen.[3]) Das Gleiche gilt, wenn mit einem an einem Grundstücke bestehenden Rechte nachträglich noch ein anderes Grundstück belastet oder wenn im Falle der Uebertragung eines Grundstückstheils[4]) auf ein anderes Grundbuchblatt[5]) ein eingetragenes Recht mitübertragen wird.

Soweit eine Mitbelastung erlischt,[6]) ist dies von Amtswegen zu vermerken.[7])

I 33, II 47. M. 68; D. 32.

[1]) Gleichzeitig. Gegensatz Satz 2.

[2]) Irgendwelcher Art, soweit eine Mitbelastung möglich ist.

[3]) Nach näherer Bestimmung des Landesrechts. Pr. Allg. Vf. § 12[2].

[4]) Für Übertragungen eines ganzen Grundstückes von einem gemeinschaftlichen GBBl. auf ein anderes Blatt ergibt sich das gleiche ohne weiteres. — § 4 A. 5, 6.

[5]) § 3 A. 5

[6]) Z. B. nach BGB. §§ 1173, 1181², in Verbindung mit §§ 1192, 1199.

[7]) Bezieht sich lediglich auf die Löschung des die Mitbelastung des anderen Grundstücks ergebenden Vermerks, EFG. 3²⁴¹. Ausnahme von § 27 EFG. 4²⁶⁷.

6. Leibgedinge.

§. 50. Werden Dienstbarkeiten[1]) und Reallasten[2]) als Leibgedinge, Leibzucht, Altentheil oder Auszug[3]) eingetragen, so bedarf es nicht der Bezeichnung der einzelnen Rechte, wenn auf die Eintragungsbewilligung[4]) Bezug genommen wird.[5])

I 28, II 48. M. 63; D. 33.

[1]) Nießbrauch (BGB. §§ 1030 ff.) und beschränkte persönliche Dienstbarkeiten (BGB. §§ 1190 ff.), dazu die in § 84 genannten Rechte.

[2]) BGB. §§ 1105 ff., auch Geldrenten, soweit sie unter die Reallasten fallen.

[3]) EG. BGB. a. 96.

[4]) Aufbewahrung nach § 9. — Die Bewilligung muß über Art und Inhalt des Rechts Aufschluß geben, EFG. 2¹⁹¹.

[5]) Das entspricht der für Vormerkungen geltenden Vorschrift des BGB. § 885², geht jedoch über BGB. §§ 874, 877 hinaus, die nur wegen des Inhalts der Rechte, nicht aber zum Ersatz ihrer Bezeichnung die Bezugnahme gestatten. — Für Hypotheken BGB. § 1115¹ ᵘ· ² S. und § 57² Nr. 3.

7. Inhaber-Teilpfänder.

§. 51. Bei der Eintragung einer Hypothek für Theilschuldverschreibungen auf den Inhaber[1]) genügt es, wenn der Gesammtbetrag der Hypothek unter

Angabe der Anzahl, des Betrags und der Bezeichnung der Theile[2]) eingetragen wird.

Diese Vorschrift findet entsprechende Anwendung, wenn eine Grundschuld oder eine Rentenschuld für den Inhaber des Briefes[3]) eingetragen und das Recht in Theile zerlegt werden soll.[4])

I 49; D. 23. — pr. G. v. 19. 8. 1895 § 20.

[1]) Nach BGB. § 1187. — § 44. — Auch bei Hypotheken für indossable kaufmännische Teilschuldverschreibungen genügt eine solche Eintragung, EFG. 2^{147}. — Für Bahnpfandschulden BahnG. § 18.

[2]) So wird hier für diesen Fall BGB. § 1115 näher bestimmt.

[3]) BGB. § 1195 in Verbindung mit § 1199. § 43.

[4]) Vgl. § 70^{2}.

8. Vorerbe.

§. 52. Bei der Eintragung eines Vorerben[1]) ist zugleich das Recht des Nacherben[2]) und, soweit der Vorerbe von den Beschränkungen seines Verfügungsrechts befreit ist,[3]) auch die Befreiung von Amtswegen[4]) einzutragen.[5])

II 50. D. 34.

[1]) § 36. — Gilt auch für Erbfälle vor dem 1. 1. 00 (EK. 20^{81}, 23^{129}), insbesondere für Universalfideikommisse (EK. 22^{300}). A. M. für das gemeine Recht, EGr. 48^{1023}.

[2]) BGB. §§ 2113^{1} u. ^{3}, 2114 zur Sicherung des öffentlichen Glaubens BGB. § 892. — Der Nacherbe ist im Erbschein möglichst bestimmt zu bezeichnen, EK. 24^{186}. — § 41 A. 1. — Gilt auch, wenn der Nacherbe eine letztwillig errichtete, noch nicht genehmigte Stiftung ist, FFG. 4^{228}, auch hinsichtlich eines aus Mitteln der Erb=

schaft erworbenen Grundstücks oder Pfandes EFG. 4⁶⁰, nicht aber, wenn einem Erben, auf dessen Erbteil Nacherben eingesetzt sind, bei der Auseinandersetzung ein Grundstück oder eine Hypothek überwiesen wird, welche dann garnicht zur Nacherbschaft gehören, EK. 30²¹². Der Nacherbe kann auf die Eintragung verzichten, EFG. 5¹⁰².

3) BGB. §§ 2136, 2137.

4) Soweit sich die Befreiung aus dem Erbschein oder der letztwilligen Verfügung ergibt, sonst nur auf Antrag (§ 13).

5) Pr. Allg. Vf. § 11 Nr. 2.

9. Testamentsvollstrecker.

§. 53. Ist ein Testamentsvollstrecker[1]) ernannt, so ist dies bei der Eintragung des Erben[2]) von Amtswegen miteinzutragen,[3]) es sei denn, daß der Nachlaßgegenstand der Verwaltung des Testamentsvollstreckers nicht unterliegt.[4])

II 51. D. 34.

1) § 36². 2) § 36¹.

3) Wegen BGB. § 2211. Die Grundlage bildet das nach BGB. § 2368 zu erteilende Zeugnis. — Pr. Allg. Vf. § 11 Nr. 2.

4) Was sich aus dem Zeugnis ergeben muß. Sonstige Verfügungsbeschränkungen der TV. sind nicht einzutragen, EOLG. 1¹¹⁶.

IX. Berichtigung.

§. 54. Ergiebt sich, daß das Grundbuchamt unter Verletzung gesetzlicher Vorschriften[1]) eine Eintragung[2]) vorgenommen hat, durch die das Grundbuch unrichtig geworden ist, so ist von Amtswegen[3]) ein Widerspruch einzutragen.[4]) Erweist sich eine

Eintragung nach ihrem Inhalt als unzulässig,[5]) so ist sie von Amtswegen[3]) zu löschen.

Bei einer Hypothek, einer Grundschuld oder einer Rentenschuld bedarf es zur Eintragung eines Widerspruchs der Vorlegung des Briefes nicht, wenn der Widerspruch den im §. 42 Abs. 1 Satz 2 bezeichneten Inhalt hat. Diese Vorschrift findet keine Anwendung, wenn der Grundschuld- oder Rentenschuldbrief auf den Inhaber ausgestellt ist.[6]) [7])

I 54, II 52. D 35. — Abs. 2 S. 1 ist ein Zusatz der RTK. — M. 92.

[1]) Vgl. EG. BGB. a. 2 mit § 82^{2}. EFG. 1^{128}, EK. 47^{204}. Sind gesetzliche Vorschriften nicht verletzt, aber tatsächliche Unrichtigkeiten eingetragen, so ist wie in allen sonstigen Fällen der Grundbuchberichtigung (BGB. § 894 oben § 22) ein Antrag (§ 13) erforderlich.

[2]) Ist aber die Eintragung selbst ein Widerspruch oder eine Vormerkung, ein Sperrvermerk, so ist Eintragung eines Widerspruchs nicht möglich. EK. 20^{219}, $21^{148 \cdot 286}$, 26^{77}. Zu Unrecht erfolgte Löschungen sind durch Wiedereintragung nach Möglichkeit unschädlich zu machen, EK. 27^{115}. — Bloße, lediglich die Form berührende Schreibfehler können von Amts wegen berichtigt werden, EK. 27^{244}. — Die Unrichtigkeit muß aber feststehen (EFG. 7^{69}), auch noch fortdauern, wie nach BGB. §§ 894, 899. Die Eintragung des Widerspruchs ist ausgeschlossen, wenn durch sie das später eingetragene Recht eines Dritten betroffen wird, zu dessen Gunsten der Inhalt des GB., gegen den sich der Widerspruch richtet, nach BGB. § 892 als richtig gilt, EFG. 6^{243}.

[3]) Oder auf Antrag, auch im Beschwerdewege § 71^{2}. — In der unzulässigen Beschwerde gegen die Eintragung liegt das Verlangen, das GBA. zur Eintragung eines Widerspruchs oder Löschung anzuhalten, sofern dem Beschwerdeführer dadurch ein Vorteil erwächst EK. 29^{171},

FG. 3[259]. Bei unzulässiger Zwangsvollstreckung kann im Beschwerdewege die Eintragung eines Widerspruchs bei der Zwangshypothek verfolgt werden, EK. 27[138]. Auch auf Anordnung des vorgesetzten Amtsgerichts ohne Beschwerde im Falle des § 101. — Im übrigen werden auf Grund von S. 1 eingetragene Widersprüche anders wie nach §§ 18², 76² nur auf Antrag gelöscht. — Eine Beseitigung der Eintragung darf also nicht stattfinden, auch nicht im Falle einer Eintragung auf Grund unrichtig ausgelegter Urkunden, EFG. 3[258].

⁴) Auch zur möglichsten Vermeidung des in § 12 statuierten Schadensersatzanspruchs. Der Widerspruch selbst muß den Berechtigungsanspruch und den Berechtigten angeben, EK. 23[133].

⁵) Z. B. ein Mietsrecht, eine gegen die BGB. §§ 1019, 1061 verstoßende Dienstbarkeit, die Renten der BGB. §§ 914, 917, EFG. 1[170]. Öffentliche Lasten pr. AG. a. 11.

⁶) Abs. 2 entspricht den in den §§ 43, 44 gegebenen Vorschriften.

⁷) Wegen nachträglicher Beschaffung des Briefes § 62².

X. Benachrichtigung der Beteiligten.

§. 55. Jede Eintragung soll dem Antragsteller und dem eingetragenen Eigenthümer sowie im übrigen allen aus dem Grundbuch ersichtlichen Personen bekannt gemacht werden, zu deren Gunsten die Eintragung erfolgt ist oder deren Recht durch sie betroffen wird,¹) die Eintragung eines Eigenthümers auch denjenigen, für welche eine Hypothek, Grundschuld, Rentenschuld, Reallast oder ein Recht an einem solchen Rechte im Grundbuch eingetragen ist.²) Auf die Bekanntmachung kann verzichtet werden.³)

I 55 S. 1, II 53. M. 70; D. 35.

[1]) § 13 A. 7. EK. 28[152], FG. 7[50]. Dafür, daß die Bekanntmachung vorschriftsmäßig erfolgt ist, spricht die Vermutung, EK. 55[279].

[2]) Das gesperrt Gedruckte ist zugesetzt durch RG. vom 14. 7. 05. — Ist der Gläubiger eine Hypothekenbank oder eine landschaftliche oder ritterschaftliche Kreditanstalt, so ist in Preußen der Veräußerungspreis, event. der der Kostenberechnung zugrunde gelegte Wert in die Mitteilung aufzunehmen (Allg. Vf. v. 18. 8. 05, JMBl. S. 232).

[3]) Über weitere Bek. pr. Allg. Vf. § 31.

Dritter Abschnitt.

Hypotheken-, Grundschuld-, Rentenschuldbrief.

I. Hypothekenbrief. 1. Erteilung und Inhalt.

§. 56. Der Hypothekenbrief[1]) wird von dem Grundbuchamt[2]) ertheilt. Er muß[3]) die Bezeichnung als Hypothekenbrief enthalten, den Geldbetrag der Hypothek[4]) und das belastete Grundstück[5]) bezeichnen sowie mit Unterschrift[6]) und Siegel[7]) versehen sein.[8])[9])

I 56, II 54. M. 97; D. 36.

[1]) BGB. § 1116. — Er fällt weg bei Ausschließung nach BGB. § 1116[2] (vgl. § 19 A. 3) und bei der Sicherungshypothek (BGB. § 1185).

[2]) BGB. § 1117[2]. — Ausnahme § 61[1].

[3]) Die hier aufgestellten Erfordernisse sind wesentlich. Die unwesentlichen enthalten §§ 57, 58.

[4]) § 28 A. 6. — Über gemeinschaftliche Briefe § 66.

[5]) §§ 2[2], 3, 4 A. 5. Dazu § 57[2] Nr. 1. — Für Gesamthypotheken § 59.

[6]) § 45 A. 3. Nur im Falle des § 70[2] kann die Unterschrift mechanisch vervielfältigt werden. Vgl. pr. AG. a. 7.

[7]) Nicht Stempel, EK. 20[15], pr. Allg. Vf. v. 6. 4. 00 (JMBl. S. 297). — Pr. AG. a. 21 A. 1.

[8]) Für Teilhypothekenbriefe s. § 61[3], für nachträgliche Eintragungen § 62[1]. Über gemeinschaftliche Briefe § 66.

[9]) Im GB. wird nur der Ausschluß der Erteilung (BGB. § 1116[2]), nicht aber die Erteilung vermerkt. Anders bei Erneuerungen § 68[3].

§. 57. Der Hypothekenbrief soll[1]) die Nummer des Grundbuchblatts angeben und einen Auszug aus dem Grundbuch enthalten.

In den Auszug sollen[2]) aufgenommen werden:

1. die Bezeichnung des Grundstücks nach dem Inhalte des Grundbuchs;[3])
2. die Bezeichnung des[4]) Eigenthümers;
3. der Inhalt der die Hypothek betreffenden Eintragungen und, soweit zur Ergänzung einer Eintragung auf eine Urkunde Bezug genommen ist,[5]) auch der Inhalt dieser Urkunde;[6]) im Falle des §. 1115 Abs. 2 des Bürgerlichen Gesetzbuchs braucht der Inhalt der Satzung nicht aufgenommen zu werden;[7])
4. die kurze Bezeichnung des Inhalts der Eintragungen, welche der Hypothek im Range vorgehen oder gleichstehen.[8])

Der Auszug ist auf Antrag[9]) zu ergänzen, wenn sich der Inhalt des Grundbuchs ändert.[10])

I 57[1], 62, II 55. M. 97; D. 36.

[1]) Im Gegensatz zu § 56 nicht wesentlich. Das Landesrecht kann ein den §§ 56, 57 entsprechendes Formular vorschreiben, aber den sachlichen Inhalt nicht erweitern oder

beschränken. Für Pr. § 38 Allg. Vf. und § 40 mit Anlagen.

²) Dazu § 97. ³) §§ 2², 3, 28.

⁴) Eingetragenen. ⁵) § 50 mit A. 5.

⁶) Z. B. Abtretungserklärung EFG. 3²⁰⁷. Aber § 58².

⁷) § 38² Nr. 1 pr. Allg. Vf.

⁸) Auch wenn sie nur den Anteil eines anderen Miteigentümers belasten, EFG. 4³⁶. Über den etwa eingeräumten Vorrang (BGB. §§ 880, 881) ist ein ausdrücklicher Vermerk in den Brief aufzunehmen, EFG. 4¹⁷⁷.

⁹) Also ohne einen solchen auch demnächst, wenn er zu anderen Zwecken dem GBA. vorgelegt wird. Besondere Anwendung § 63 a. E. Wegen Vermerks der Minderung des Betrages s. § 97 a. E.

¹⁰) Handelt es sich um Eintragungen bei der Hypothek selbst, so findet § 62¹ Anwendung.

2. Verbindung mit der Schuldurkunde.

§. 58. Ist eine Urkunde über die Forderung, für welche eine Hypothek besteht,¹) ausgestellt, so soll²) die Urkunde mit dem Hypothekenbriefe verbunden werden.³) Erstreckt sich der Inhalt der Urkunde auch auf andere Angelegenheiten,⁴) so genügt es, wenn ein öffentlich beglaubigter Auszug aus der Urkunde mit dem Hypothekenbriefe verbunden wird.

In den Fällen des Abs. 1 unterbleibt die im §. 57 Abs. 2 Nr. 3 vorgesehene Aufnahme des Inhalts der Urkunde in den Hypothekenbrief.⁵)

Zum Nachweise, daß eine Schuldurkunde nicht ausgestellt ist, genügt eine darauf gerichtete Erklärung des Eigenthümers.⁶)

I 58, II 56. D. 37.

¹) BGB. § 1115.
²) Nicht wesentlich im Gegensatz zu § 56.
³) Für Teilhypothekenbriefe § 61. Bei Umwandlungen § 65 A. 7. — Pr. Allg. Vf. § 41. Abtretungsurkunden sind nicht zu verbinden, EFG. 3[207], wohl aber Urkunden über Änderung von Zahlungsbedingungen und Verzinsung, EK. 30[276].
⁴) Z. B. einen Kauf, eine Gutsübernahme, eine Erbauseinandersetzung.
⁵) Pr. Allg. Vf. § 38² Nr. 1.
⁶) Form § 29 S. 1. Wenn das GBA. aber die Unrichtigkeit der Erklärung kennt, hat es die Brieferteilung abzulehnen, EFG. 2[196].

3. Gesamthypothek.

§. 59. Ueber eine Gesammthypothek¹) soll nur ein Hypothekenbrief ertheilt werden.²)

Sind die belasteten Grundstücke in den Bezirken verschiedener Grundbuchämter belegen, so soll jedes Amt für die Grundstücke seines Bezirkes einen besonderen Brief ertheilen; die Briefe sind mit einander zu verbinden.³)

I 59, II 57. M. 100; D. 38.

¹) BGB. § 1132. § 49.
²) Der Brief hat sämtliche Grundstücke zu bezeichnen und kann nicht einzelne Grundstücke weglassen, daher kann eine Gesamthypothek nicht zum Teil Sicherungshypothek sein, EFG. 2[96]. Dennoch läßt EFG. 3[209] eine Zwangshypothek für eine Forderung zu, für welche bereits eine Briefhypothek besteht. Ausnahme von Abs. 1 in Abs. 2. — Über den Fall nachträglicher Belastung anderer Grundstücke vgl. § 63. — Über den Fall der Verteilung § 64. — Pr. Allg. Vf. § 38² Nr. 2.
³) Pr. Allg. Vf. § 41.

4. Aushändigung.

§. 60. Der Hypothekenbrief ist dem Eigenthümer[1]) des Grundstücks, im Falle der nachträglichen Ertheilung dem Gläubiger[2]) auszuhändigen.

Auf eine abweichende Bestimmung des Eigenthümers oder des Gläubigers[3]) findet die Vorschrift des §. 29 Satz 1[4]) entsprechende Anwendung.[5])

I 60, II 58. M. 101; D. 39.

[1]) Mit Rücksicht auf BGB. §§ 1117[1], 1169[2]. — Er kann aber ohne urkundlichen Nachweis, daß der Gläubiger die Hypothek nicht erworben hat (§ 22), trotz des Besitzes des Briefes über die Hypothek nicht weiter verfügen, EK. 22[309]. — Wegen des Notars AG. § 15.

[2]) Mit Rücksicht auf BGB. §§ 873, 952[2].

[3]) Im Gegensatz zu BGB. § 1117[2] bedarf es nur der einseitigen Bestimmung des nach Abs. 1 Empfangsberechtigten.

[4]) Wegen der Form. Das Gesuch des Gläubigers um Aushändigung bedarf keiner Form, wenn der Eigentümer bei Bewilligung der Eintragung den Gläubiger dazu ermächtigt hatte, EK. 30[272]. In solchem Falle erwirbt der Gläubiger Hypothek und Brief schon mit der Eintragung bzw. Herstellung, sonst erst mit der Aushändigung, BGB. §§ 1117, 952, EK. 25[153].

[5]) Durch die bloße Verurteilung des Eigentümers zur Eintragung wird ein Recht des Gläubigers auf unmittelbare Aushändigung des Briefes nicht begründet, EK. 21[171].

5. Teilhypothekenbrief.

§. 61. Ein Theilhypothekenbrief[1]) kann[2]) von dem Grundbuchamt, einem Gericht oder einem Notar hergestellt werden.

Der Theilhypothekenbrief muß[3]) die Bezeichnung als Theilhypothekenbrief sowie eine beglaubigte Abschrift der im §. 56 Satz 2 vorgesehenen Angaben des bisherigen Briefes enthalten, den Theilbetrag[4]) der Hypothek, auf den er sich bezieht, bezeichnen sowie mit Unterschrift und Siegel[5]) versehen sein. Er soll[6]) außerdem eine beglaubigte Abschrift der sonstigen Angaben des bisherigen Briefes und der auf diesem befindlichen Vermerke enthalten. Eine mit dem bisherigen Briefe verbundene Schuldurkunde soll[7]) in beglaubigter[8]) Abschrift mit dem Theilhypothekenbriefe verbunden werden.

Die Herstellung des Theilhypothekenbriefs[9]) soll auf dem bisherigen Briefe[10]) vermerkt werden.

I 61 II 59. M. 103; D. 36, 39.

[1]) BGB. §§ 1145[1], 1152. Muster Anlage C pr. Allg. Vf. — Kein Teilhypothekenbrief bei Verteilung einer Gesamthypothek oder Einzelhypothek, § 64 A. 1.

[2]) Die Eintragung der Abtretung darf von der Herstellung nicht abhängig gemacht werden, EK. 21[330].

[3]) Wesentlich, entsprechend den § 56.

[4]) Ohne bestimmten Betrag ist die Teilung nicht buchungsfähig. EFG. 3[108].

[5]) § 56 A. 7.

[6]) Nicht wesentlich, entsprechend dem § 57.

[7]) Nicht wesentlich, entsprechend dem § 58.

[8]) Sie darf nicht in den Brief selbst aufgenommen werden, EFG. 2[141]. Vgl. Anm. zu Anlage C der pr. Allg. Vf.

[9]) Nicht wesentlich.

[10]) Der vorgelegt werden muß. — Vgl. aber BGB. § 1145 Abs. 1.

6. Vermerk späterer Eintragungen.

§. 62. Eintragungen,[1]) die bei der Hypothek[2]) erfolgen, sind von dem Grundbuchamt[3]) auf dem Hypothekenbriefe[4]) zu vermerken; der Vermerk ist mit Unterschrift und Siegel zu versehen.[5])

In den Fällen des §. 54 Abs. 1 hat das Grundbuchamt den Besitzer des Briefes zur Vorlegung anzuhalten.[6]) In gleicher Weise hat es, wenn in den Fällen des §. 42 Abs. 1 Satz 2 und des §. 54 Abs. 2 der Brief nicht vorgelegt ist, zu verfahren, um nachträglich den Widerspruch auf dem Briefe zu vermerken.[7])

I 31², II 60. M. 65; D. 28, 35, 30.

[1]) Mit Ausnahme der vollständigen Löschung, für welche § 69 gilt, also auch Widersprüche, EK. 21¹⁴⁸.

[2]) Vormerkung zur Sicherung des Vorrechts auf Löschung, K. 21¹⁷⁵, 30²⁸², Vorrang EFG. 4²⁴³, lastenfreie Abschreibung eines Teils des belasteten Grundstücks EFG. 5²⁰⁰.

[3]) Ohne Antrag. — § 57 A. 7 und 8.

[4]) Vorlegung erfolgt nach § 42. Für die Fälle einer Berichtigung ohne Antrag Abs. 2. Rückgabe an den, der ihn vorlegt. Keine Entscheidung über Streitigkeiten betr. Besitz oder Recht dazu, EK. 25³²². Wegen Beschwerde § 71 A. 1. Abtretung eines Teilbetrags einer Teilhypothek auch auf dem Stammbrief zu vermerken, EK. 30²³⁶.

[5]) Entsprechend dem § 56. — §§ 63, 65¹.

[6]) FG. § 33, a. 15—17 pr. FG. EK. 21²⁸⁹.

[7]) Pr. AG. a. 26.

7. Vermerk der Mitbelastung.

§. 63. Wird nach[1]) der Ertheilung eines Hypothekenbriefs mit der Hypothek noch ein anderes, in dem Bezirke desselben Grundbuchamts belegenes Grundstück belastet, so ist, sofern nicht die Ertheilung eines neuen Briefes über die Gesammthypothek beantragt wird,[2]) die Mitbelastung auf dem bisherigen Briefe zu vermerken[3]) und zugleich der Inhalt des Briefes in Ansehung des anderen Grundstücks nach §. 57[4]) zu ergänzen.[5])

II 61.

[1]) Gegensatz. § 59. [2]) § 69.
[3]) Entsprechend dem § 62[1].
[4]) Also nur auf Antrag. — § 57 A. 7.
[5]) Für den Fall der Verteilung § 64.

8. Verteilung einer Gesamthypothek.

§. 64. Im Falle der Vertheilung einer Gesammthypothek[1]) auf die einzelnen Grundstücke ist[2]) für jedes Grundstück ein neuer[3]) Brief zu ertheilen.[4])

II 62. D. 40.

[1]) BGB. §§ 1132[2], 1172, 1175. — Ebenso im Falle der Teilung des Grundstücks und Verteilung der Hypothek auf die einzelnen Teile, EFG. 4[170].

[2]) Die Bestimmung ist, sofern nicht die Erteilung des Briefes nachträglich ausgeschlossen wird (§ 1116[2]) zwingend, — § 65 A. 3.

[3]) Eine Benutzung der nach §§ 59, 63 ausgestellten Briefe ist also ausgeschlossen.

[4]) Und dem berechtigten Gläubiger (§ 1132[2]), bzw. Eigentümer (BGB. §§ 1171, 1172, 1175) auszuhändigen.

9. Umwandlung von Hypothek und Forderung.

§. 65. Tritt nach §. 1177 Abs. 1[1]) oder nach §. 1198 des Bürgerlichen Gesetzbuchs eine Grundschuld oder eine Rentenschuld[2]) an die Stelle der Hypothek, so ist,[3]) sofern nicht die Ertheilung eines neuen Briefes beantragt wird,[4]) die Eintragung der Rechtsänderung[5]) auf dem bisherigen Briefe zu vermerken[6]) und eine mit dem Briefe verbundene Schuldurkunde abzutrennen.[7])

Das Gleiche[8]) gilt, wenn nach §. 1180 des Bürgerlichen Gesetzbuchs an die Stelle der Forderung, für welche eine Hypothek besteht, eine andere Forderung gesetzt wird.

II 63. D. 41.

[1]) Im Gegensatz zu Abs. 2. [2]) BGB. § 1199¹.

[3]) Auch ohne Antrag.

[4]) Oder gemäß § 64 erfolgen muß. Sonst keine Bildung eines neuen Briefes. — Vgl. dazu § 68.

[5]) BGB. § 877. [6]) Entsprechend § 62¹.

[7]) Mit Rücksicht auf BGB. § 1192. Rückgabe gemäß § 69 a. E. — EFG. 1¹⁶⁴.

[8]) Nicht bloß das Entsprechende. Eine neue Schuldurkunde darf also mit dem alten Briefe nicht verbunden werden, ist dagegen bei Erteilung eines neuen Briefes gemäß § 58¹ zu verbinden.

10. Gemeinschaftlicher Brief.

§. 66. Stehen einem Gläubiger mehrere Hypotheken zu, die gleichen Rang haben oder im Range unmittelbar auf einander folgen,[1]) so ist ihm auf seinen Antrag mit Zustimmung des Eigenthümers[2]) über die mehreren Hypotheken ein Hypothekenbrief[3]) in der Weise zu ertheilen, daß der Brief die sämmtlichen Hypotheken umfaßt.[4])

II 64; D. 41.

[1]) BGB. §§ 879, 880. — Sind Teilhypotheken (§ 61) darunter, so kann der gem. Brief nicht verlangt werden, EFG. 1[15], wohl aber wenn alle Teile einer früher geteilten Hypothek in einer Hand wieder vereinigt werden, EFG. 3[260].

[2]) Form § 29 Satz 1.

[3]) Unter Anwendung der §§ 56—58.

[4]) Auf den Bestand der einzelnen Hypotheken ohne Einfluß.

11. Erneuerung.

§. 67. Einem Antrage des Berechtigten auf Ertheilung eines neuen Briefes ist[1]) stattzugeben,[2]) wenn der bisherige Brief oder in den Fällen der §§. 1162, 1170, 1171 des Bürgerlichen Gesetzbuchs das Ausschlußurtheil vorgelegt wird.[3])

I 64, 65, II 65. D. 41—§ 42.

[1]) Ohne weitere Voraussetzungen, insbesondere ohne Zustimmung des Eigentümers.

[2]) Inhalt und Vermerk im GB. § 68.

[3]) Wegen des alten Briefes vgl. § 68.

§. 68. Wird ein neuer Brief ertheilt, so hat er die Angabe zu enthalten, daß er an die Stelle des bisherigen Briefes tritt.[1])

Vermerke, die nach den §§. 1140, 1145, 1157 des Bürgerlichen Gesetzbuchs für das Rechtsverhältniß zwischen dem Eigenthümer und dem Gläubiger in Betracht kommen, sind auf den neuen Brief zu übertragen.[2])

Die Ertheilung des Briefes ist im Grundbuche zu vermerken.[3])

I 66, II 66; M. 108. D. 42.

[1]) Im übrigen ist derselbe gemäß §§ 56ff. unter Berücksichtigung der gegenwärtigen Lage des GB. zu erteilen. Vgl. aber Abs. 2.

[2]) Zur Sicherung des Eigentümers. Auch Privatvermerke dieser Art sind zu übertragen.

[3]) § 56 A. 9. — Pr. Allg. Vf. § 12².

12. Vernichtung.

§. 69. Wird eine Hypothek gelöscht,[1]) so ist der[2]) Brief unbrauchbar zu machen;[3]) das Gleiche gilt, wenn die Ertheilung des Briefes über eine Hypothek nachträglich ausgeschlossen[4]) oder an Stelle des bisherigen Briefes ein neuer Hypothekenbrief,[5]) ein Grundschuldbrief oder ein Rentenschuldbrief[6]) ertheilt wird. Eine mit dem bisherigen Briefe verbundene Schuldurkunde ist abzutrennen und, sofern sie nicht mit dem neuen Hypothekenbriefe zu verbinden ist,[7]) zurückzugeben.

I 64⁴, II 67. M. 106; D. 42.

[1]) § 27. Für bloß teilweise Löschung (BGB. § 1145) gilt nicht § 69, sondern § 62. — ZVG. § 127.

[2]) Gemäß § 42 vorzulegender.

[3]) Über die Weise der Unbrauchbarmachung und ob er zurückbehalten wird, bestimmt die Landesjustizverwaltung. — Pr. Allg. Vf. § 42.

[4]) BGB § 1116². Ebenso im Falle der Umwandlung in eine Sicherungshypothek BGB. § 1186.

[5]) §§ 63, 64, 67. [6]) § 65.

[7]) im Falle des § 67.

II. Grundschuld- und Rentenschuldbrief.

§. 70. Die Vorschriften der §§. 56 bis 69 finden auf den Grundschuldbrief[1]) und den Rentenschuldbrief[2]) entsprechende Anwendung.[3]) Der Rentenschuldbrief muß auch die Ablösungssumme[4]) angeben.

Ist eine für den Inhaber des Briefes eingetragene Grundschuld oder Rentenschuld in Theile zerlegt,[5]) so ist über jeden Theil ein besonderer Brief herzustellen.[6])

I 67 S. 2, II 68. M. 108; D. 43.

[1]) BGB. § 1192 EJG. 5^{200}. [2]) BGB. § 1199.

[3]) In Wegfall kommt die Schuldurkunde §§ 58, 61^{2}. — § 65^{1}. — Pr. Allg. Vf. § 38^{4}.

[4]) BGB. § 1201.

[5]) § 51^{2}. Den über diesen erteilten Briefen können Zins- und Erneuerungsscheine beigegeben werden. — Vgl. § 1195 in Verbindung mit §§ 803 ff. BGB.

[6]) Die Unterzeichnung kann im Wege mechanischer Vervielfältigung hergestellt werden. — BGB. §§ 793 S. 2, 1195 S. 2. § 57 A. 8.

Vierter Abschnitt.

Beschwerde.

1. Zulässigkeit.

§. 71. Gegen die Entscheidungen[1]) des Grundbuchamts findet das Rechtsmittel der Beschwerde[2]) statt.[3])

Die Beschwerde gegen eine Eintragung ist unzulässig.[4]) Im Wege der Beschwerde kann jedoch verlangt werden,[5]) daß das Grundbuchamt angewiesen wird, nach §. 54 einen Widerspruch einzutragen oder eine Löschung vorzunehmen.[6])

I 68[1], 69, 74, II 69. M. 109; D. 43.

[1]) D. h. an und für sich gegen jede nach Maßgabe der Grundbuchgesetze (EFG. 1[80], EN. 48[248], EK. 23[221], § 36 A. 6) ergehende sachliche Anordnung oder Entscheidung, auch gegen Entscheidung über den Antrag eines Dritten, ihm statt des bisherigen Besitzers den Hypothekenbrief herauszugeben, EK. 25[322], auch gegen Entscheidungen im Kostenpunkte, EFG. 2[142], 6[271], auch gegen temporisierende Verfügungen (§ 18[1]), EFG. 1[80], nicht aber gegen eine Erklärung, die in Zukunft etwa zu stellende Anträge betrifft, EFG. 1[211]. Über die Pflicht zur Auskunftserteilung gegenüber Behörden nur Beschwerde im Aufsichtswege § 1 A. 1, EFMBl. 1902[83].

[2]) Diese Beschwerde ist sachlich der einfachen Beschwerde der ZPO. nachgebildet. Die Vorschriften der ZPO. finden aber keine Anwendung, selbst wenn es sich um Eintragung einer Zwangshypothek auf Grund des ZPO. § 866 handelt, EFG. 1[17], 3[100]. Auch die FG. §§ 19—29 finden keine Anwendung, obwohl es sich um freiwillige Gerichtsbarkeit handelt. Vielmehr ist die Beschwerde in GB.sachen durch die §§ 71—81 für sich erschöpfend geordnet, EFG. 1[80].

[3]) Die Sachlegitimation des Beschwerdeführers ist nach der besonderen Lage des Falles zu prüfen. Grundsätzlich ist sie nicht auf den Antragsteller bzw. die ersuchende Behörde beschränkt, vielmehr jedem Beteiligten zu gewähren, der durch die Entscheidung in seinem Rechte getroffen wird und an ihrer Beseitigung ein rechtliches Interesse hat, § 13[2], EFG. 2[41], EBay. 2[578], EOLG. 2[318], K. 25[93]. Behörden, welche weder Vertretung noch Zuständigkeit zu einem Ersuchen haben, sind nicht legitimiert, EK. 20[11].

[4]) D. h. mit Rücksicht auf die Rechte Dritter darf die Eintragung (auch eine Löschung EFG. 1[168], ein Wider-

spruch EK. 20[217], 21[149]) nicht ungeschehen gemacht werden. EOLG. 5[296]. Auch die Beschwerde über die Zurückweisung einer gegen die Eintragung gerichteten Remonstration gehört hierher, EK. 26[290], R. 55[404], nicht aber Beschwerde und weitere Beschwerde gegen die Ablehnung einer beantragten Eintragung, EK. 57[344]. Durch die Anträge auf Eintragung eines Widerspruches oder auf Löschung kann jedoch im übrigen der gleiche Erfolg erreicht werden. Gegen die Anordnung der Eintragung (z. B. in der Beschwerdeinstanz) gibt es, so lange sie nicht erfolgt ist, Beschwerde bzw. weitere Beschwerde, EK. 23[133], FG. 4[48]. Vormerkungen und Widersprüche gehören nicht zu den Eintragungen im Sinne des § 71[2], EFG. 4[66].

[5]) Auch stillschweigend, § 54 A. 3.

[6]) EFG. 1[128]. — § 80[3]. — Ausnahme in § 100.

2. Beschwerdegericht.

§. 72. Ueber die Beschwerde entscheidet das Landgericht,[1]) in dessen Bezirke das Grundbuchamt seinen Sitz hat.[2])

I 68[2], II 70. M. 111; D. 44. — ZPO. § 568[1], GVG. § 71.

[1]) Zivilkammer § 81[1].

[2]) Für den Fall, daß nicht das Amtsgericht GBA. ist (§ 1 A. 1), kann durch Landesrecht zunächst Anrufung des Amtsgerichts vorgeschrieben werden. § 100.

3. Einlegung.

§. 73. Die Beschwerde kann bei dem Grundbuchamt oder bei dem Beschwerdegericht[1]) eingelegt werden.

Die Einlegung erfolgt durch Einreichung einer Beschwerdeschrift[2]) oder[3]) durch Erklärung zum Protokolle des Grundbuchamts oder des Gerichtsschreibers des Beschwerdegerichts.[4])

I 70[1], II 71. M. 113; D. 44 — § 100.

[1]) Und zwar nicht bloß, wie nach ZPO. § 569[1] in dringenden Fällen. Das Beschwerdegericht wird sie aber regelmäßig zur Beifügung der Akten und um Gelegenheit zur Anwendung des § 75 zu geben, dem GBA. übersenden.

[2]) Ohne Anwaltszwang. Anders § 80[1]. Eine Frist besteht nicht.

[3]) Auch hier, im Gegensatz zu ZPO. § 569[2] in allen Fällen.

[4]) Die Beschwerde hat nicht die in § 17 bestimmten Wirkungen eines Eintragungsantrages.

4. Neues Vorbringen.

§. 74. Die Beschwerde[1]) kann auf neue Thatsachen und Beweise gestützt werden.[2])

I 72, II 72; M. 115; D. 45. — ZPO. § 570. — § 100.

[1]) Sie eröffnet dem Beschwerdegericht eine vollständige Nachprüfung in tatsächlicher und rechtlicher Beziehung (anders §§ 78, 79), auch bezüglich der in das Ermessen des GBA. gestellten Dinge, z. B. § 18 A. 3. Zur Vorbereitung der Entscheidung durch Berichte, Beweisaufnahmen usw. kann die Mitwirkung des GBA. in Anspruch genommen werden. Doch hat das Beschwerdegericht nicht Beweis zu erheben, wenn auch das GBA. nicht dazu verpflichtet war. § 13 A. 3 a. E., EK. 20[281]. Wegen der Priorität § 77 A. 2.

[2]) Auch Nachholung solcher Angaben und Nachweise, von denen das GBA. die Eintragung abhängig gemacht hatte, ist zulässig EBay. 4[860]. Wegen § 17 A. 4 ist aber unter Umständen ein erneuter Antrag der Beschwerde vorzuziehen.

5. Abhilfe durch das Grundbuchamt.

§. 75. Erachtet das Grundbuchamt die Beschwerde für begründet, so hat es[1]) ihr abzuhelfen.[2])

I 71, II 73. M. 114; D. 45. — § 571 ZPO. — § 100.

[1]) Anders bei der weiteren Beschwerde § 80.

[2]) Andernfalls ist die Beschwerde dem Beschwerdegericht vorzulegen. — Bei der Abhilfe kann § 54 in Frage kommen.

6. Einstweilige Anordnung.

§. 76. Das Beschwerdegericht kann vor der Entscheidung durch eine einstweilige Anordnung dem Grundbuchamt aufgeben,[1]) eine Vormerkung[2]) oder einen Widerspruch[3]) einzutragen.[4])

Die Vormerkung oder der Widerspruch wird von Amtswegen gelöscht, wenn die Beschwerde zurückgenommen oder zurückgewiesen ist.[5])

I 73² S. 1, II 74. M. 116; D. 45. — ZPO. § 572. — §§ 80³, 100.

[1]) Eine Mitteilung an den Beschwerdeführer ist anders wie im § 77 nicht vorgeschrieben.

[2]) Im Falle des BGB. § 886.

[3]) Im Falle des BGB. § 894.

[4]) §§ 18², 55. — Pr. Allg. Vf. § 14. Die Beschwerde hat keine aufschiebende Wirkung.

[5]) Anders §§ 54, 71².

7. Endgültige Entscheidung.

§. 77. Die Entscheidung des Beschwerdegerichts[1]) ist mit Gründen zu versehen und dem Beschwerdeführer mitzutheilen.[2])

I 74, 75, II 75. M. 117; D. 46. — §§ 80³, 100.

[1]) Bei völlig begründeter Beschwerde regelmäßig Anweisung zur Eintragung (im Falle des § 71² eines Widerspruches), auf Grund deren dann das GBA. die Eintragung vorzunehmen hat.

[2]) Einer in der Beschwerdeinstanz angeordneten Eintragung steht die durch den abgewiesenen Antrag be-

gründete Priorität (§ 46, § 18 A. 3) zu. Nur wenn sie auf neuem Vorbringen beruht und das GBA. auch nicht von § 18[1] hätte Gebrauch machen sollen, wird das Beschwerdegericht die Priorität zu versagen haben.

8. Weitere Beschwerde. a) Zulässigkeit.

§. 78. Gegen die Entscheidung des Beschwerdegerichts ist das Rechtsmittel der weiteren Beschwerde zulässig, wenn die Entscheidung auf einer Verletzung des Gesetzes beruht.[1]) Die Vorschriften der §§. 550, 551, 561,[2]) 563 der Civilprozeßordnung finden entsprechende Anwendung.[3])

I 76[1], II 76. M. 118; D. 46.

[1]) Das weicht von ZPO. § 568[2] ab und nähert sich dem Rechtsmittel der Revision, auf welche Satz 2 in mehreren Punkten verweist. — EFG. 1[17]. Das verletzte Gesetz braucht aber nicht gerade ein GB.gesetz zu sein. Nicht entgegen EFG. 1[80]. Anders § 80[2]. — Vgl. A. 1 vor pr. Allg. Vf. § 1.

[2]) EOLG. 3[442], 4[348].

[3]) § 74 kommt nicht zur Anwendung.

b) Gericht.

§. 79. Ueber die weitere Beschwerde entscheidet das Oberlandesgericht.[1])

Will das Oberlandesgericht bei der Auslegung einer das Grundbuchrecht betreffenden reichsgesetzlichen Vorschrift[2]) von der auf weitere Beschwerde ergangenen Entscheidung eines anderen Oberlandesgerichts,[3]) falls aber über die Rechtsfrage bereits eine Entscheidung des Reichsgerichts[4]) ergangen ist, von dieser abweichen, so hat es die weitere Beschwerde unter Begründung seiner Rechtsauffassung dem Reichsgerichte vorzulegen. Der Beschluß über die Vorlegung ist dem Beschwerdeführer mitzutheilen.[5])

In den Fällen des Abs. 2 entscheidet über die weitere Beschwerde das Reichsgericht.[6])

I 76², II 77. M. 118; D. 46 — §§ 120, 123, 137 GVG.

[1]) D. h. der Zivil-Senat des Bezirks-Oberlandesgerichts § 81¹. Abweichung zulässig nach § 102.

[2]) Daß dieselbe in den Grundbuchgesetzen steht, ist nicht erforderlich, dagegen handelt es sich nicht um zur Anwendung gelangende allgemeine Vorschriften. Auch ZPO. §§ 866, 867 sind grundbuchrechtliche Vorschriften, EN. 48²⁴⁵. Nicht in Frage kommen reichsrechtliche Vorschriften, deren Anwendbarkeit (z. B. auf alte Ehen) auf Landesrecht beruht, EBay. 2³⁰⁰. Wegen Entscheidungen im Kostenpunkt. EFG. 6²⁷⁰.

[3]) Vorausgesetzt ist, daß die Justizverwaltungen diese Entscheidungen sammeln und veröffentlichen.

[4]) In Frage kommen kann immer nur die jüngste Entscheidung des Reichsgerichts über die Auslegung der Vorschrift.

[5]) Wenn das OLG. eine Beschwerde als unzulässig oder, selbst unter Verletzung des § 79² sachlich zurückgewiesen hat, kann die Partei das Reichsgericht nicht anrufen, EN. 52²⁴⁹.

[6]) Auch das oberste Landesgericht für Bayern ist insoweit dem Reichsgericht nachgeordnet.

c) Verfahren.

§. 80. Die weitere Beschwerde kann bei dem Grundbuchamte, dem Landgericht oder bei dem Oberlandesgericht eingelegt werden. Erfolgt die Einlegung durch Einreichung einer Beschwerdeschrift,[1]) so muß diese von einem Rechtsanwalt unterzeichnet sein. Der Zuziehung eines Rechtsanwalts bedarf es nicht, wenn die Beschwerde von einer Behörde[2]) oder von dem Notar[3]) eingelegt wird, der nach §. 15 den Eintragungsantrag gestellt hat.[4])

Das Grundbuchamt und das Landgericht sind nicht befugt, der weiteren Beschwerde abzuhelfen.[5])

Im Uebrigen finden die Vorschriften über die Beschwerde entsprechende Anwendung.[6])

I 76[8], II 78. M. 120; D. 4.

[1]) Sie kann auch zu Protokoll des Gerichtsschreibers der beiden Gerichte bzw. des GBA. erfolgen, § 73².

[2]) Z. B. schlesische Generallandschaftsdirektion, EK. 25⁹³, das Berliner Pfandbriefamt, EK. 29¹¹².

[3]) Aber nur im Namen des Berechtigten EK. 30²³⁶.

[4]) Daß er den Antrag des Beteiligten beurkundet hat, genügt nicht, EFG. 4¹⁷⁴.

[5]) Abweichend von § 75.

[6]) Insbesondere §§ 71², 76, 77, EFG. 1¹⁸, EOLG. 3⁴⁴³.

9. Gericht. Ausschließung der Gerichtspersonen.

§. 81. Die Entscheidungen über Beschwerden erfolgen bei den Landgerichten durch eine Civilkammer, bei den Oberlandesgerichten[1]) und dem Reichsgerichte durch einen[2]) Civilsenat.

Die Vorschriften der Civilprozeßordnung über die Ausschließung und Ablehnung der Gerichtspersonen[3]) sowie die Vorschriften des §. 137 des Gerichtsverfassungsgesetzes finden entsprechende Anwendung.[4])

II 79. D. 48.

[1]) § 102. [2]) Oder mehrere.

[3]) ZPO. §§ 41—49. [4]) § 1 A. 1 und § 10 A. 1.

Fünfter Abschnitt.

Schlußbestimmungen.

Inkrafttreten.

§. 82. Dieses Gesetz tritt, soweit es die Anlegung des Grundbuchs betrifft, gleichzeitig mit dem Bürgerlichen Gesetzbuch,[1]) im Übrigen für jeden Grundbuchbezirk mit dem Zeitpunkt in Kraft, in welchem das Grundbuch als angelegt anzusehen ist.[2])

Die Artikel 2 bis 5, 32, 55 des Einführungsgesetzes zum Bürgerlichen Gesetzbuche finden entsprechende Anwendung.[3]) [4])

I 77, II 80; M. 121; D. 49.

[1]) Also am 1. Januar 1900, EG. BGB. a. 1. — Für die Schutzgebiete 1. April 1903, Schutzg.V. § 28.

[2]) EG. BGB. a. 186[1], auch a. 187ff., insbesondere a. 189, — pr. AG. a. 34, — pr. V. a. 3ff. Für die Schutzgebiete muß Eintragung des einzelnen Grundstückes hinzukommen, SchutzgV. §§ 18ff. und hinsichtlich des Eingeborenenlandes § 6 Nr. 2.

[3]) D. h. die das Grundbuchwesen betreffenden Vorschriften der Reichsgesetze bleiben grundsätzlich in Kraft, die landesrechtlichen treten grundsätzlich außer Kraft. Das vorliegende Gesetz läßt aber teils durch ausdrückliche Verordnung, teils durch beabsichtigte Lücken dem Landesrecht (Landesgesetz, landesherrliche Verordnung, Anordnungen der Landesjustizverwaltung) einen großen Spielraum. Vgl. §§ 1, 2, 83—102, Einleitung S. 17ff., § 1 A. 1, § 2 A. 5, pr. G. a. 1 A. 1. Über spätere Änderung des Landesrechts EG. BGB. a. 218.

[4]) § 82 gilt nicht in den Schutzgebieten, SchutzgV. §§ 18ff., § 2[1].

Vorbehalte zu Gunsten des Landesrechts. 1. Allgemeine.

§. 83. Soweit im Einführungsgesetze zum Bürgerlichen Gesetzbuche zu Gunsten der Landesgesetze Vorbehalte gemacht sind,[1] gelten sie auch[2] für die Vorschriften der Landesgesetze über das Grundbuchwesen;[1] den Landesgesetzen stehen nach Maßgabe der Artikel 57, 58 des Einführungsgesetzes zum Bürgerlichen Gesetzbuche die Hausverfassungen gleich.

I 5^2, 78, II 81; M. 31; D. 50.

[1]) Von a. 55 ab. Daraus ergibt sich zugleich die Befugnis zum Erlaß der Übergangsbestimmungen innerhalb dieses Rahmens. § 82 A. 3. In Betracht kommen neben der allgemeinen Bestimmung des EG. BGB. a. 218, namentlich a. 57—74, 77—79, 83, 88, 91, 96, 109—133, 141—143, 167, 168, 180—197, 200. Pr. AG. a. 21ff., 27. Daraus ergibt sich insbesondere die Zulässigkeit besonderer Grundbücher für Eisenbahngrundstücke (a. 112), für Anerbengüter (a. 64, pr. G. vom 2. 7. 98, pr. Allg. Vf. § 43) der Eintragung von Verfügungsbeschränkungen auf Grund des landesgesetzlichen ehelichen Güterrechts (a. 200) und der Aufrechterhaltung der Sonderstellung der landschaftlichen Kreditanstalten a. 167, vgl. pr. G. vom 3. 8. 97), pr. AG. a. 21. Bezüglich der Vorbehalte in a. 63 (Erbpacht) und a. 68 (Recht zur Gewinnung eines Minerals) gibt jedoch § 84 eine Einschränkung.

[2]) Neben den in diesem Gesetz gemachten Vorbehalten (§ 82 A. 3).

Einschränkung für Erbpacht und Abbaurechte.

§. 84. Die Vorschriften der §§. 7,[1]) 20 und des §. 22 Abs. 2 über das Erbbaurecht sowie die Vorschrift des §. 50 finden auf die in den Artikeln 63, 68 des Einführungsgesetzes zum Bürgerlichen Gesetzbuche bezeichneten Rechte[2]) entsprechende Anwendung.[3]) [4])

II 82; D. 51.

[1]) Es ist dadurch nicht erfordert, daß für das Grundstückseigentum ebenfalls ein GBBl. angelegt ist. Letzteres kann z. B. gemäß § 90 vom Buchungszwange befreit sein.

[2]) Diese Bestimmung ist kein Vorbehalt zugunsten des Landesrechts, sondern eine Einschränkung des allgemeinen Vorbehalts (§ 83 A. 1) für diese besonderen Fälle. Für Pr. ohne Bedeutung.

[3]) Die Vorschriften finden, soweit als möglich, auch dann Anwendung, wenn für die Gerechtigkeit kein besonderes GBBl. angelegt ist.

[4]) Das Landesrecht kann das gleiche für das Stockwerkseigentum (EG. BGB. a. 182) und andere erwerbliche und übertragbare Nutzungsrechte (EG. BGB. a. 196) bestimmen. Pr. AG. a. 28.

2. Besondere. a) Abweichungen von den Grundbuchbezirken.

§. 85. Durch landesherrliche[1]) Verordnung kann bestimmt werden, daß für gewisse Gattungen von Grundstücken[2]) besondere nicht für Bezirke eingerichtete Grundbücher geführt werden.[3])

II 83; D. 3, 51.

[1]) Im Schutzg. Reichskanzler (Kolonial-Abteilung, für Kiautschou Reichsmarineamt) oder Gouverneur §§ 1^2, 27 SchutzgV.

[2]) Z. B. für die Rittergüter in Mecklenburg. In Pr. ist von diesem Vorbehalt kein Gebrauch gemacht. Wegen des BahnGB. vgl. § 10 BahnG.

[3]) Ausnahme von § 2^1.

b) Gemeinschaftliche Blätter.

§. 86. Durch landesherrliche[1]) Verordnung kann bestimmt werden, daß die Vorschrift des §. 4 auch dann[2]) Anwendung findet, wenn mehrere Grundstücke desselben Eigenthümers in den Bezirken verschiedener Grundbuchämter[3]) belegen sind.

II 84; D. 6, 51.

[1]) Für Schutzgebiete § 85 A. 1.

[2]) Diese Ausdehnung des § 4 dient namentlich der Ausführung des § 119 Nr. 2 EG. BGB. Dem entsprechend in Pr. nur für Familienfideikommisse verordnet (a. 37 pr. V.). Die Zuständigkeit regelt das Landesrecht.

[3]) Liegen sie in verschiedenen Bundesstaaten, so muß ein Staatsvertrag hinzukommen.

c) Anpassung älterer Bücher.

§. 87. Durch landesherrliche[1]) Verordnung kann bestimmt werden, daß ein bisher geführtes Buch[2]) oder mehrere bisher geführte Bücher[3]) für sich allein oder zusammen mit einem neuen Buche oder mehreren neuen Büchern als Grundbuch gelten sollen.[4]) Die Bestimmung kann auch dann getroffen werden, wenn für Grundstücke, die nicht denselben Eigenthümer haben, ein gemeinschaftliches Blatt besteht; die Vorschrift des §. 4 findet entsprechende Anwendung.[6]) [7])

I 8 S. 1, 10[1], II 85; M. 35, 36; D. 51.

[1]) Für Schutzgebiete § 85 A. 1.

[2]) Soll dieses für sich allein als GB. gelten, so muß es den Vorschriften dieses Gesetzes genügen oder entsprechend umgestaltet werden. — § 89.

[3]) Namentlich ein Grundbuch und ein Pfandbuch.

4) Ausnahme von § 3, der nur ein GB. will, lediglich zugunsten bereits bestehender Bücher, insbesondere in Baden, Hamburg, Hessen, Meiningen, Württemberg. Dazu § 88.

5) Auch diese Ausdehnung des § 4 für Grundstücke verschiedener Eigentümer, z. B. Ehegatten, Eltern und Kinder gilt nur für bereits bestehende Blätter.

6) Insbesondere hinsichtlich der Beseitigung des gemeinschaftlichen Blattes wegen Verwirrung. So lange eine Verwirrung nicht zu besorgen ist, können Eintragungen auf die einzelnen Grundstücke vorgenommen werden.

7) Für Pr. V. a. 3 und 4, Allg. Vf. § 27.

§. 88. Werden nach §. 87 mehrere Bücher geführt, so muß jedes Grundstück in einem der Bücher eine besondere Stelle haben.1) An dieser Stelle ist auf die in den anderen Büchern befindlichen Eintragungen zu verweisen. Die Stelle des Hauptbuchs und die Stellen, auf welche verwiesen wird, gelten zusammen als das Grundbuchblatt.2)

I 10², II 86; M. 37; D. 52.

1) Entsprechend § 3 S. 1.

2) § 3 A. 5.

§. 89. Sind in einem Buche, das zufolge landesherrlicher Verordnung als Grundbuch gilt, die Grundstücke nicht nach Maßgabe des §. 2 Abs. 2 bezeichnet, so ist diese Bezeichnung von Amtswegen zu bewirken.1)

I 9, II 87; M. 36; D. 52.

1) Wenn mehrere Bücher geführt werden (§§ 87, 88), ist diese Bezeichnung in allen Büchern durchzuführen, soweit sich nicht durch Verweisung (§ 88) dasselbe Ergebnis erreichen läßt. — § 96.

d) Befreite Grundstücke.

§. 90. Durch landesherrliche Verordnung kann[1]) bestimmt werden, daß die Grundstücke des Fiskus[2]) oder gewisser juristischer Personen, die öffentlichen Wege und Gewässer sowie solche Grundstücke, welche einem dem öffentlichen Verkehre dienenden Bahnunternehmen gewidmet sind,[3]) nur auf Antrag[4]) ein Grundbuchblatt erhalten.[5]) Das Gleiche gilt von den Grundstücken eines Landesherrn und den Grundstücken, welche zum Hausgut oder Familiengut einer landesherrlichen Familie, der Fürstlichen Familie Hohenzollern oder der Familie des vormaligen Hannoverschen Königshauses, des vormaligen Kurhessischen und des vormaligen Herzoglich Nassauischen Fürstenhauses gehören.[6])

Steht demjenigen, welcher nach Abs. 1 von der Verpflichtung zur Eintragung befreit ist, das Eigenthum an einem Grundstücke zu, über das ein Blatt geführt wird, oder erwirbt er ein solches Grundstück,[7]) so ist auf seinen Antrag das Grundstück aus dem Grundbuch[8]) auszuscheiden, wenn eine Eintragung, von welcher das Recht des Eigenthümers betroffen wird, nicht vorhanden ist.[9])

I 11[1], 12[1]. II 88. M. 37, 39; D. 52.

[1]) Dauernd. Für Pr. Art. 1 V. Für Schutzgebiete § 85 A. 1.

[2]) Reichsfiskus oder Landesfiskus. EG. BGB. a. 122.

[3]) EG. BGB. a. 112.

[4]) Das Antragsrecht steht auch Dritten zu nach Maßgabe des § 14[2].

[5]) Damit sind dann aber bezüglich dieses Grundstücks bis zur Anlage des GBBl. alle Rechtsveränderungen ausgeschlossen, welche nur durch eine Eintragung im GB. bewirkt werden können. — Vgl. aber § 84 A. 1. Rechtsgeschäftliche Eigentumsübertragung würde ohne Anlegung des GBBl. nur möglich sein, wenn auch der Erwerber vom Buchungszwange befreit ist, EK. 26[115].

[6]) EG. BGB. a. 57. — In Pr. ist eine entsprechende landesherrl. V. nicht erfolgt.

[7]) Oder einen Teil desselben.

[8]) Ohne vorherige Übertragung auf ein neues GBBl.

[9]) Pr. Allg. Vf. § 8[6] Nr. 2.

e) Nachträgliche Anlegung von Grundbuchblättern.

§. 91. Das Verfahren zum Zwecke der Eintragung von Grundstücken, die bei der Anlegung des Grundbuchs[1]) ein Blatt nicht erhalten haben,[2]) wird durch landesherrliche Verordnung bestimmt.[3])

I 17, II 89. M. 47; D. 54.

[1]) D. h. bis zu dem in EG. BGB. a. 186[1] gedachten Zeitpunkte. — § 1 A. 2.

[2]) Aus irgendeinem Grunde, z. B. wegen der Befreiung aus § 90 oder weil sich Hindernisse ergeben oder auch weil das Grundstück übersehen ist.

[3]) Pr. V. a. 15 und 16ff. — Für Schutzgebiete § 85 A. 1.

f) Wiederherstellung von Grundbüchern.

§. 92. Das Verfahren zum Zwecke der Wiederherstellung eines ganz oder theilweise zerstörten oder abhanden gekommenen Grundbuchs[1]) wird durch landesherrliche[2]) Verordnung bestimmt.[3]) Die Verordnung kann auch darüber Bestimmung treffen, in welcher Weise bis zur Wiederherstellung des Grundbuchs die zu einer Rechtsänderung erforderliche Eintragung ersetzt werden soll.

I 18, II 90. M. 47; D. 54.

[1]) Einschließlich der Grundakten und mit dem GB. zerstörten oder verloren gegangenen Briefe und sonstigen Urkunden.

[2]) Für Schutzgebiete § 85 A. 1.

[3]) Eine solche wird im einzelnen Falle erlassen. Vgl. z. B. pr. V. für Bochum vom 12. 3. 06 (GS. S. 33).

g) Einsicht des Buchs und der Akten. Abschriften.

§. 93. Die Landesjustizverwaltung[1]) kann anordnen, daß die Einsicht des Grundbuchs und der im §. 11 Abs. 1 Satz 2 bezeichneten Schriftstücke in weiterem Umfange[2]) gestattet und die Ertheilung von Abschriften in weiterem Umfange zulässig sein soll, als es im §. 11 vorgeschrieben ist.

II 91; D. 10.

[1]) In den Schutzgebieten der Reichskanzler (Kolonial-Abt. bzw. für Kiautschou Reichs-Marine-Amt) und mit seiner Genehmigung der Gouverneur, KonsG. § 23, SchutzgG. § 3, SchutzgV. §§ 26, 27.

[2]) Also auch jedermann ohne weiteres. Für Pr. Allg. Vf. §§ 32, 33.

h) Grundakten.

§. 94. Die Landesjustizverwaltung kann[1]) anordnen, daß Grundakten gehalten werden, und, unbeschadet der Vorschriften des §. 11, auch Anordnungen über die Einsicht der Grundakten und über die Ertheilung von Abschriften treffen.[2])

I 16, II 92. M. 47; D. 55.

[1]) Für Schutzgebiete § 93 A. 1.
[2]) § 11 A. 6. — Für Pr. Allg. Vf. §§ 34—36.

i) Verweisung auf andere Akten.

§. 95. Die Landesjustizverwaltung[1]) kann anordnen, daß, wenn eine der im §. 9 Abs. 1 bezeichneten Urkunden in anderen Akten der das Grundbuch führenden Behörde enthalten ist, statt einer beglaubigten Abschrift der Urkunde eine Verweisung auf die anderen Akten genügt.[2])

II 93.

[1]) Für Schutzgebiete § 93 A. 1.
[2]) Pr. Allg. Vf. § 35², EFG. 1¹⁷³ und § 29 A. 8.

k) Abschreibung.

§. 96. Durch die Landesjustizverwaltung[1]) kann darüber Bestimmung getroffen werden, inwieweit für die Fälle, in denen ein Theil eines Grundstücks von diesem abgeschrieben[2]) oder ohne Abschreibung mit einer Dienstbarkeit oder einer Reallast belastet[3]) werden soll, die Eintragung von einer Aenderung des amtlichen Verzeichnisses der Grundstücke[4]) oder von der Beibringung einer die Lage und die Grenzen des Grundstückstheils darstellenden Karte[5]) abhängig sein soll.[6])

I 26, II 94; M. 61; D. 55.

[1]) Für Schutzgebiete § 93 A. 1.
[2]) § 3 A. 5, § 6 A. 4. EK. 20[80].
[3]) Gemäß § 6 S. 2. [4]) § 2[2].
[5]) § 2 A. 3.
[6]) Pr. Allg. Vf. § 30.

l) Inhalt des Briefes.

§. 97. Durch die Landesjustizverwaltung[1]) kann angeordnet werden,[2]) daß der im §. 57 bezeichnete Auszug[3]) aus dem Grundbuche noch andere als die dort vorgeschriebenen Angaben über das Grundstück enthalten und daß, wenn sich der Betrag der Hypothek, Grundschuld oder Rentenschuld mindert, auf dem Briefe durch einen Vermerk ersichtlich gemacht werden soll, für welchen Betrag das Recht noch besteht.[4])

I 57, II 96; M. 99; D. 55.

[1]) Für Schutzgebiete § 93 A. 1.
[2]) Für Pr. Allg. Vf. §§ 37—40.
[3]) § 57 A. 2. [4]) § 57 A. 7.

m) Veräußerungs-Vertrag.

§. 98. Durch Landesgesetz kann bestimmt werden, daß das Grundbuchamt die Erklärung der Auflassung nur entgegennehmen soll,[1]) wenn die nach §. 313 des Bürgerlichen Gesetzbuchs erforderliche Urkunde[2]) vorgelegt wird.[3])

II 96; D. 55.

[1]) Reichsrechtlich ist die Vorlegung nicht erforderlich. — § 9[2].
[2]) In der dort bestimmten, bzw. der nach EG. BGB. a. 142 zulässigen Form.
[3]) Ist in Pr. nicht geschehen.

n) Erbauseinandersetzung.

§. 99. Durch Landesgesetz kann bestimmt werden, daß die Vorschriften der §§. 37, 38 entsprechende Anwendung finden, wenn bei einem zum Nachlaß oder zu dem Gesammtgut einer ehelichen Gütergemeinschaft oder einer fortgesetzten Gütergemeinschaft gehörenden Grundstück oder Erbbaurecht einer von den Betheiligten als Eigenthümer oder Erbbauberechtigter eingetragen werden soll.[1])

II 97; D. 55.

[1]) Statt des Nachlaßgerichts kann dabei die Teilungsbehörde, auch ein für die Teilung zuständiger Notar in Betracht kommen. — Für Pr. AG. a. 10.

o) Unterstellung der Grundbuchämter unter die Amtsgerichte.

§. 100. Durch die Gesetzgebung eines Bundesstaats, in welchem die Amtsgerichte nicht zugleich Grundbuchämter sind,[1]) kann bestimmt werden, daß die Abänderung einer Entscheidung des Grundbuchamts bei dem Amtsgerichte nachzusuchen ist, in dessen Bezirke das Grundbuchamt seinen Sitz hat.[2]) In diesem Falle finden auf das Verfahren die Vorschriften des §. 71 Abs. 2 und der §§. 73 bis 77 entsprechende Anwendung.[3])

Die Beschwerde findet gegen die Entscheidung des Amtsgerichts statt.[4])

II 98; D. 56. — ZPO. § 576. — EG. ZVG. § 13.

[1]) Kommt in Pr. nicht vor. Pr. AG. a. 1.

[2]) Abweichung von §§ 71[1], 72.
[3]) Eine weitere Befugnis dieses Amtsgerichts in § 101.
[4]) Gemäß §§ 71 ff.

§. 101. Durch Landesgesetz kann dem im §. 100 bezeichneten Amtsgerichte die Befugniß ertheilt werden, von Amtswegen das Grundbuchamt zu einer nach §. 54 zulässigen Eintragung anzuhalten.[1])

Gegen die Anordnung des Amtsgerichts findet Beschwerde nach Maßgabe der Vorschriften des vierten Abschnitts statt.[2])

II 99; D. 56.

[1]) § 54 A. 1. [2]) § 100 A. 1.

p) Zuständigkeit für die weitere Beschwerde.

§. 102. Durch die Gesetzgebung eines Bundesstaats, in welchem mehrere Oberlandesgerichte errichtet sind, kann die Entscheidung über das Rechtsmittel der weiteren Beschwerde einem der mehreren Oberlandesgerichte oder an Stelle eines solchen Oberlandesgerichts dem obersten Landesgerichte zugewiesen werden.[1])

II 100; D. 48.

[1]) Abweichung von § 79[1]. Für Pr. und Waldeck (K. 22[196]) in erster Linie Kammergericht in Berlin unbeschadet der Zuständigkeit des Reichsgerichts nach GBO. § 79[3]. Pr. FG. a. 7, 8. — In Bayern ist das oberste Landesgericht zuständig, das aber in dieser Beziehung ganz wie ein Oberlandesgericht zu behandeln ist.

II. Ausführungsgesetz zur Grundbuchordnung.[1])

Vom 26. September 1899.

(GS. S. 307 ff.)

[1]) Entsprechende Anwendung auf BahnGB. BahnG. § 9.

Wir **Wilhelm,** von Gottes Gnaden König von Preußen rc.

verordnen, unter Zustimmung der beiden Häuser des Landtags Unserer Monarchie, was folgt:

I. Grundbuchämter. 1. Zuständigkeit.

Art. 1. Die Amtsgerichte[1]) sind die Grundbuchämter[2]) für die in ihrem Bezirke belegenen[3]) Grundstücke.

[1]) GBO. § 1. Zufolge dieser Bestimmung gehören die GB.sachen in Pr. zur landesrechtlich begründeten ordentlichen freiwilligen Gerichtsbarkeit. Anwendung finden die allgemeinen Bestimmungen des pr. FG. (a. 3—6 bleiben wegen GBO. §§ 71 ff. außer Betracht) und zufolge pr. FG. a. 1, 2 auch die dort angezogenen §§ d. FG., ferner die sonstigen allgemeinen auf freiwillige Gerichtsbarkeit bezüglichen Landesgesetze, insbesondere pr. AG. GVG. in der Fassung des pr. FG. a. 130. — Wegen FG. § 34 Allg. Vf. § 36 A. 2. Im einzelnen:

a. Gerichtsverfassung. Besetzung des Amtsgerichts mit Amtsrichtern und Gerichtsschreibern, GVG. §§ 22, 54, besondere Qualifikation des Gerichtsschreibers in GB.sachen pr. G. § 5 vom 3. 3. 79 in der Fassung des pr. FG. a. 131. Geschäftsverteilung und Vertretung bezüglich der Richter pr. AG. GVG. §§ 23, 24. Ausschließung und Ablehnung der Gerichtspersonen FG. §§ 6, 7 mit GBO. §§ 81², 10, pr. FG. a. 2. Dienstaufsicht einschließlich der Beschwerden über Verzögerungen pr. AG. GVG. §§ 70 bis 80, 85. (Über sachliche Beschwerden GBO. §§ 71 ff.) Teilung der Funktionen zwischen Richter und Gerichtsschreiber a. 4—7. Örtliche Zuständigkeit a. 1—3.

b. Allgemeine Grundsätze des Verfahrens. Zulässigkeit von Bevollmächtigten und Beiständen FG. § 13 unbeschadet GBO. §§ 29—32, Gerichtssprache und Dolmetscher FG. §§ 8, 9, 179, Aufrechterhaltung der Ordnung pr. AG. GVG. § 88, Einfluß der Gerichtsferien pr. AG. GVG. § 91, Berechnung von Fristen FG. § 17. Zeitpunkt der Wirksamkeit gerichtlicher Vf. FG. § 16¹ (unbeschadet der Bestimmungen über die sofortige Wirksamkeit von Eintragungen und deren Anordnungen vgl. z. B. BGB. §§ 879, 891, 892, GBO. §§ 13, 17), Ausfertigung gerichtlicher Vf. pr. FG. § 18. Zeugnisse der Rechtskraft FG. § 31, Form der Bekanntmachung der Vf. (Zustellungen) FG. § 16²,³, mündliche Entscheidungen EOLG. 4³⁴⁸, Kostenwesen pr. GKG. vom 25. 6. 95 in der Fassung der Bekanntmachung vom 6. 10. 99 §§ 57—70, Stempelwesen pr. Stempelsteuerg. vom 31. 7. 1895, Belehrung darüber bei der Auflassung und Mitteilung an die Steuerbehörden GBO. § 20 A. 6. Verurteilungen zu den Kosten des Verfahrens und deren Festsetzung pr. FG. a. 9—14, Armenrecht FG. § 14, Zwangsmaßregeln (Gewalt, Ordnungsstrafen, Offenbarungseid) FG. § 33 mit a. 15—17 pr. FG. (GBO. §§ 62², 70¹, pr. V. a. 32), Beweisaufnahme FG. § 15, pr. V. a. 31, § 13 A. 4 a. E., Folge der Aufhebung einer Vf., durch welche die Geschäftsfähigkeit erlangt ist, FG. § 32, Beistand von Behörden anderer Bundesstaaten pr. Allg. Vf. v. 12. 3. 01 (JMBl. S. 62) und v. 19. 11. 01 (JMBl. S. 266) Hessen betr. — Rechtshilfe EOLG. 4[219].

c. Bureauverwaltung. Neben der Geschäftsordnung für die Gerichtsschreibereien der Amtsgerichte vom 26. 11. 99 (JMBl. v. 1899 Nr. 45) §§ 1—22, 44, 48—51, 61 sind zu beachten: Allg. Vf. v. 1. 9. 72 (JMBl. S. 177), v. 14. 11. 72 (JMBl. S. 302 ff.), v. 14. 10. 74 (JMBl. S. 273 ff.), v. 6. 12. 80 (JMBl. S. 272), v. 9. 6. und 2. 7. 83 (JMBl. S. 178 und 219), v. 13. 9. 84 (JMBl. S. 218), v. 15. 7. 85 (JMBl. S. 251), v. 22. 10. 85 (JMBl. S. 354), v. 31. 1. 87 (JMBl. S. 43), v. 4. 8. 87 (JMBl. S. 195), v. 4. 5. 88 (JMBl. S. 120), ferner v. 23. 9. 73 (JMBl. S. 259) für Hohenzollern, v. 24. 9. 73 (JMBl. S. 259) für Hann., v. 31. 10. 73 (JMBl. S. 293) für Ehrenbreitstein, v. 9. 5. 74 (JMBl. S. 141) für Kassel, v. 9. 11. 74 (JMBl. S. 301) für Hohenzollern, v. 22. 6. 76 (JMBl. S. 129) für Kassel, v. 28. 8. 76 (JMBl. S. 152) für Schl.-H., v. 16. 2. 77 (JMBl. S. 29) für Hann., v. 21. 12. 78 (JMBl. S. 208) für Schl.-H., v. 21. 9. 81 (JMBl. S. 190) für Waldeck und Pyrmont, v. 14. 12. 81 (JMBl. S. 328) für Schl.-H. und Hann., v. 28. 8. 83 (JMBl. S. 290) für Schl.-H. und NVP., v. 12. 6. 85 (JMBl. S. 186), v. 21. 11. 88 (JMBl. S. 303) für Rheinl., v. 9. 11. 95 (JMBl. S. 349) für Frankfurt, v. 23. 11. 95 (JMBl. S. 410) für Rheinl., v. 11. 1. 96 (JMBl. S. 16 ohne Rheinl.), v. 7. 4. 97 (JMBl. S. 86), v. 9. 12. 01 (JMBl. S. 278 und v. 3. 6. 02 (JMBl. S. 117) betr. das Tagebuch des Grundbuchführers, v. 7. 5. 02 (JMBl. S. 105, Berichtigung S. 215) betr. die Geschäftsübersichten, v. 24. 3. 03 betr. Nachweisungen über den Eigentumswechsel der land- und forstwirtschaftlichen Grundstücke (JMBl. S. 63), v. 17. 3. 04 betr. Nachweisungen über Hypotheken (JMBl. S. 74).

²) GBO. § 1¹.

³) Beseitigt ist die Zuständigkeit der Amtsgerichte Kiel und Ratzeburg für auswärtige Güter. Pr. FG. a. 130. Über die Konkurrenz mehrerer Amtsgerichte a. 2, 3. Für die Anlegung der Grundbücher und Grundbuchblätter pr. V. a. 34. — Örtliche Zuständigkeit bei Bahneinheiten BahnG. § 10⁴.

2. Mehrheit von Grundstücken. Vereinigung.

Art. 2. Liegt ein Grundstück in den Bezirken mehrerer Grundbuchämter¹) oder sollen mehrere in den Bezirken verschiedener Grundbuchämter belegene Grundstücke zu einem Grundstücke vereinigt werden,²) so ist das zuständige Grundbuchamt nach §. 20 des Ausführungsgesetzes zum Gerichtsverfassungsgesetze³) zu bestimmen.⁴)

¹) Gilt nicht, wenn mehrere Abteilungen desselben GBA. konkurrieren.

²) GBO. § 5. Über Zuschreibung als Bestandteil a. 3.

³) Die Bestimmung erfolgt durch das gemeinschaftliche obere Landesgericht, in Ermangelung eines solchen durch den Justizminister in unanfechtbarer Weise. Die gleiche Regel gilt, gemäß des auch im übrigen anwendbaren AG. GVG. § 20 (Anm. 1 zu a. 1), auch für den Fall tatsächlicher und rechtlicher Behinderung, sowie bei Streit und Ungewißheit über die örtliche Zuständigkeit.

⁴) Pr. VO. a. 37 und pr. Allg. Vf. § 18.

3. Zuschreibung.

Art. 3. Soll ein Grundstück einem in den Bezirk eines anderen Grundbuchamts belegenen Grundstück als Bestandtheil zugeschrieben werden,¹) so ist für die Entscheidung über den Antrag auf Zuschreibung und, wenn dem Antrage stattgegeben wird, für die Führung des Grundbuchs über das ganze Grundstück das andere Grundbuchamt zuständig.[2])

[1]) GBO. § 5 zu unterscheiden von der Vereinigung, a. 2.

[2]) Pr. Allg. Vf. § 18.

4. Eingänge.

Art. 4. Für die Entgegennahme eines auf eine Eintragung gerichteten Antrags oder Ersuchens[1]) und die Beurkundung des Zeitpunkts, in welchem der Antrag oder das Ersuchen bei dem Grundbuchamt eingeht,[2]) sind nur die mit der Führung des Grundbuchs über das betreffende Grundstück[3]) beauftragten Beamten, und zwar sowohl der Richter als auch der Gerichtsschreiber, zuständig.

Bezieht sich der Antrag oder das Ersuchen auf mehrere Grundstücke, in Ansehung deren die Führung des Grundbuchs verschiedenen Grundbuchbeamten obliegt, so ist jeder dieser Beamten zuständig.[4])

[1]) Auch des Ersuchens eines anderen Richters oder Gerichtsschreibers desselben Amtsgerichts, deren Zuständigkeit zur Aufnahme von Urkunden unberührt bleibt.

[2]) GBO. §§ 13^1, 17.

[3]) Für eine Mehrheit von Grundstücken Abs. 2.

[4]) Er hat selbstverständlich die Vorlegung auch bei den übrigen Beamten unverzüglich zu veranlassen. Für alle ist der von dem ersten Beamten vermerkte Zeitpunkt maßgebend.

5. Protokolle.

Art. 5. Wird eine Erklärung, welche der im §. 29 der Grundbuchordnung vorgeschriebenen Form bedarf, vor dem Grundbuchamt abgegeben, so ist das Protokoll von dem Richter aufzunehmen.[1])

[1]) GBO. § 29 A. 4. Es genügt die Unterschrift des Richters. Den Inhalt kann eine dritte Person, insbesondere der etwa nach pr. FG. Art. 2² zugezogene Gerichtsschreiber niederschreiben.

6. Eintragungen.

Art. 6. Die Eintragungen[1]) sollen von dem Richter mit Angabe des Wortlauts[2]) verfügt, von dem Gerichtsschreiber ausgeführt und von beiden unterschrieben werden.[3])

[1]) GBO. § 13.

[2]) Bezugnahme auf den bereits anderweit (z. B. in dem Antrage oder der Grundaktentabelle, pr. Allg. Vf. § 34) festgestellten Wortlaut, ist zulässig.

[3]) GBO. § 45 A. 3.

7. Briefe.

Art. 7. Die Hypotheken-, Grundschuld- und Rentenschuldbriefe[1]) sowie die nachträglich auf sie gesetzten Vermerke[2]) sind von dem Richter und dem Gerichtsschreiber zu unterschreiben.

Auch die beglaubigten Abschriften aus dem Grundbuche[3]) sind von dem Richter und dem Gerichtsschreiber zu unterschreiben.[4])

[1]) GBO. §§ 56, 70. [2]) GBO. §§ 62, 70.

³) GBO. § 11, Allg. Vf. §§ 32, 33.
⁴) Ausnahme von pr. FG. a. 35.

8. Haftung.

Art. 8. Verletzt ein Grundbuchbeamter vorsätzlich oder aus grober¹) Fahrlässigkeit die ihm obliegende Amtspflicht, so trifft ihn dem Staate gegenüber die im §. 839 des Bürgerlichen Gesetzbuchs bestimmte Verantwortlichkeit.²) Die im §. 852 Abs. 1 des Bürgerlichen Gesetzbuchs vorgesehene dreijährige Verjährung beginnt³) mit dem Zeitpunkt, in welchem die Ersatzpflicht des Staates von diesem dem Verletzten gegenüber anerkannt oder dem Staate gegenüber rechtskräftig festgestellt ist.

¹) Im Falle einer nicht groben Fahrlässigkeit (die Grenze ist richterlichem Ermessen überlassen, BGB. §§ 276, 277) entfällt jeder Ersatzanspruch des Staates gegen den Beamten.

²) An und für sich würde BGB. § 839 nicht anwendbar sein, da er nur vom Ersatzrecht Dritter handelt. Die Schädigung des Staates liegt in dem dem Dritten nach GBO. § 12 zu leistenden Ersatz.

³) Abweichend von GBO. § 852¹.

II. Eintragungen auf Grundstücke. 1. Form der Erklärungen von Behörden.

Art. 9. Erklärungen oder Ersuchen einer Behörde,¹) auf Grund deren eine Eintragung erfolgen soll,²) sind ordnungsmäßig zu unterschreiben³) und mit Siegel oder Stempel⁴) zu versehen.

¹) Es handelt sich hier nur um preußische Behörden,

z. B. ländliche Schulvorstände EK. 26[85]. Für außerpreußische Behörden ist das betreffende Landesrecht maßgebend.

[2]) GBO. § 29 A. 5, § 39.

[3]) Nachweis der Zugehörigkeit des Unterzeichners zur Behörde nicht erforderlich, GBO. § 29 A. 5.

[4]) FG. § 183[2].

2. Auseinandersetzung einer Erben- oder Güter-Gemeinschaft.

Art. 10. Soll bei einem zum Nachlaß oder zu dem Gesammtgut einer ehelichen Gütergemeinschaft oder einer fortgesetzten Gütergemeinschaft gehörenden Grundstück oder Erbbaurecht einer von den Betheiligten als Eigenthümer oder Erbbauberechtigter eingetragen werden, so finden die Vorschriften der §§. 37, 38 der Grundbuchordnung entsprechende Anwendung.[1])

Die Vorschriften über die Zuständigkeit zur Beurkundung der Auflassung bleiben unberührt.[2])

[1]) Die Vorschrift stützt sich auf GBO. § 99.

[2]) GBO. § 20, AG. a. 5. Eine von dem Nachlaßgericht beurkundete Einigung kann die Auflassung nicht ersetzen.

3. Öffentliche Lasten.

Art. 11. Die öffentlichen Lasten des Grundstücks,[1]) die bei der Zwangsversteigerung und der Zwangsverwaltung den Rechten an dem Grundstück im Range vorgehen,[2]) sind von der Eintragung in das Grundbuch ausgeschlossen.[3])

Unberührt bleiben die Vorschriften des §. 17 Abs. 4 und des §. 39 des Gesetzes, betreffend Schutzwaldungen und Waldgenossenschaften, vom 6. Juli 1875 (Gesetz-Samml. S. 416).

[1]) Das BGB. hat über deren Eintragung nichts bestimmt. Landesrecht ist maßgebend.

[2]) Pr. AG. ZVG. a. 1, 2. Ausnahme in Abs. 2.

[3]) GBO. § 54. Eine Löschung vor dem Inkrafttreten der GBO. erfolgter Einträge kann aber nicht begehrt werden.

4. Ersuchen der Auseinandersetzungsbehörden.

a) Eintragungen.

Art. 12. Die Rentenbankrenten und die Domänen-Amortisationsrenten werden im Geltungsbereiche des Gesetzes über die Errichtung von Rentenbanken vom 2. März 1850 (Gesetz-Samml. S. 112) nach dessen Vorschriften eingetragen.[1]) Diese Vorschriften treten statt der entgegenstehenden bisherigen Bestimmungen auch für die Provinz Hannover in Kraft.[2]) Die Vorschriften des §. 6 Nr. 6 des Gesetzes, betreffend die Beförderung der Errichtung von Rentengütern, vom 7. Juli 1891 (Gesetz-Samml. S. 279)[3]) und des §. 23 Abs. 3 Nr. 3 des Gesetzes, betreffend das Anerbenrecht bei Renten- und Ansiedelungsgütern, vom 8. Juni 1896 (Gesetz-Samml. S. 124) bleiben unberührt.

Im Uebrigen ist der Inhalt der von den Auseinandersetzungsbehörden bestätigten Rezesse[4]) nur in folgenden Fällen in das Grundbuch einzutragen:

1. wenn ein im Grundbuche vermerktes Sach- oder Rechtsverhältniß aufgehoben oder verändert wird;
2. wenn für ein mit dem Eigenthum an dem Grundstücke verbundenes Recht eine Entschädigung durch ein baar oder in Rentenbriefen zu zahlendes Kapital von mehr als sechzig Mark gewährt wird;[5])
3. wenn das Grundstück mit einem Rechte, das zu seiner Begründung der Eintragung in das Grundbuch bedarf, neu belastet wird.[6])

[1]) EG. BGB. a. 114, G. vom 2. 3. 50 §§ 18, 64, G. vom 14. 7. 93 § 26, pr. AG. BGB. a. 21. Die Rentenbankrenten sind eine privatrechtliche Last, auch wenn durch sie eine öffentliche Reallast abgelöst war, EGr. 47[397], R. 44[243].

[2]) Pr. AG. BGB. a. 22 Nr. 3 S. 2.

[3]) G. v. 26. 4. 86, § 2, G. v. 27. 6. 90 §§ 1, 2, G. v. 7. 7. 91 § 12.

[4]) Auf Ersuchen der Auseinandersetzungsbehörden, welches entsprechend dem Art. 12[2] zu formulieren ist. GBO. § 39. — Sperrvermerke nach pr. V. v. 30. 6. 34 kann nur die Generalkommission, nicht der Spezialkommissar eintragen lassen, EK. 30[196].

[5]) Ablösungs-G. v. 2. 3. 50 § 110[1]c. G. v. 25. 3. 89 § 6 Nr. 1, pr. Allg. Vf. § 9.

[6]) Insbesondere mit Geldrenten, festen Abgaben in Körnern, Grunddienstbarkeiten, Erbbaurechten, dinglichen Vorkaufsrechten oder Wiederkaufsrechten (pr. AG. BGB. a. 29).

b) Löschung.

Art. 13. Sind auf Ersuchen der Auseinandersetzungsbehörde über die Vorschriften des Artikel 12 hinausgehende Eintragungen erfolgt, so kann die Auseinandersetzungsbehörde das Grundbuchamt um die Löschung ersuchen;[1] auf Antrag des Eigenthümers hat sie die Löschung herbeizuführen. Die Löschung erfolgt kostenfrei.

[1]) GBO. § 39.

c) Berichtigung.

Art. 14. Die Auseinandersetzungsbehörden sind in einem vor ihnen anhängigen Verfahren befugt, das Grundbuchamt um die Berichtigung des Grundbuchs durch Eintragung eines Eigenthümers zu ersuchen[1]) und den Eigenthümer zur Beibringung der nach ihrem Ermessen[2]) zum Nachweise des Eigenthums erforderlichen Urkunden durch Ordnungsstrafen anzuhalten. Die einzelne Strafe darf den Betrag von dreihundert Mark nicht übersteigen.[3])

[1]) GBO. § 14. — Dies Ersuchen wird auf Grund des GBO. § 39 erledigt. GBO. § 39 A. 2. Wegen Ersuchen um Eintragung einer Verfügungsbeschränkung zugunsten der zu freier Verfügung über den Nachlaß letztwillig ermächtigten Witwe, EK. 25[270].

[2]) Dem GBA. brauchen die Urkunden nicht mitgesandt zu werden, da es den Nachweis des Eigentums nicht nachzuprüfen hat.

[3]) FG. § 33 S. 2.

5. Fideikommißgüter und Aehnliches.

a) Art der Eintragung.

Art. 15. Lehns-, Meier-, Erbzins- und Erbleihegüter sowie sonstige Güter, an denen ein Obereigenthum besteht, Erbpacht- und Familienfideikommißgüter sowie die nach dem Großherzoglich Hessischen Gesetze vom 11. September 1858 (Reg.-Bl. S. 57) errichteten landwirthschaftlichen Erbgüter sind auf den Namen des jeweilig zu Besitz und Nutzung Berechtigten einzutragen. Die Eigenschaft des Gutes ist als Verfügungsbeschränkung einzutragen.[1])

Gehört zu dem Verband eines Gutes der bezeichneten Art eine Hypothek, Grundschuld oder Rentenschuld, so finden die Vorschriften des Abs. 1 entsprechende Anwendung; gehört das Recht zu einem Familienfideikommisse,[2]) so findet außer den Vorschriften des Abs. 1 auch die Vorschrift des §. 41 Abs. 1 der Grundbuchordnung entsprechende Anwendung.[3])

[1]) EG. BGB. a. 61, BGB. § 892[1]. — Pr. Allg. Vf. § 11 Nr. 2.

[2]) Im Gegensatz zu den übrigen in Abs. 1 genannten Güterarten.

[3]) Zusatz der Kom. des Abg.H. — Es bedarf also nicht der zuvorigen Eintragung der Fideikommißeigenschaft.

b) Bei beaufsichtigten Fideikommissen.

Art. 16. Bei Familienfideikommissen, die unter Aufsicht einer Fideikommißbehörde[1]) stehen,[2]) erfolgt die Eintragung der Fideikommißeigenschaft auf Ersuchen dieser Behörde,[3]) die Eintragung des Fideikommißfolgers auf Grund einer Bescheinigung der Behörde über seine Berechtigung, die Löschung der

Fideikommißeigenschaft auf Grund einer Bescheinigung der Behörde über das Erlöschen oder auf Grund eines von der Behörde bestätigten Familienschlusses über die Aufhebung der Eigenschaft.[4])

Auf die Bescheinigung über die Berechtigung des Fideikommißfolgers finden die für den Erbschein[5]) geltenden Vorschriften entsprechende Anwendung.

[1]) a 17[1].

[2]) Anderenfalls gilt a. 18.

[3]) Im Verwendungsverfahren kann auch die Auseinandersetzungsbehörde die Eintragung für ein zugewiesenes Grundstück beantragen.

[4]) Im Geltungsbereiche des G. v. 5. 3. 55 erfolgt die nur fakultative Eintragung der Anwärter ebenfalls nur auf Grund einer solchen Bescheinigung, Gutachten des Kammergerichts, v. 16. 2. 05. (JMBl. S. 143).

[5]) BGB. §§ 2353ff.

Fideikommißbehörde.

Art. 17. Fideikommißbehörde im Sinne des Artikel 16 ist die Behörde, welche gesetzlich als solche bestellt[1]) oder welcher das Fideikommiß stiftungsmäßig[2]) zur Beaufsichtigung unterstellt ist.

Ein Fideikommiß kann fortan stiftungsmäßig nur dem Oberlandesgerichte[3]) zur Beaufsichtigung[4]) unterstellt werden. Die Bestimmung bedarf der Genehmigung des Justizministers, sofern nicht die Verfügung, durch die sie getroffen wird, der landesherrlichen Genehmigung unterliegt.

[1]) Art. 33 läßt die bisherigen Vorschriften bestehen. Für Altpr. die OLG. e. (G. vom 5. 3. 55, AG. GVG. § 49)

ev. Ministerium des Kgl. Hauses (für Schlesien auch G. vom 15. 2. 40), für NVP. a. 35 A. 6, für die landrechtl. Teile von Hannover a. 35 A. 8, für Frankf. a. 35 A. 14, für Schlh. OLG. Kiel (zum Teil auch für Lauenburg), V. vom 26. 6. 67, AG. GVG. § 49 Nr. 1, 2, G. vom 18. 6. 96 § 15, für Kassel V. vom 26. 6. 67 § 14 Nr. 4, G. vom 29. 5. 73 §§ 21^5, 54.

[2]) Abs. 2.

[3]) Sei es des letzten Wohnsitzes des Stifters oder des Bezirks, in dem das Fideikommißvermögen sich befindet.

[4]) In rechtlicher Beziehung. Die Aufsicht über den Wirtschaftsbetrieb kann stiftungsgemäß anderen Behörden mit deren bzw. der vorgesetzten Behörden Zustimmung übertragen werden.

c) Bei anderen Fideikommissen.

Art. 18. In Ermangelung einer Fideikommißbehörde[1]) erfolgt die Eintragung sowie die Löschung der Fideikommißeigenschaft auf Grund des Nachweises ihrer Entstehung oder Endigung,[2]) die Eintragung des Fideikommißfolgers auf Grund der Bescheinigung des Gerichts über die Berechtigung des Fideikommißfolgers.

Auf die Bescheinigung finden die für den Erbschein geltenden Vorschriften entsprechende Anwendung. Zuständig für die Ertheilung ist das Amtsgericht, bei welchem das Grundbuch über den Gegenstand des Fideikommisses geführt wird. Umfaßt das Fideikommiß Gegenstände, über die das Grundbuch von verschiedenen Amtsgerichten geführt wird, so ist das örtlich zuständige Gericht nach §. 20

des Ausführungsgesetzes zum Gerichtsverfassungsgesetze zu bestimmen.

[1]) Z. B. im Rheinland, EK. 22[193].
[2]) Vom GBA. zu prüfen, EK. 22[123]

d) Bei Lehen und Stammgütern.

Art. 19. Auf die Eintragung eines Lehnsfolgers und die Löschung der Lehnseigenschaft finden die Vorschriften des Artikel 16, auf die Eintragung sowie die Löschung der Stammgutseigenschaft und die Eintragung des Stammgutsnachfolgers finden die Vorschriften des Artikel 18 entsprechende Anwendung.

Bei Erbstammgütern nach Bremischem Ritterrechte kann die Eintragung sowie die Löschung auch auf Antrag des Präsidiums der Bremischen Ritterschaft (§. 7 des revidirten Ritterrechts vom 19. April 1847) erfolgen.

6. Abschreibung von Teilen.

Art. 20. Im Falle der Veräußerung eines Theiles eines Grundstücks, das im Lehns-, Fideikommiß-, Erbstammguts-, Stammguts- oder Leiheverbande steht oder mit Reallasten,[1]) Hypotheken, Grundschulden oder Rentenschulden belastet ist, kann der Theil auf Grund eines Unschädlichkeitszeugnisses der zuständigen Behörde[2]) frei von allen oder einzelnen Belastungen des Hauptgrundstücks von diesem ohne die Bewilligung der Berechtigten unter folgenden Voraussetzungen abgeschrieben werden:

1. Wird der Grundstückstheil gegen Auferlegung einer Rente veräußert, so kann die Abschreibung nur erfolgen, wenn gleichzeitig die Rente auf dem Grundstückstheile mit dem Vorrange vor sonstigen Belastungen[3]) als Reallast zu Gunsten des jeweiligen Eigenthümers des Hauptgrundstücks[4]) eingetragen und auf dem Blatte des Hauptgrundstücks vermerkt wird.[5]) Zu den Belastungen, denen die Rente vorzugehen hat, gehören nicht die auf Grund des Gesetzes, betreffend die Beförderung der Errichtung von Rentengütern, vom 7. Juni 1891 (Gesetz-Samml. S. 279) festgestellten Rentenbankrenten.[6])
2. Wird der Grundstückstheil gegen ein anderes Grundstück vertauscht, so kann die Abschreibung nur erfolgen, wenn gleichzeitig das eingetauschte Grundstück dem Hauptgrundstück als Bestandtheil[7]) zugeschrieben wird; ist ein Ausgleichungskapital festgestellt, so finden auf dieses die unter Nr. 3 für ein vereinbartes Kaufgeld gegebenen Vorschriften Anwendung.
3. Ist der Grundstückstheil verkauft, so kann die Abschreibung nur erfolgen:
   a) wenn gleichzeitig auf dem Grundstückstheil eine Hypothek für die Kaufgeldforderung zur ersten Stelle und die Zugehörigkeit dieser Forderung zu dem Verbande, dem das Hauptgrundstück angehört, oder ein Pfandrecht an der Forderung für diejenigen Reallastberech-

tigten, Hypotheken-, Grundschuld- oder Rentenschuldgläubiger eingetragen wird, deren Bewilligung durch das Unschädlichkeitszeugniß ersetzt wird;

b) wenn die Auseinandersetzungsbehörde bescheinigt, daß das Kaufgeld zu ihrer Verfügung hinterlegt oder sichergestellt oder daß die Verwendung des Kaufgeldes erfolgt oder nicht erforderlich ist.

4. Wird der Grundstückstheil zu öffentlichen Zwecken unentgeltlich veräußert, so kann die Abschreibung nur erfolgen, wenn die Auseinandersetzungsbehörde bescheinigt, daß mit der Ausführung der öffentlichen Anlage begonnen ist.

Auf eine Eintragung, die auf Grund des Unschädlichkeitszeugnisses bei einer Hypothek, einer Grundschuld oder einer Rentenschuld zu bewirken ist, finden die Vorschriften der §§. 42 bis 44 der Grundbuchordnung keine Anwendung. Wird der Hypotheken-, Grundschuld- oder Rentenschuldbrief nachträglich vorgelegt, so hat das Grundbuchamt die Eintragung auf dem Briefe zu vermerken.

1) D. h. privatrechtlichen, EK. 22[319].

2) AG. BGB. a. 19, 20, EG. BGB. a. 120[1], GBO. § 83, pr. G. vom 3. 3. 50, 27. 6. 60, 12. 4. 85 (Kassel, Hz.), 22. 4. 86 (Schlesw.-H.) § 76 G. vom 12. 4. 88 (Rheinl.) a. 33 A. 13, G. vom 25. 3. 89 (Hann., Jade, Frankf.), § 49 vom 19. 8. 95 § 49 (Frankf., a. 33 A. 14), G. vom 15. 7. 90, G. vom 2. 4. 87 § 8, G. vom 27. 6. 90 (Rentengüter) § 1[5]. Dieses Zeugnis ersetzt die

in GBO. § 19 erforderte Bewilligung der Abschreibung, ohne daß eine Nachprüfung seitens des GBA. stattzufinden hätte. Mitwirkung der Fideikommißbehörde (a. 16) ist hier unnötig, EK. 27[105].

[3]) Ausnahme in S. 2.

[4]) BGB. §§ 96, 1105², 1107, 1126, 1192, 1200.

[5]) Im Gegensatz zu GBO. § 8 ohne Antrag. GBO. § 21.

[6]) G. vom 7. 7. 91, §§ 2, 6 Nr. 2, RentenbankG. vom 2. 3. 50, § 18¹.

[7]) BGB. § 890².

7. Satzungen der Kreditanstalten.

Art. 21. Die satzungsmäßigen Vorschriften, welche für die zur Zeit des Inkrafttretens des Bürgerlichen Gesetzbuchs bestehenden landschaftlichen oder ritterschaftlichen Kreditanstalten über die Aufnahme, Eintragung oder Löschung der Pfandbriefdarlehen sowie über die Umschreibung eingetragener Forderungen in Pfandbriefdarlehen und die Umwandlung der Pfandbriefe ergangen sind, bleiben in Kraft.[1])

Als landschaftliche Kreditanstalten im Sinne des Abs. 1 gelten auch die provinzial-(kommunal-) ständischen öffentlichen Grundkreditanstalten.[2])

[1]) EG. BGB. a. 167 GBO. § 83, pr. G. vom 3. 8. 97. EK. 20[208], 24[139], 21[178], auch darüber, daß durch das Erfordernis des Siegels der Stempel nicht ausgeschlossen ist. — Für die Befugnis der Landschaftssyndici zur Aufnahme von Urkunden ist nicht diese Bestimmung maßgebend, sondern pr. FG. a. 32, EK. 25[93].

[2]) G. vom 3. 8. 97 § 1².

III. Bergwerke und Gerechtigkeiten. 1. Im Allgemeinen.

Art. 22. Die sich auf Grundstücke beziehenden

Vorschriften der Grundbuchordnung und dieses Gesetzes finden, soweit nicht ein Anderes bestimmt ist, auf Bergwerke,[1]) selbständige Kohlenabbau-Gerechtigkeiten[2]) und andere selbständige Gerechtigkeiten entsprechende Anwendung.[3])

[1]) Auf verleihbare und verliehene Mineralien, EK. 24 [III].

[2]) Soweit solche nach in Kraft bleibendem pr. Landesrecht zulässig sind. EG. BGB. a. 67, 68, 196. — G. vom 4. 8. 04 § 4 (Salzabbau)

[3]) Pr. AG. BGB. a. 37 Nr. 1, 38 §§ 5 [1], 7, 8, 40 § 1 [1]. — Pr. Allg. Vf. §§ 22ff. — Pr. V. a. 33. — In den Schutzgebieten gelten die Bestimmungen über das Bergwesen nur nach Maßgabe der SchutzgV. § 22 u. 3. — GBO. § 4 A. 2.

2. Verleihung und Bestätigung.

Art. 23. Ist das Bergwerkseigenthum durch Verleihung begründet oder durch Konsolidation, Theilung von Grubenfeldern oder Austausch von Feldestheilen erworben, so hat das Oberbergamt das Grundbuchamt unter Mittheilung einer beglaubigten Abschrift der Verleihungsurkunde oder einer Ausfertigung des bestätigten Konsolidations-, Theilungs- oder Austauschakts um die Bewirkung der erforderlichen Eintragungen zu ersuchen.[1])

[1]) GBO. § 39. Vgl. a. 26. Allg. Berggef. §§ 50, 60, 208—231.

3. Änderung der Verleihung.

Art. 24. Wird die Verleihungsurkunde geändert, so hat das Oberbergamt das Grundbuchamt unter

Mittheilung der Urkunde über die Aenderung um die Eintragung der Aenderung zu ersuchen.[1])

[1]) GBO. § 39. Vgl. a. 26. Allg. Bergges. § 35.[4]

4. Aufhebung.

Art. 25. Wird das Bergwerkseigenthum oder die Verleihungsurkunde aufgehoben,[1]) so hat das Oberbergamt das Grundbuchamt unter Mittheilung einer Ausfertigung des Aufhebungsbeschlusses um die Schließung des über das Bergwerk geführten Grundbuchblatts zu ersuchen.[2])

Bei der Schließung sind die eingetragenen Belastungen von Amtswegen zu löschen.

Grundstücke, die dem Bergwerk als Bestandtheil zugeschrieben sind, werden mit den darauf haftenden Belastungen in das über die Grundstücke ihres Bezirkes geführte Grundbuch eingetragen.

[1]) Allg. Bergges. §§ 35[4], 156—164.
[2]) GBO. § 39. Vgl. a. 26.

5. Vorlegung von Urkunden.

Art. 26. Soweit in den Fällen der Artikel 23 bis 25 Hypotheken, Grundschulden oder Rentenschulden von den Eintragungen betroffen werden, finden die Vorschriften der §§. 42 bis 44 der Grundbuchordnung keine Anwendung. Das Grundbuchamt hat den Besitzer des Hypotheken-, Grundschuld- oder Rentenschuldbriefs zur Vorlegung anzuhalten,[1]) um nach den Vorschriften des §. 62 Abs. 1, des §. 69 und des §. 70 Abs. 1 der Grundbuchordnung zu verfahren.

[1]) GBO. § 62² u. A.

6. Anlegung des Blatts für Gerechtigkeiten.

Art. 27. Auf die Anlegung eines Grundbuchblatts für eine selbständige Kohlenabbau-Gerechtigkeit[1]) finden die für das Erbbaurecht geltenden Vorschriften des §. 7 der Grundbuchordnung entsprechende Anwendung.

Für andere selbständige Gerechtigkeiten[2]) wird ein Grundbuchblatt nur auf Antrag[3]) des Berechtigten angelegt, soweit sich nicht aus den für die Anlegung der Grundbücher geltenden Vorschriften ein Anderes ergiebt.[4])

[1]) G. vom 22. 2. 69, F. d. pr. AG. BGB. a. 38.
[2]) Pr. AG. BGB. a. 40.
[3]) Im Gegensatz zu GBO. § 7¹ S. 2.
[4]) G. vom 19. 8. 95 (Frankfurt) §§ 26, 34, 48 Nr. 1.

7. Auflassung. Berichtigung.

Art. 28. Die für das Erbbaurecht[1]) geltenden Vorschriften des §. 20 und des §. 22 Abs. 2 der Grundbuchordnung finden auf das Bergwerkseigenthum, auf unbewegliche Bergwerksantheile und selbständige Gerechtigkeiten[2]) entsprechende Anwendnng.

[1]) Nach a. 22 finden die für Grundstücke, d. h. für Grundstückseigentum geltenden Vorschriften Anwendung. Hier kommen nach dem Vorbilde des GBO. § 84 Sätze des Erbbaurechts hinzu.

[2]) G. vom 12. 8. 04 § 4 (Salzabbau).

IV. Änderung bestehender Gesetze. 1. Durch Anordnung des Justizministers.

Art. 29. Landesgesetzliche Vorschriften über die Einrichtung der Grundbücher, die neben der Grundbuchordnung in Kraft bleiben,[1] können durch Anordnung des Justizministers geändert werden.[2]

[1] G. vom 19. 8. 95 § 10, G. v. 8. 6. 96 § 3, G. vom 2. 7. 98 § 3².

[2] GBO. § 1². — Daher hat auch die Allg. Vf. vom 20. 11. 99 (§§ 22—26, 44, 45) wirksam solche landesgesetzliche Vorschriften ändern können.

2. Gerichtskostengesetz.

Art. 30. Das Preußische Gerichtskostengesetz vom 25. Juni 1895 (Gesetz-Samml. S. 203) wird dahin geändert: . . . .[1]

[1] Gemäß pr. AG. BGB. a. 86 § 2 und pr. AG. ZVG. § 46 hat der Justizminister das ganze Gerichtskostengesetz in der neuen Fassung am 6. 10. 99 bekannt gemacht (GS. S. 325 ff.). Deshalb sind hier die einzelnen in a. 30 aufgeführten Änderungen weggelassen.

3. G. betr. Pfandrecht an Eisenbahnen.

Art. 31. Im §. 25 des Gesetzes, betreffend das Pfandrecht an Privateisenbahnen und Kleinbahnen und die Zwangsvollstreckung in dieselben, vom 19. August 1895 (Gesetz-Samml. S. 499) treten an die Stelle des Abs. 3 Satz 2 folgende Vorschriften:

> Der Inhaber des Zinsscheins kann gegen Aushändigung des Scheines den Betrag in Empfang nehmen. Sein Recht erlischt mit dem Ablaufe von sechs Monaten nach dem Eintritte der Verjährung; der Hinterleger ist zur Zurücknahme berechtigt. Ein Aufgebot der Zinsscheine findet nicht statt.[1]

[1]) Aufgehoben. Jetzt gilt das Gesetz über die Bahneinheiten in der neuen Fassung, Einl. S. 22.

4. Ersatzvorschriften.

Art. 32. Soweit in Gesetzen auf Vorschriften verwiesen ist, welche durch dieses Gesetz außer Kraft gesetzt werden, treten an deren Stelle die entsprechenden neuen Vorschriften.[1])

[1]) EG. BGB. a. 4, GBO. § 82².

5. Aufhebung.

Art. 33. Die nachstehenden Vorschriften werden, soweit sie nicht schon in Folge Reichsgesetzes außer Kraft treten[1]) oder nach der zu erlassenden Königlichen Verordnung für die Anlegung der Grundbücher maßgebend bleiben,[2]) unbeschadet der Uebergangsvorschriften,[3]) aufgehoben:

1. die Grundbuchordnung vom 5. Mai 1872 (Gesetz-Samml. S. 446);[4])
2. das Gesetz über das Grundbuchwesen in dem Jadegebiete vom 23. März 1873 (Gesetz-Samml. S. 111);[5])
3. das Gesetz über das Grundbuchwesen und die Verpfändung von Seeschiffen in Neuvorpommern und Rügen vom 26. Mai 1873 (Gesetz-Samml. S. 229) mit Ausnahme des §. 26 und des §. 28 Nr. 4;[6])
4. das Gesetz über das Grundbuchwesen und die Verpfändung von Seeschiffen in der Provinz Schleswig-Holstein vom 27. Mai 1873 (Gesetz-Samml. S. 241);[7])
5. das Gesetz über das Grundbuchwesen in der Provinz Hannover ꝛc. vom 28. Mai 1873 (Gesetz-Samml. S. 253) mit Ausnahme des §. 8 und des §. 14 Abs. 1;[8])
6. das Gesetz über das Grundbuchwesen in dem Be-

zirke des Appellationsgerichts zu Cassel ꝛc. vom 29. Mai 1873 (Gesetz-Samml. S. 273) mit Ausnahme der §§. 45, 47;[9])

7. das Gesetz über das Grundbuchwesen in dem Bezirke des Justizsenats zu Ehrenbreitstein vom 30. Mai 1873 (Gesetz-Samml. S. 287) mit Ausnahme des §. 10;[10])

8. das Gesetz über das Grundbuchwesen in den Hohenzollernschen Landen vom 31. Mai 1873 (Gesetz-Samml. S. 301);[11])

9. das Gesetz, betreffend die Abänderungen der unter Nr. 2 und 7 genannten Gesetze, vom 3. Februar 1879 (Gesetz-Samml. S. 17);[12])

10. das Gesetz über das Grundbuchwesen und die Zwangsvollstreckung in das unbewegliche Vermögen im Geltungsbereich des Rheinischen Rechts vom 12. April 1888 (Gesetz-Samml. S. 52) mit Ausnahme des §. 1, soweit er sich auf das Gesetz, betreffend die Berichtigung des Grundsteuerkatasters und der Grundbücher bei Auseinandersetzungen vor Bestätigung des Rezesses, vom 26. Juni 1875 bezieht, sowie der §§. 29, 31, 76;[13])

11. das Gesetz, betreffend das Grundbuchwesen und die Zwangsvollstreckung in das unbewegliche Vermögen in dem Gebiet der vormals freien Stadt Frankfurt sowie den vormals Großherzoglich Hessischen und Landgräflich Hessischen Gebietstheilen der Provinz Hessen-Nassau, vom 19. August 1895 (Gesetz-Samml. S. 481) mit Ausnahme des §. 1, soweit er sich auf das Gesetz vom 26. Juni 1875 bezieht, sowie der §§. 4, 7, 8, des §. 21 Abs. 2, des §. 22, des §. 72 Abs. 2 und der §§. 74—76;[14])

12. das Gesetz über das Grundbuchwesen und die Zwangsvollstreckung in das unbewegliche Vermögen im Kreise Herzogthum Lauenburg vom 8. Juni 1896 (Gesetz-Samml. S. 109) mit Ausnahme des §. 1,

soweit er sich auf das Gesetz vom 26. Juni 1875 bezieht, des §. 59 Abs. 2 und des §. 61.[15])

Soweit die aufrecht erhaltenen Vorschriften noch nicht in Kraft getreten sind, treten sie gleichzeitig mit diesem Gesetz in Kraft.[16])

[1]) Pr. AG. BGB. a. 89.

[2]) Pr. V. a. 5 u. A. 3. [3]) GBO. § 83 A. 1.

[4]) Für den Übergang kommen §§ 16^1, 50 gemäß EG. BGB. a. 200 in Frage. Aufgehoben ist auch das G. v. 14. 3. 82.

[5]) Für den Übergang haben noch Bedeutung §§ 6, 28, 29. Vgl. EG. BGB. a. 231, 186^2, 189. Vgl. unten Nr. 9.

[6]) „§ 26. Die in den §§ 52, 74, 99 der Grundbuchordnung vom 5. 5. 72 den Lehns- und Fideikommißbehörden übertragenen Befugnisse werden von den Behörden, welche die Aufsicht über die Kuratel führen und in deren Ermangelung von dem Appellationsgericht in Greifswald ausgeübt.

§ 28 Nr. 4. Zur Beglaubigung von Unterschriften (§ 33 der Grundbuchordnung) sind befugt:

1) . . . . .

2) . . . . .

3) . . . . .

4) auf dem Lande solche zur Führung eines Amtssiegels befugte öffentliche Beamte, welche damit von dem Appellationsgericht zu Greifswald beauftragt worden sind."

Vgl. FG. § 191^2. — An die Stelle des Appellationsgerichts zu Greifswald ist das OLG. zu Stettin getreten. An die Stelle der pr. GBO. §§ 52, 74, 99, a. 16^1 dieses G. — Für die Übergangszeit vgl. namentlich §§ 11, 12, 14, 23, 24, 29—37.

[7]) Für die Übergangszeit kommen in Betracht §§ 34, 39.

[8]) „§ 8. Die bestehenden Rechtsnormen, nach welchen die Teilung eines Bauerhofes, die Veräußerung einzelner Teile desselben, die Vereinigung eines Bauerhofes mit

andern Grundstücken, ingleichen die Rechtsnormen, nach welchen die Veräußerung oder Teilung von Bürgergütern (auch geteilten Laischaftsgrundstücken in der Stadt Osnabrück) verboten oder an die Genehmigung einer Regiminal- oder Gerichtsbehörde gebunden sind, werden, soweit sie von dem sonst geltenden Rechte abweichen, aufgehoben und kann auf Grund derselben eine früher stattgehabte Veräußerung oder Übertragung fortan nicht angefochten werden.

Außerdem werden die für die sogenannten Höfekontrakte (Hofübertragungs-, Ehe-, Abfindungs-, Altenteils-, Interimswirtschafts-Kontrakte usw.) bestehenden besonderen Rechtsnormen, nach welchen dieselben zu ihrer Gültigkeit der Mitwirkung oder Genehmigung einer Behörde oder der öffentlichen Beurkundung bedürfen, aufgehoben, insbesondere tritt das Gesetz vom 17. 6. 57, die Zuständigkeit der Verwaltungsbehörden hinsichtlich der sogenannten Höfekontrakte betreffend, außer Kraft.

§ 14 Abs. 1. In dem Geltungsbereich des Allgemeinen Landrechts werden die in der Grundbuchordnung erwähnten Obliegenheiten in der Fideikommißbehörde von dem Gericht der belegenen Sache (§ 4) wahrgenommen."

Nach Maßgabe der Übergangsvorschriften haben Bedeutung §§ 13, 16, 53 Nr. 1.

[9]) „§ 45. Die nach Maßgabe der Kurhessischen Ablösungsgesetze — G. vom 3. 6. 32 §§ 15, 54 u. 55, G. vom 31. 3. 35 § 8, G. vom 2. 4. 35, G. vom 26. 8. 48 §§ 17 u. 20, Verordnung vom 20. 11. 49, G. vom 20. 6. 50 — zur Ablösung aufgehobener Grundzinsen, Zehnten, Dienste, Triftabgaben und anderer Grundlasten, sowie der aufgehobenen Lehns-, Meier- und sonstigen gutsherrlichen Verhältnisse und der an deren Stelle getretenen Ablösungs- und Entschädigungskapitalien aus der Landeskreditkasse erborgten Darlehne behalten auch ohne Eintragung in die Grundbücher ihre bisherigen gesetzlichen Pfand- und Vorzugsrechte an den ehemals pflichtigen Grundstücken, sollen jedoch, soweit sie in den General-, Währ-

schafts- und Hypotheken-, sowie sonstigen älteren gerichtlichen Büchern unter dem Titel des Eigentümers der pflichtigen Grundstücke eingetragen sind, auch in die zweite Abteilung des Grundbuchs übertragen werden.

§ 47. Soweit eine ganze Gemarkung oder mehrere vormals pflichtige Grundstücke für ein an die Stelle abgelöster Grundlasten getretenes Ablösungs- und Entschädigungskapital oder für ein zu dessen Abtragung erborgtes Darlehn ungeteilt haften, ist der Eigentümer jedes der mitverhafteten Grundstücke berechtigt, gegen Abtragung des auf dasselbe fallenden Anteils der Gesamtschuld dessen Freigabe aus dem Pfandverband zu beanspruchen."

Nach Maßgabe der Übergangsvorschriften behalten namentlich Bedeutung §§ 3^2, 14, 23, 42 (dazu AG. BGB. a. 33 § 3, AG. ZVG. a. 33), 43.

[10]) „§ 10. Wenn der Schuldner im Besitz der Schuldurkunde ist, dürfen Löschungen im Grundbuch auch auf Grund einer jeden Quittung und Löschungsbewilligung des Gläubigers erfolgen, dessen Unterschrift durch einen Bürgermeister oder Ortsvorsteher unter Beidrückung des Amtssiegels beglaubigt ist."

Vgl. pr. FG. a. 123. Für den Übergang § 13. Vgl. unten Nr. 9.

[11]) Für den Übergang bleibt von Bedeutung § 11.

[12]) Ersetzt durch a. 18 dieses G.

[13]) „§ 29. In den Landesteilen des linken Rheinufers findet der § 66 der Grundbuchordnung mit folgenden Maßgaben Anwendung:

Bei der Zerstückelung von Grundstücken, auf welchen feste Geldrenten haften, muß sich der Berechtigte eine Verteilung dieser Renten auf die Trennstücke nach Verhältnis des Werts derselben gefallen lassen. Er ist jedoch zu fordern berechtigt, daß diejenigen Rentenbeträge, welche nach der Verteilung jährlich weniger als 12 Mk. betragen, durch Kapitalzahlung seitens der Pflichtigen abgelöst werden. Die Ablösung erfolgt zum zwanzigfachen Betrage, soweit nicht ein anderer Ablösungssatz rechtsverbindlich festgesetzt ist.

§ 31. In den Fällen des G. v. 19. 5. 51, betr. das Verfahren in den nach der Gemeinheitsteilungsordnung zu behandelnden Teilungen und Ablösungen in den Landesteilen des linken Rheinufers (GS. S. 383) hat das Landgericht nach erfolgter Bestätigung des Teilungsplanes den Grundbuchrichter um Vornahme der erforderlichen Eintragungen zu ersuchen.

In den Fällen des § 1 Abs. 4 des G. betr. die Zusammenlegung der Grundstücke im Geltungsbereich des Rheinischen Rechts, vom 24. 5. 85 (GS. S. 156) hat die Auseinandersetzungsbehörde nach den für die Zusammenlegung der Grundstücke geltenden Vorschriften den Grundbuchrichter um Vornahme der erforderlichen Eintragungen zu ersuchen. Die Eintragungen erfolgen unter entsprechender Anwendung des § 77 der GBO.

§ 76. Gleichzeitig mit diesem Gesetz treten das Gesetz, betr. den erleichterten Abverkauf kleiner Grundstücke vom 3. 3. 50 (GS. S. 145) und die §§ 2—6 des G. betr. die Abänderung des G. v. 13. 4. 41 über den erleichterten Austausch einzelner Parzellen von Grundstücken, vom 27. 6. 60 (GS. S. 384) in Kraft. Hinsichtlich der Verwendung der festgesetzten Kaufgelder und Ausgleichungskapitalien nach Maßgabe dieser Gesetze finden die in den landrechtlichen Teilen der Rheinprovinz geltenden Vorschriften Anwendung."

§ 1 führt lediglich das G. v. 26. 6. 75 (GBO. § 39 A. 1) ein. An die Stelle der in §§ 29, 31 in Bezug genommenen pr. GBO. §§ 66, 77 treten pr. AG. BGB. a. 31 und a. 12 dieses G. Vgl. auch pr. AG. BGB. a. 24, 25, 33 § 4, 55 § 9, pr. AG. ZVG. a. 10, 35 ff. Nach Maßgabe der Übergangsvorschriften bleiben bzw. treten (A. 16) in Kraft insbesondere §§ 11^3, 23—28. Das G. vom 14. 7. 93 bleibt in Kraft. An die Stelle von a. III § 5a tritt pr. AG. BGB. a. 25 § 2.

[14]) „§ 4. Mit dem Tage des Inkrafttretens des gegenwärtigen Gesetzes (§ 77) wird in dem Geltungsgebiete desselben das Gesetz, betr. die Erleichterung der Abveräußerung einzelner Teile von Grundstücken in der Provinz Hannover vom 25. 3. 89 (GS. S. 65) mit der Maßgabe eingeführt, daß auf das Verfahren und das Kostenwesen ergänzend die allgemeinen Vorschriften, welche für Gemeinheitsteilungen gelten, entsprechende Anwendung finden.

Die Unschädlichkeitsatteste, welche bezüglich der in § 1 Nr. 3 des Gesetzes vom 25. 3. 89 bezeichneten Geschäfte ausgestellt werden, sind stempel- und gebührenfrei.

§ 7. Die Landgüterordnung für den Regierungsbezirk Cassel vom 1. 7. 87 (GS. S. 315) wird dahin abgeändert, daß für den Amtsgerichtsbezirk Vöhl an die Stelle des § 7 die §§ 5, 6 und an die Stelle des zweiten der erste Absatz des § 23 treten.

§ 8. Soweit in den Gebietsteilen, auf welche sich das gegenwärtige Gesetz bezieht, die Verordnung vom 2. 9. 67, betr. die Güterkonsolidation im Regierungsbezirk Wiesbaden (GS. S. 1462), Geltung hat, kommt die Vorschrift in § 25 Abs. 2 der Verordnung, betr. die Ablösung der Servituten usw. für das vormalige Kurfürstentum Hessen v. 13. 5. 67 (GS. S. 716), zur entsprechenden Anwendung.

§ 21 Abs. 2. In den vormals Großherzoglich Hessischen Gebietsteilen gilt das nach a. 6 Nr. 3 des Gesetzes die Familienfideikommisse betreffend, vom 13. 9. 58 (Reg.-Bl. S. 521) zuständige Amtsgericht als die Fideikommißbehörde.

§ 22. Wer in Gemäßheit des § 41 des Großherzoglich Hessischen Gesetzes, die landwirtschaftlichen Erbgüter betr., vom 11. 9. 58 Einsitzrechte oder Alimentationsreichnisse zu beanspruchen hat, kann die Eintragung dieser Rechte in die zweite Abteilung des Grundbuchs verlangen.

§ 76. In den vormals Großherzoglich Hessischen Gebietsteilen hat das Amtsgericht den Tag, an welchem mit dem Anlegungsverfahren für einen Bezirk begonnen werden soll, durch das Amtsblatt bekannt zu machen.

An diesem Tage sind die bei dem Ortsgerichte des Bezirks vorhandenen gerichtlichen Bücher an das Amtsgericht abzugeben, und es werden nunmehr die Geschäfte jener Ortsgerichte, insoweit als sie den Besitz der gerichtlichen Bücher zur Voraussetzung haben, durch einen von dem Oberlandesgerichtspräsidenten zum Vertreter der Ortsgerichte zu ernennenden Beamten des Amtsgerichts wahrgenommen.

Der Justizminister wird ermächtigt, den Wirkungskreis der Ortsgerichte und der vorgenannten Vertreter derselben zu regeln, auch die zur Staatskasse zu erhebenden Kosten, sowie die Gebühren der Ortsgerichte für die ihnen verbleibenden Geschäfte festzusetzen. Die Verfügung des Justizministers ist in der Gesetzsammlung zu veröffentlichen."

§ 1 führt lediglich das G. vom 26. 6. 75 (GBO. § 39 A. 1) ein. Die §§ 72² und 74 enthalten lediglich Kostenvorschriften. Vgl. a. 11, 15—19, 22, 24—26 d. G., pr. FG. a. 115, pr. AG. BGB a. 39 § 2. Für die Übergangszeit kommen in Betracht insbesondere §§ 9, 17, 52¹.

[15]) § 1 führt lediglich d. G. vom 26. 6. 75 (GBO. § 39 A. 1) ein. §§ 59² und 61 enthalten Kostenvorschriften.

[16]) Hat z. B. Bedeutung für die Bezirke des Rheinischen Rechts, in denen das G. vom 26. 6. 75 nicht mehr nach G. vom 12. 4. 88 § 3³ Geltung erlangt hat.

V. Inkrafttreten.

Art. 34. Dieses Gesetz tritt gleichzeitig mit der Grundbuchordnung in Kraft.[1])

Auf Bergwerke, die nach dem Inkrafttreten des Bürgerlichen Gesetzbuchs verliehen werden, finden die Vorschriften dieses Gesetzes sofort Anwendung.

[1]) Demgemäß gilt auch hier die in § 82¹ gemachte Unterscheidung. §§ 1, 2 8 treten also z. B. überall am

1. 1. 00 in Kraft. Eine Ausnahme in Abs. 2. — Vgl. § 61 d. Geschäftsanw. für die Gerichtsschreibereien der Amtsgerichte (a. 1 A. 1c).

Urkundlich unter Unserer Höchsteigenhändigen Unterschrift und beigedrucktem Königlichen Insiegel.

Gegeben Neufahrwasser, den 26. September 1899.

(L. S.) **Wilhelm.**

Fürst zu Hohenlohe. v. Miquel.
Thielen. Frhr. v. Hammerstein.
Schönstedt. Brefeld. v. Goßler.
Gr. v. Posadowsky. Gr. v. Bülow.
Tirpitz. Studt. Frhr. v. Rheinbaben.

III. Königliche Verordnung, betreffend das Grundbuchwesen.[1])

Vom 13. November 1899.

(GS. S. 519 ff.)

Wir Wilhelm, von Gottes Gnaden König von Preußen ꝛc. verordnen auf Grund des Artikel 186 des Einführungsgesetzes zum Bürgerlichen Gesetzbuch und der §§. 2, 86, 87, 90, 91 der Grundbuchordnung, was folgt:

[1]) Gilt nicht in den Schutzgebieten, SchutzgV. § 2[1]. Die Anlegung neuer GB.-Blätter daselbst ordnen SchutzgV. §§ 7—17. — Entsprechende Anwendung auf Bahn GB. BahnG. § 9.

1. Nicht buchungspflichtige Grundstücke.

Art. 1. Die Grundstücke des Reichs, die Domänen und die sonstigen Grundstücke des Staates, die Grundstücke der Gemeinden und anderer Kommunalverbände,[1]) der Kirchen, Klöster und Schulen, die öffentlichen Wege und Gewässer sowie die Grundstücke, welche einem dem öffentlichen Verkehre dienenden Bahnunternehmen gewidmet sind, erhalten ein Grundbuchblatt nur auf Antrag des Eigenthümers oder eines Berechtigten.[2])

[1]) Die organisierte Gesamtheit von Rentengutsübernehmern gehört nicht dazu, EK. 24[228].

²) Die Vorschrift ergänzt GBO. § 90¹ S. 1 Vgl. GBO. § 20 A. 1. Für andere, als die hier genannten juristischen Personen besteht also in Pr. die Buchungspflicht, ebenso für die in § 90¹ S. 2 bezeichneten Grundstücke. Über Beseitigung des bereits angelegten GBBl. GBO. § 90², pr. Allg. Vf. § 8⁵. — Nach Stellung des Antrags muß die Eintragung im weiteren von Amts wegen betrieben werden, EK. 30¹⁷⁴.

2. Grundstücksverzeichnisse.

Art. 2. Als amtliche Verzeichnisse der Grundstücke im Sinne des §. 2 Abs. 2 der Grundbuchordnung dienen die Grund- und Gebäudesteuerbücher.¹)

¹) § 3 Allg. Vf. — G. vom 21. 5. 61, V. vom 12. 12. 64, G. vom 8. 2. 67, V. vom 28. 4. 67, V. vom 24. 6. 67, G. vom 11. 2. 70, d. G. vom 23. 3. 73 § 5, G. vom 26. 6. 75.

3. Bereits angelegte und fortzuführende Grundbücher.

Art. 3. Für die aus der Anlage ersichtlichen Grundbuchbezirke und zur Anlegung des Grundbuchs gebildeten Theile von Grundbuchbezirken (Anlegungsbezirke)¹) ist das Grundbuch mit dem Inkrafttreten des Bürgerlichen Gesetzbuchs als angelegt anzusehen;²) die bisher geführten Bücher gelten als Grundbücher im Sinne der Reichsgesetze.³)

¹) Weitere Erstreckung in a. 4. — Die Anlage ist nicht mehr mit abgedruckt. — Den heutigen Stand der Grundbuchanlage ergibt die Übersicht S. 168.

²) Die Bestimmung fußt auf EG. BGB. a. 186¹. Sie hat insbesondere Bedeutung für das Inkrafttreten der GBO. (GBO. § 82¹), ferner gemäß EG. BGB. a. 186², 187—195.

[3]) Ausführung von GBO. § 87, infolge deren GBO. §§ 88, 89 auf die bisher geführten Bücher Anwendung finden. — Pr. Allg. Vf. §§ 27, 28.

Art. 4. In den Landestheilen, in welchen die Grundbuchordnung vom 5. Mai 1872 (Gesetz-Samml. S. 446) durch besondere Gesetze eingeführt ist,[1]) finden die Vorschriften des Artikel 3 auch auf diejenigen in der Anlage nicht aufgeführten Grundbuchbezirke und Anlegungsbezirke Anwendung, in Ansehung deren vor dem Inkrafttreten des Bürgerlichen Gesetzbuchs durch das Amtsblatt bekannt gemacht ist, daß das Grundbuch als angelegt anzusehen sei. Ausgenommen sind jedoch die zu dem Bezirke gehörenden Grundstücke, die ein Grundbuchblatt von Amtswegen erhalten müssen, aber noch nicht erhalten haben; diese Grundstücke sind in der Bekanntmachung zu bezeichnen.

Die Bekanntmachung erfolgt nach der Anweisung des Justizministers.[2])

[1]) Anm. * zu Einl. S. 11.

[2]) Allg. Vf. vom 18. 11. 99 zur Ausführung der a. 4, 14 und 36 der V., betr. das Grundbuchwesen, vom 13. 11. 99.

Zur Ausführung der a. 4, 14 und 36 der V., betr. das Grundbuchwesen, vom 13. 11. 99 (GS. S. 519) bestimme ich folgendes:

1. Für diejenigen Grundbuchbezirke und Anlegungsbezirke, für welche das Grundbuch nicht nach a. 3 der V. vom 13. d. M. mit dem Inkrafttreten des BGB. als angelegt anzusehen ist, erfolgt die in den a. 4, 14 der V. vorgesehene Bekanntmachung

durch das Amtsblatt nach den unter Nr. 2 bis 5 gegebenen Vorschriften.

2. Ist für einen Bezirk die Anlegung des Grundbuchs nach den bisherigen Gesetzen so weit vollendet, daß von den Grundstücken, die ein Grundbuchblatt von Amts wegen erhalten müssen (a. 1 der V.), nur einzelne weder ein Grundbuchblatt erhalten haben noch in einen Artikel aufgenommen sind, so hat das Amtsgericht die Bekanntmachung dahin zu erlassen, daß für den Bezirk mit Ausnahme der zu bezeichnenden einzelnen Grundstücke das Grundbuch im Sinne der Reichsgesetze mit dem Beginne des 1. 1. 00 als angelegt anzusehen ist.

Die Anlegung der noch fehlenden Grundbuchblätter oder Artikel ist, soweit tunlich noch vor dem Erlasse der Bekanntmachung zu bewirken.

Die in der Bekannntmachung auszunehmenden Grundstücke sind deutlich, in der Regel mit den Kartenblatt- (Flur-) und Parzellennummern und nach der Reihenfolge dieser Nummern, zu bezeichnen. Bei Grundstücken, die aus einer größeren Anzahl von Katasterparzellen bestehen, sowie bei ungeteilten oder in der Teilung begriffenen Gemeinheiten genügt die Angabe der Artikelnummer der Grundsteuermutterrolle.

3. Die Bekanntmachung ist für alle in Betracht kommenden Grundbuchbezirke und Anlegungsbezirke, die zu demselben Regierungsbezirke gehören, einheitlich spätestens durch eine am 16. Dezember d. J. zur Ausgabe gelangende Nummer des Amtsblatts zu bewirken.

Das Amtsgericht hat die ordnungsmäßige Ausführung der Bekanntmachung nachzuprüfen.

Die in den bisherigen Gesetzen vorgeschriebene Bekanntmachung der Anlegung des Grundbuchs unterbleibt, wenn sie nicht spätestens durch eine am

16. Dezember d. J. zur Ausgabe gelangende Nummer des Amtsblatts bewirkt werden kann.

4. Nach dem Erlasse der Bekanntmachung hat das Amtsgericht unverzüglich dem Landgerichtspräsidenten ein Verzeichnis der in der Bekanntmachung genannten Bezirke einzureichen, in welchem die die Bekanntmachung enthaltende Nummer des Amtsblatts anzugeben ist.

5. a. 14 A. 1.

6. a. 36 A. 1.

Über spätere Bekanntmachungen a. 36.

4. Anlegung von Grundbüchern.

Art. 5. Für die übrigen Bezirke der im Art. 4 bezeichneten Landestheile[1]) bestimmt sich das Verfahren zur Anlegung der Grundbücher[2]) nach den für die einzelnen Landestheile erlassenen bisherigen Vorschriften,[3]) soweit nicht in den Artikeln 6 bis 14 Aenderungen vorgesehen sind.[4])

[1]) Für Nassau und Helgoland a. 35. Für den ursprünglichen Geltungsbereich der pr. GBO. a. 16 A. 1. Ob das GB. bereits als angelegt anzusehen ist, ergibt sich aus dem Verzeichnis zu a. 3 und den Bekanntmachungen nach a. 4.

[2]) EG. BGB. a. 186^1.

[3]) Für Hann.: G. vom 28. 5. 73 §§ 24—55, 57 abgeändert in §§ 32, 35 durch G. vom 29. 1. 79, Allg. Vf. vom 24. 11. 73, 1. 10. 77, 3. 3. 83; für Jadeg. G. vom 23. 3. 74 §§ 9—29; Schl.-H. G. vom 27. 5. 73 §§ 4—28, 40, 41, 52 (durch G. vom 31. 1. 79 a. I, II, IV sind §§ 11, 12, 14 aufgehoben und ist § 28a eingeschoben); für Lauenburg G. vom 8. 6. 96 §§ 20—51; Kassel G. vom 29. 5. 73 §§ 21—42, 49 (von denen §§ 31—39, zum Teil auch §§ 25, 27 aufgehoben sind); ferner G. vom

28. 5. 85; §§ 1—49, 54, 55; Frankf. G. vom 19. 8. 95 §§ 3, 29—71, Allg. Vf. vom 8. 11. 95; NVP. G. vom 21. 3. 68 §§ 141—158 und G. vom 26. 5. 73 §§ 29—37, 50, Instr. vom 9. 6. 66; Ehr. G. vom 30. 5. 73 §§ 14—43; f. Hz. G. vom 31. 5. 73 §§ 14—20; für den Geltungsbereich des Rhein.-fr. R. G. vom 12. 4. 88 §§ 3, 42—69, 71 mit G. vom 14. 7. 93 a. I—III, Allg. Vf. vom 21. 11. 88, 11. 5. 89, 1. 5. 90, 28. 8. 93, 4. 10. 93.

[4]) a. 15.

Art. 6. Soweit in den bisherigen Gesetzen auf die Bestimmungen der durch sie eingeführten Gesetze über das Grundbuchwesen verwiesen ist, treten an deren Stelle die entsprechenden Vorschriften des Bürgerlichen Gesetzbuchs, des zugehörigen Einführungsgesetzes und der Grundbuchordnung sowie die entsprechenden zur Ausführung und Ergänzung dieser Gesetze erlassenen Vorschriften.[1])

[1]) EG. BGB. a. 4.

Art. 7. Wer die ihm obliegende Anmeldung versäumt, verliert nach Maßgabe der bisherigen Gesetze sein Vorzugsrecht vor anderen Berechtigten. Im Uebrigen erleidet er den Rechtsnachtheil, daß das Grundbuch ohne Rücksicht auf sein Recht angelegt wird.

Der Wiederholung einer vor der Verkündigung dieser Verordnung erfolgten Bekanntmachung der Ausschlußfrist bedarf es nicht.

Art. 8. In den Fällen, in denen nach den bisherigen Gesetzen eine Vormerkung einzutragen ist, wird ein Widerspruch[1]) eingetragen.

[1]) BGB. §§ 899 ff.

Art. 9. Soweit nach den Vorschriften des Bürgerlichen Gesetzbuchs und der Grundbuchordnung im Grundbuch auf die Eintragsbewilligung Bezug genommen werden kann,[1]) kann bei der Anlegung des Grundbuchs auf die der Eintragung zu Grunde liegende Urkunde Bezug genommen werden.[2])

[1]) BGB. §§ 874, 877, 885², 1115¹, GBO. § 50.
[2]) GBO. §§ 9, 11, 57.

Art. 10. Ist nach den bisherigen Gesetzen auf Grund einer Anmeldung weder das angemeldete Recht noch eine Vormerkung einzutragen, so hat der Anmeldende dem Grundbuchamt[1]) innerhalb einer von diesem zu bestimmenden Frist die Erhebung der Klage zur Feststellung seines Rechtes nachzuweisen, widrigenfalls das Recht bei der Anlegung des Grundbuchs nicht berücksichtigt wird.

Ist bei der Anlegung des Grundbuchblatts die Frist noch nicht abgelaufen oder im Falle rechtzeitigen Nachweises der Klageerhebung der Rechtsstreit noch anhängig, so ist zu Gunsten des Anmeldenden ein Widerspruch[2]) einzutragen. Der Widerspruch wird auf Antrag gelöscht, wenn die Klage nicht rechtzeitig erhoben oder zurückgenommen oder rechtskräftig zurückgewiesen wird;[3]) die Kosten der Löschung hat der Anmeldende zu tragen.

Die Vorschriften der Abs. 1, 2 finden entsprechende

Anwendung, wenn ein angemeldetes Recht nicht in vollem Umfange nach Maßgabe der Anmeldung eingetragen wird.

[1]) Art. 34. [2]) §§ 899 ff. BGB.

[3]) Vgl. § 25 GBO.

Art. 11. Soweit zur Eintragung des Eigenthümers nach den bisherigen Gesetzen die Bescheinigung oder Glaubhaftmachung des Eigenthumsbesitzes genügt, muß bei juristischen Personen der Eigenbesitz[1]) durch Zeugnisse staatlicher Behörden[2]) oder rechtskräftige Entscheidungen nachgewiesen werden. Dies gilt auch dann, wenn die Eintragung auf Grund der Ersitzung erfolgen soll.

Die Vorschriften des Abs. 1 finden insoweit keine Anwendung, als vor der Verkündigung dieser Verordnung der Beginn der Ausschlußfrist schon bestimmt ist.

[1]) BGB. § 872.

[2]) Polizeiverwaltungen pr. Stadtgemeinden, EK. 21 [290], nicht aber der Magistrat, EK. 24 [227], pr. Amtsvorsteher, EK. 30 [171]. Die Zeugnisse kann das GBA. beanstanden, wenn sie selbst, oder dem GBA. bekannte Tatsachen Bedenken gegen die Richtigkeit erregen, EK. 27 [238]. Vgl. a. 20.

Art. 12. Das Grundbuchblatt wird auch dann angelegt, wenn nach den bisherigen Gesetzen wegen eines Streites um das Eigenthum oder ein das Eigenthum beschränkendes Recht die Anlegung zu unterbleiben hat. In diesem Falle ist nach dem Ermessen des Grundbuchamts einer der streitenden Theile als Eigenthümer und zugleich zu Gunsten des oder der Gegner ein Widerspruch[1]) einzutragen; ebenso bestimmt sich nach dem Ermessen des Grundbuchamts, ob die Eigenthumsbeschränkung unter gleichzeitiger Aufnahme eines Widerspruchs oder nur ein Widerspruch wegen der Eigenthumsbeschränkung einzutragen ist.

[1]) BGB. §§ 899 ff.

Art. 13. Wird für eine in das Grundbuch aufzunehmende Hypothek die Ertheilung eines Hypothekenbriefs nicht beantragt, so ist im Grundbuche zu vermerken, daß die Ertheilung des Hypothekenbriefs ausgeschlossen ist.[1])

[1]) BGB. § 1116.

Art. 14. Ist die Anlegung des Grundbuchs für einen Grundbuchbezirk oder einen Anlegungsbezirk im Wesentlichen vollendet, so wird dies nach Anweisung des Justizministers[1]) im Amtsblatte bekannt gemacht.

Mit dem Beginne des elften Tages nach der Ausgabe des Amtsblatts ist das Grundbuch für den Bezirk als angelegt anzusehen.[2]) Ausgenommen sind jedoch die zu dem Bezirke gehörenden Grundstücke, die ein Grundbuchblatt von Amtswegen erhalten müssen, aber noch nicht erhalten haben; diese Grundstücke sind in der Bekanntmachung zu bezeichnen.[3])

Eine Bekanntmachung der erfolgten Anlegung von Grundbuchblättern und Artikeln nach Maßgabe der bisherigen Gesetze findet nicht mehr statt.

[1]) Allg. Vf. vom 18. 11. 99 Nr. 5:

Die im Art. 14 der Verordnung vom 13. 11. 99 vorgesehene Bekanntmachung ist, sobald die Anlegung des Grundbuchs für einen Grundbuchbezirk oder einen Anlegungsbezirk im wesentlichen vollendet ist, von dem Grundbuchamte dahin zu erlassen, daß für den Bezirk das Grundbuch mit dem Beginne des elften Tages nach der Ausgabe des Amtsblatts als angelegt anzusehen ist; gegebenenfalls sind die nach Art. 14² S. 2 der Verordnung ausgenommenen Grundstücke besonders zu bezeichnen. Die Vorschriften unter Nr. 2³ und Nr. 3² finden Anwendung.

Betrifft die Bekanntmachung den letzten Anlegungsbezirk eines Grundbuchbezirkes, so ist dies in der Bekanntmachung anzugeben.

[2]) a. 3 A. 2. [3]) GBO. § 91, a. 15.

5. Nachträgliche Anlegung von Grundbuchblättern.

a) Außerhalb des ursprünglichen Geltungsbereichs der pr. GBO.

Art. 15. Auf das Verfahren zum Zwecke der Eintragung von Grundstücken, die bei der Anlegung des Grundbuchs ein Blatt nicht erhalten haben,[1]) finden in den im Artikel 4 bezeichneten Landestheilen, mit Ausnahme der im Artikel 16 Abs. 2 genannten Bezirke, die Vorschriften der Artikel 5 bis 13 entsprechende Anwendung. Eine öffentliche Bekanntmachung des Beginns des Verfahrens oder der erfolgten Anlegung des Blattes sowie die wiederholte Bestimmung einer Ausschlußfrist findet nicht statt.

Nach dem Ablaufe von zwei Jahren seit der Zeit, zu welcher das Grundbuch für den Bezirk als angelegt anzusehen ist, gilt, unbeschadet der Vorschriften des Abs. 1, die Anlegung für die dort bezeichneten Grundstücke auch dann als erfolgt,[2]) wenn sie ein Blatt noch nicht erhalten haben.

[1]) EG. BGB. a. 186[2], GBO. § 91.

[2]) a. 3 A. 2.

b) Innerhalb des ursprünglichen Geltungsbereichs.

Art. 16. Ergiebt sich im ursprünglichen Geltungsbereiche[1]) der Grundbuchordnung vom 5. Mai 1872, daß ein Grundstück[2]) ein Grundbuchblatt noch nicht erhalten hat, so erfolgt die Anlegung des Blattes von Amtswegen, soweit nicht nach Artikel 1 ein Antrag erforderlich ist;[3]) für die Anlegung sind die Vorschriften der Artikel 17 bis 33 maßgebend.

Das Gleiche gilt für Ostfriesland und Harlingerland, für die Niedergrafschaft Lingen und für die ehemals Münsterschen Ortschaften der Provinz Hannover.[4])

[1]) Anm. * Einl. S. 10. Hier ist überall das GB. als angelegt anzusehen.

[2]) Für Bergwerke a. 33.

[3]) EG. BGB. a. 186[2], GBO. § 91. — Für die im Auseinandersetzungsverfahren vor dem 1. 1. 00 gemeinschaftlich verbliebenen Grundstücke, die grundsätzlich Privateigentum der Gemeinschaft der Interessenten sind (GBO. § 48), wird GBBl. von Amts wegen angelegt. Die Rechte der Eigentümer der Hauptgrundstücke werden in Abt. II des Bestandsverzeichnisses vermerkt, EK. 29[123].

[4]) Die in Abs. 2 genannten Teile von Hann. (a. 5 A. 3) gehören nicht zu dem ursprünglichen Geltungsbereiche der GBO., wohl aber zum Gebiet des pr. Allg. Landrechts. Auch ist in ihnen überall das GB. als angelegt anzusehen.

Art. 17. Das Grundbuchamt hat die Katasterbehörde um Ertheilung eines beglaubigten Auszugs aus dem Steuerbuche[1]) zu ersuchen.

[1]) a. 2.

Art. 18. Ueber Besitz und Eigenthum sind zu vernehmen:

1. der im Steuerbuch eingetragene Besitzer oder dessen Erben,
2. diejenigen, welche von den unter 1 Genannten als Eigenthümer bezeichnet werden oder für deren Eigenthum sich Anzeichen ergeben.

Ist der Aufenthalt einer dieser Personen unbekannt oder außerhalb des Deutschen Reichs, so kann deren Vernehmung unterbleiben. Ein dem Grundbuchamte bekannter Vertreter ist zu vernehmen.

Das Grundbuchamt kann von der Vernehmung einzelner Miteigenthümer Abstand nehmen, wenn es die von den übrigen abgegebenen Erklärungen für zutreffend und genügend hält. Den nicht vernommenen Miteigenthümern ist mitzutheilen, welche Eintragungen auf Grund der Erklärungen der anderen Miteigenthümer in Aussicht genommen sind.

Art. 19. Wer das Eigenthum in Anspruch nimmt, hat auf Verlangen des Grundbuchamts seinen unmittelbaren Rechtsvorgänger zu nennen, den Rechtsgrund anzugeben, vermöge dessen er das Eigenthum erworben hat, und die sich darauf beziehenden Urkunden vorzulegen sowie andere Beweise anzuzeigen.

Art. 20. Als Eigenthümer ist in das Grundbuch einzutragen:

1. wer das Grundstück in einer gerichtlichen Zwangsversteigerung erstanden hat;
2. wer das Grundstück im Eigenbesitze[1]) hat und entweder
   a) durch Urkunden, Verfügungen oder Bescheinigungen öffentlicher Behörden[2]) oder durch Zeugen glaubhaft macht, daß er allein oder unter Hinzurechnung der Besitzzeit seines Rechtsvorgängers das Grundstück schon vor dem Inkrafttreten des Bürgerlichen Gesetzbuchs[3]) seit vierundvierzig Jahren oder auf Grund eines nach dem Allgemeinen Landrecht Theil I Titel 9 §. 579 zur Erlangung des Eigenthums geeigneten, wenngleich dem Inhalt oder der Form nach ungültigen Titels seit zehn Jahren im Eigenbesitze gehabt hat, oder
   b) nachweist, daß er vor dem Inkrafttreten des Bürgerlichen Gesetzbuchs[3]) den Eigenbesitz des Grundstücks auf Grund eines zum Erwerbe des Eigenthums nach den Vorschriften des Allgemeinen Landrechts an sich geeigneten, dem Inhalt und der Form nach gültigen Titels erlangt hat, und außerdem

      entweder darthut, daß schon sein unmittelbarer Vorbesitzer einen zum Erwerbe des Eigenthums nach den damals geltenden Gesetzen an sich geeigneten Titel für sich gehabt hat,

oder durch Urkunden, Zeugen oder Bescheinigungen öffentlicher Behörden glaubhaft macht, daß er und sein Vorbesitzer das Grundstück vor dem Inkrafttreten des Bürgerlichen Gesetzbuchs schon im Ganzen zehn Jahre lang besessen haben;

die Vorschriften des Artikel 11 Abs. 1 finden entsprechende Anwendung;

3. wer nach Maßgabe der Artikel 21 bis 27 ein Ausschlußurtheil erwirkt hat.[4])

[1]) BGB. § 872. [2]) a. 11 A. 2.

[3]) Wer von dem, in dessen Person der vorausgesetzte Eigentumserwerb vor dem 1. 1. 00 vollendet war, später erworben hat, muß außerdem seinen Erwerb nachweisen, EK. 29[119].

[4]) Pr. AG. ZPO. § 10.

Art. 21. Personen, die, ohne sich im Besitze des Grundstücks zu befinden, das Eigenthum für sich in Anspruch nehmen, können im Wege des Aufgebotsverfahrens[1]) mit ihrem Rechte ausgeschlossen werden.

[1]) Maßgebend sind außer a. 22 und 27 AG. ZPO. § 10 ZPO. §§ 946 ff.

Art. 22. Zuständig ist das Gericht, in dessen Bezirke das Grundstück belegen ist.[1])

[1]) ZPO. § 24.

Art. 23. Antragsberechtigt ist der Eigenbesitzer[1]) des Grundstücks.

[1]) BGB. § 872.

Art. 24. Der Antragsteller hat zur Begründung des Antrags:

1. entweder eine Bescheinigung der Ortsbehörde darüber beizubringen, daß er das Grundstück im Eigenbesitze hat, oder den Erwerb des Grundstücks durch eine öffentliche Urkunde zu bescheinigen;
2. einen beglaubigten Auszug aus dem Steuerbuch[1]) über das Grundstück beizufügen;
3. ein Verzeichniß der ihm bekannten Personen, die das Eigenthum an dem Grundstücke für sich in Anspruch nehmen, mit Angabe ihres Wohnorts vorzulegen und zu versichern, daß ihm andere Personen der bezeichneten Art nicht bekannt sind.

[1]) a. 2.

Art. 25. In das Aufgebot ist aufzunehmen:

1. die Bezeichnung der Lage, der Beschaffenheit und der Größe des Grundstücks nach dem Steuerbuche;
2. die Aufforderung an die Personen, welche das Eigenthum in Anspruch nehmen, ihr Recht spätestens im Aufgebotstermin anzumelden, widrigenfalls ihre Ausschließung erfolgen werde.

Art. 26. Das Aufgebot soll den vom Antragsteller angezeigten Personen, deren Wohnort bekannt ist, von Amtswegen mitgetheilt werden.

Art. 27. In dem Ausschlußurtheile sind die Rechte der vom Antragsteller angezeigten Personen vorzubehalten, auch wenn sie nicht angemeldet sind.

Art. 28. Die Anlegung des Grundbuchblatts erfolgt, unbeschadet der Vorschriften des Artikel 29 Abs. 2, wenn der nach Artikel 20 zur Eintragung des Eigenthums erforderliche Nachweis geführt ist.

Im Falle des Artikel 20 Nr. 3 hat das Grundbuchamt, wenn in dem Ausschlußurtheil ein Recht vorbehalten ist, demjenigen, zu dessen Gunsten der Vorbehalt gemacht ist, eine Frist zu bestimmen. Die Anlegung des Blattes erfolgt nach dem Ablaufe der Frist ohne Rücksicht auf das Recht, wenn derjenige, welchem die Frist bestimmt ist, nicht vorher eine einstweilige Verfügung beibringt, durch welche die Eintragung eines Widerspruchs zu seinen Gunsten angeordnet wird.

Eine Bekanntmachung der Anlegung des Blattes findet nicht statt.

Art. 29. Außer dem Falle des Artikel 28 Abs. 2 werden Rechte an dem Grundstücke bei der Anlegung des Grundbuchblatts nur berücksichtigt, wenn sie bei dem Grundbuchamt angemeldet sind. Zur Eintragung eines Rechtes ist erforderlich, daß es sich auf eine von dem Eigenthümer ausgestellte öffentliche Urkunde gründet oder von dem Eigenthümer anerkannt wird.

Der Eigenthümer ist über die Anerkennung zu vernehmen. Bestreitet er das angemeldete Recht, so hat das Grundbuchamt dem Anmeldenden eine Frist zu bestimmen. Nach dem Ablaufe der Frist erfolgt die Anlegung des Blattes ohne Rücksicht auf das Recht, wenn der Anmeldende nicht vorher eine einstweilige Verfügung beibringt, durch welche die Eintragung eines Widerspruchs zu seinen Gunsten angeordnet wird.

Art. 30. Für die Rangordnung der in das Grundbuch aufzunehmenden Rechte bleiben soweit sie durch besondere für einzelne Landestheile erlassene Gesetze bestimmt ist, diese Gesetze maßgebend. Im Uebrigen regelt sich die Rangordnung nach den zur Zeit der Entstehung der Rechte geltenden Gesetzen und, wenn sie hiernach nicht bestimmt werden kann, nach der Zeitfolge der Anmeldungen.

Art. 31. Das Grundbuchamt kann Zeugen laden und eidlich oder eidesstattlich vernehmen.[1])

[1]) FG. § 15, pr. AG. a. 1 A. 1b.

Art. 32. Das Grundbuchamt kann die Befolgung einer Ladung sowie die Erfüllung jeder dem Geladenen auferlegten Verpflichtung durch Geldstrafen bis zum Gesammtbetrage von einhundertfünfzig Mark erzwingen, auch die im Artikel 20 bezeichneten Nachweisungen auf Kosten der Säumigen beschaffen.[1])

[1]) Pr. AG. a. 1 A. 1b.

Art. 33. Die für das Bergrecht erlassenen besonderen Bestimmungen[1]) bleiben unberührt.[2])

[1]) Instr. v. 21. 9. 32 (Kamptz, Jahrb. 40 S. 226), V. v. 28. 2. 45 (GS. S. 100), Instr. vom 21. 3. 45 (JMBl. S. 78).

[2]) Die Bestimmung bezieht sich nur auf die Anlegung von Grundbuchblättern im ursprünglichen Geltungsbereich der pr. GBO. — a. 16[1].

6. Zuständiges Grundbuchamt.

Art. 34. Für die nach dieser Verordnung dem Grundbuchamt obliegenden Verrichtungen ist bis zum Inkrafttreten des Bürgerlichen Gesetzbuchs das Amtsgericht zuständig, welches nach der bezeichneten Zeit als Grundbuchamt zuständig sein wird.[1])

[1]) Pr. AG. a. 1—3.

7. Nassau und Helgoland.

Art. 35. Die Anlegung der Grundbücher für das Gebiet des vormaligen Herzogthums Nassau und die Insel Helgoland wird durch besondere Verordnung geregelt.[1])

[1]) Einl. S. 11, 21.

8. Spätere Bekanntmachungen.

Art. 36. Solange nicht für alle Grundbuchbezirke der Monarchie das Grundbuch als angelegt anzusehen ist, hat der Justizminister alljährlich im Monat Januar die Bezirke, für die während des vorhergehenden Kalenderjahrs die Anlegung erfolgt ist, in der Gesetz-Sammlung bekannt zu machen.[1])

In gleicher Weise sind die Bezirke bekannt zu machen, für welche das Grundbuch auch in Ansehung der von der Anlegung ursprünglich ausgenommenen Grundstücke nach Artikel 15 Abs. 2 als angelegt gilt.[2])

[1]) Allg. Vf. vom 18. 11. 99 Nr. 6:

Solange nicht für alle zu dem Bezirk eines Grundbuchamts gehörenden Grundbuchbezirke und Anlegungsbezirke das Grundbuch als angelegt anzusehen ist, hat das Grundbuchamt alljährlich bis zum 15. Dezember dem Landgerichtspräsidenten ein Verzeichnis der Bezirke einzureichen, für die während des Kalenderjahrs die Anlegung des Grundbuchs bekannt gemacht worden ist; in dem Verzeichnis ist die Nummer des Amtsblatts anzugeben, durch welches die Bekanntmachung erfolgt ist.

Eine nachträglich bis zum Schlusse des Jahres bewirkte Bekanntmachung ist dem Landgerichtspräsidenten unverzüglich anzuzeigen. — Vgl. Bek. vom 25. 1. 00 (GS. S. 19) mit Nachtrag vom 8. 3. 00 (GS. S. 48), vom 26. 1. 01 (GS. S. 13), vom 17. 1. 02 (GS. S. 5), vom 14. 1. 03 (GS. S. 3), vom 18. 1. 04 (GS. S. 5), vom 17. 1. 05 (GS. S. 9), vom 22. 1. 06 (GS. S. 4).

[2]) Vgl. die A. 1 aufgeführten Bekanntmachungen von 1902 ab.

9. Grundbuchblatt für Familienfideikommisse.

Art. 37. Die Vorschrift des §. 4 der Grundbuchordnung findet auf mehrere zu einem Familienfideikommisse gehörende Grundstücke auch[1]) dann Anwendung, wenn sie in den Bezirken verschiedener Grundbuchämter belegen sind. Das zuständige Grundbuchamt ist nach §. 20 des Ausführungsgesetzes zum Gerichtsverfassungsgesetze zu bestimmen.[2])

[1]) GBO. § 86. — Pr. Allg. Vf. § 1[2].
[2]) Pr. AG. a. 2.

Urkundlich unter Unserer Höchsteigenhändigen Unterschrift und beigedrucktem Königlichen Insiegel.

Gegeben Berlin im Schloß, den 13. November 1899.

(L. S.) **Wilhelm.**

Fürst zu Hohenlohe. v. Miquel. Thielen. Frhr. v. Hammerstein. Schönstedt. Brefeld. v. Goßler. Gr. v. Posadowsky. Gr. v. Bülow. Tirpitz. Studt. Frhr. v. Rheinbaben.

Übersicht

der preußischen Grundbuchbezirke, in denen am 1. Januar 1906 das Grundbuch noch **nicht** als angelegt anzusehen ist.*)

I. O. **Kassel**. L. Marburg. A. Biedenkopf: B. Biedenkopf, Breidenbach, Gladenbach bei Breidenbach, Gönnern, Obereisenhausen, Steinperf; Wallau, A. Gladenbach: B. Endbach, Frankenbach, Günterod, Hartenrod, Königsberg, Niederweidbach, Oberweidbach; A. Vöhl: B. Schnittlochheim.

II. O. **Celle**: L. Göttingen: A. Herzberg: B. Hattorf; A. Osterode: B. Schwiegershausen.

L. Osnabrück: A. Meppen: B. Wesuwe.

III. O. **Cöln**: L. Aachen: A. Düren: B. Disternich Gladbach, Golzheim, Jakobwüllesheim, Kelz, Lüxheim, Soller

L. **Coblenz**: A. Adenau: B. Borler, Dorsel, Gelenberg, Müllenbach (Ortslage), Nohn, Welcherath; A. Cochem: B. Ulmen; A. Mayen: B. Boos; A. Sinzig: B. Bodendorf.

L. Cöln: A. Bergheim: B. Niederembt.

L. Trier: A. Bitburg: B. Holsthum; A. Daun: B. Bernhausen, Boxberg, Neichen, Sarmersbach; A. Hillesheim: B. Hillesheim; A. Neumagen: B. Deußelbach; A. Prüm: B. Schönecken, Schüller, Wetteldorf; A. Rhaunen: B. Hausen, Oberkirn.

IV. O. **Frankfurt**: L. Frankfurt: A. Frankfurt: Mainbezirk; A. Homburg v. d. H.: B. Gonzenheim.

Außerdem ist das Grundbuch noch nicht angelegt in zahlreichen Anlegungsbezirken der Landgerichtsbezirke Limburg, Neuwied und Wiesbaden. Da sich hier der Bestand täglich ändert, so wird von der Mitteilung im Einzelnen abgesehen.

---

*) Der Ausschluß einzelner Grundstücke oder Bergwerke ist nicht berücksichtigt. Abkürzungen: A. = Amtsgerichtsbezirk, B. = Bezirk, L. = Landgerichtsbezirk, O. = Oberlandesgerichtsbezirk.

IV. Allgemeine Verfügung vom 20. November 1899 zur Ausführung der Grundbuchordnung.

(JMBl. S. 349 ff.)

Auf Grund des §. 1 Abs. 2 und der §§. 93 bis 97 der Grundbuchordnung sowie des Artikel 29 des Ausführungsgesetzes vom 26. September 1899 (Gesetz-Samml. S. 307)[1]) wird Folgendes angeordnet:

[1]) AG. a. 29 A. 2. Diese Vf. hat den Charakter einer Rechtsverordnung, auf deren Befolgung auch die Beteiligten ein durch Beschwerde und weitere Beschwerde durchzusetzendes Recht haben, EK. 21[143],[174]. — Für die Schutzg. SchutzgV. §§ 26, 27. — Entsprechende Anwendung auf die BahnGB. BahnG. § 9, BahnVf. § 1.

I. Grundbücher.

1. Allgemeine Vorschriften.

§. 1. Für jeden Gemeindebezirk oder selbständigen Gutsbezirk und, wenn ein Gemeindebezirk zum Zwecke der Grundbuchanlegung in mehrere Bezirke getheilt ist, für jeden Anlegungsbezirk, wird ein Grundbuch eingerichtet.[1]) Das Grundbuch kann aus mehreren Bänden bestehen; die Bände erhalten fortlaufende Nummern.

Inwieweit in das Grundbuch eines Bezirkes bei Bildung gemeinschaftlicher Grundbuchblätter Grundstücke mitaufgenommen werden können, die in anderen Bezirken belegen sind, bestimmt sich nach §. 4 der Grundbuchordnung und Artikel 37 der Verordnung, betreffend das Grundbuchwesen, vom 13. November 1899 (Gesetz-Samml. S. 519).

[1]) GBO. § 2[1]. Für Bergwerke § 23, für bisherige Bücher § 28[1]. — Für Bahneinheiten BahnG. §§ 8, 14, BahnBf. § 2.

§. 2. Die Grundbuchblätter[1]) erhalten fortlaufende Nummern.

[1]) GBO. § 3.

§. 3. Zur Bezeichnung der Grundstücke[1]) sind im Grundbuche nach dem Inhalte der Steuerbücher[2]) anzugeben:

1. der Name der Gemarkung;
2. die Nummern des Kartenblatts (der Flur) und der Parzelle;
3. die Artikelnummer der Grundsteuermutterrolle, die Nummer der Gebäudesteuerrolle;
4. die Wirthschaftsart (Acker, Wiese, Garten, Wohnhaus, Wohnhaus mit Hofraum und Hausgarten 2c.) und die Lage (Straße, Hausnummer oder die sonstige ortsübliche Bezeichnung);
5. die Größe; ist die Größe aus den Steuerbüchern nicht ersichtlich, so ist dies anzugeben;
6. der staatlich ermittelte Grundsteuerreinertrag und

Gebäudesteuernutzungswerth, in den Hohenzollernschen Landen der Steueranschlag (das Grund- und Gebäudesteuerkapital).

Besteht ein Grundstück aus mehreren Katasterparzellen, so kann die im Abs. 1 Nr. 2 vorgeschriebene Angabe der Kartenblatt- und Parzellennummern unterbleiben, wenn wegen der Zahl der Parzellen das Grundbuch nach dem Ermessen des Grundbuchamts unübersichtlich werden würde und die Parzellen nach Ausweis eines bei den Grundakten befindlichen beglaubigten Auszugs aus der Grundsteuermutterrolle in dieser auf einem oder mehreren Artikeln nachgewiesen sind, die andere Parzellen nicht umfassen. Das Grundbuchamt kann die Katasterbehörde um die Ertheilung des Auszugs, erforderlichenfalls auch um die vorherige Eintragung des Grundstücks auf einem oder mehreren besonderen Mutterrollenartikeln von Amtswegen ersuchen.[3])

Statt der im Abs. 1 Nr. 4 vorgeschriebenen Angabe genügt in den Fällen des Abs. 2 die Angabe des Gesammtnamens des Grundstücks (Rittergut x, Bauerhof y 2c.).

[1]) GBO. § 2². Für Bergwerke §§ 22ff., insbes. § 24².

[2]) § 29 u. V. a. 2.

[3]) Für die bisherigen GB. § 28².

§. 4. Zur Bezeichnung der Berechtigten sind im Grundbuch anzugeben:

1. bei natürlichen Personen[1]) der Name (Vorname, Familienname),[2]) der Stand, der Beruf sowie

der Wohnort und, soweit diese Angaben nicht thunlich[3]) oder nicht ausreichend sind, andere die Berechtigten deutlich kennzeichnende Merkmale;

2. bei Handelsgesellschaften, bei eingetragenen Genossenschaften und juristischen Personen anderer Art die Firma[4]) oder der Name und der Sitz.

Bei Eintragungen für den Fiskus, eine Gemeinde oder eine sonstige juristische Person des öffentlichen Rechtes kann auf Antrag des Berechtigten derjenige Theil seines Vermögens, zu welchem das eingetragene Grundstück oder Recht gehört, oder die Zweckbestimmung[5]) des Grundstücks oder des Rechtes durch einen dem Namen des Berechtigten in Klammern beizufügenden Zusatz bezeichnet werden.

Eine nach Maßgabe des Gesetzes, betreffend die durch ein Auseinandersetzungsverfahren begründeten gemeinschaftlichen Angelegenheiten, vom 2. April 1887 mit einer Vertretung ausgestattete Gesammtheit der Betheiligten kann als Berechtigte eingetragen werden, ohne daß es der Bezeichnung der einzelnen Betheiligten bedarf.[6])

[1]) d. h. Menschen.

[2]) Bei Einzelkaufleuten keine Eintragung auf die Firma EK. 26^{135} FG. 3^{196}.

[3]) EK. 28^{115}.

[4]) Für den Bereich der Zweigniederlassung deren Firma, EFG. 6^{223}.

[5]) Z. B. Begräbnißplatz für die Evangelischen der Gemeinde H., nicht aber Eintragung der ausschließlichen Be-

nutzung oder Unterhaltung seitens der betreffenden Bekenntnisgenossen, EK. 26[111].

[6]) Wegen des Vertreters §§ 1 ff. jenes G. Ein besonderes Erfordernis der Auflassung in § 8[2] desselben.

2. Einrichtung der Grundbuchblätter.

§. 5. Die Grundbuchblätter werden nach dem in Anlage A enthaltenen, mit Probeeintragungen versehenen Formular eingerichtet.[1])

Jedes Blatt besteht aus der Aufschrift, dem Bestandsverzeichniß und drei Abtheilungen.[2])

[1]) Es gibt also künftig, abgesehen von den Vorbehalten in §§ 25, 26 für gewisse Bergwerke (im übrigen vgl. § 22) und Hütten, sowie den Bahn-Grundbüchern (BahnBf. § 3), nur ein einheitliches Formular an Stelle der bisherigen Formular I u. II. Das neue Formular geht wie das bisherige Formular I vom Grundstück aus (s. g. Realfolium), nähert sich aber unter Hinzutritt eines Bestandsverzeichnisses zu der Aufschrift (Titel) dem Formular II dadurch, daß es für die Aufnahme sämtlicher Grundstücke desselben Eigentümers (GBO. § 4) eingerichtet ist. Für Anerbengüter § 21. Bezüglich der bisher geführten Bücher §§ 27, 28.

[2]) Für die bisherigen GB. § 28[3.7.8].

§. 6. In der Aufschrift sind das Amtsgericht, der Bezirk (§. 1 Abs. 1), der Kreis, zu dem der Bezirk gehört, sowie die Nummern des Bandes und des Blattes anzugeben.

Gehört der Bezirk zu einem Stadtkreise, so ist die Angabe des Kreises nicht erforderlich.[1])

[1]) Für Bergwerke § 24[1]. — Für Bahneinheiten BahnBf. §§ 4—9.

§. 7. Das Bestandsverzeichniß[1]) zerfällt in das Verzeichniß der Grundstücke[2]) und das Verzeichniß der mit dem Eigenthume verbundenen Rechte.

[1]) Für Bahneinheiten BahnG. §§ 10³, 11, 12.

[2]) Das Formular geht davon aus, daß regelmäßig die Grundstücke desselben Eigentümers ein gemeinschaftliches GBBl. erhalten, vgl. § 1² § 34 dieser Vf., A. 4 u. GBO. § 4 A. 6.

§. 8. In dem Verzeichnisse der Grundstücke ist die Spalte 1 für die Angabe der laufenden Nummer[1]) des Grundstücks[2]) bestimmt. Ein aus mehreren Katasterparzellen bestehendes Grundstück ist unter einer Nummer aufzuführen.

Die Spalten 3 bis 10 dienen zur Aufnahme der im §. 3 vorgeschriebenen Angaben. Im Falle des Abs. 1 Satz 2 ist nur die Gesammtgröße sowie der Gesammtbetrag des Grundsteuerreinertrags und des Gebäudesteuernutzungswerths anzugeben.

In Spalte 12 sind einzutragen:

1. der Vermerk über die Eintragung des ursprünglichen Bestandes des Blattes (Zeit der Eintragung, Nummer des bisherigen Blattes 2c.);
2. die Uebertragung eines Grundstücks auf das Blatt; soll das Grundstück mit einem auf dem Blatte bereits eingetragenen Grundstücke vereinigt oder einem solchen Grundstück als Bestandtheil zugeschrieben werden (BGB. §. 890, GBO. §. 5), so ist auch dies anzugeben;
3. die Vereinigung mehrerer auf dem Blatte ein-

getragener Grundstücke zu einem Grundstücke sowie die Zuschreibung eines solchen Grundstücks zu einem anderen als Bestandtheil;

4. die Vermerke, durch welche bisherige Grundstückstheile als selbständige Grundstücke eingetragen werden, insbesondere im Falle des §. 6 Satz 1 der Grundbuchordnung, sofern in diesem Falle nicht der Theil auf ein anderes Blatt übertragen wird;
5. die Vermerke über Berichtigungen der Bestandsangaben.[3])

In den Fällen der Vereinigung und der Zuschreibung (Abs. 3 Nr. 2, 3) sind die sich auf die betheiligten Grundstücke beziehenden Eintragungen in den Spalten 1 bis 10 roth zu unterstreichen. Das durch die Vereinigung oder Zuschreibung entstehende Grundstück ist unter einer neuen laufenden Nummer einzutragen; neben dieser Nummer ist in Spalte 2 auf die bisherigen laufenden Nummern der betheiligten Grundstücke zu verweisen (vergl. die Probeeintragung in Spalte 2 des Verzeichnisses der Grundstücke zu Nr. 3, 8 der Spalte 1).[4])

In den Fällen des Abs. 3 Nr. 4 sind die Grundstückstheile unter neuen laufenden Nummern einzutragen; neben diesen Nummern ist in Spalte 2 auf die bisherige laufende Nummer des Grundstücks zu verweisen. Die sich auf das Grundstück beziehenden bisherigen Eintragungen sind in den Spalten 1 bis 10 roth zu unterstreichen.

Die Spalte 14 ist bestimmt:

1. für die nicht unter Abs. 3 Nr. 4 fallenden Abschreibungen;[5])
2. für die Eintragung des Ausscheidens eines Grundstücks oder eines Grundstückstheils aus dem Grundbuche (GBO. §. 90 Abs. 2).[6])

Wird ein Grundstück ganz abgeschrieben, so sind die sich auf das Grundstück beziehenden bisherigen Eintragungen in den Spalten 1 bis 12 sowie die ausschließlich das abgeschriebene Grundstück betreffenden Vermerke in den drei Abtheilungen roth zu unterstreichen. Wird ein Grundstückstheil abgeschrieben, so finden die Vorschriften des Abs. 5 entsprechende Anwendung. Ist im letzteren Falle das Grundstück nach Maßgabe des §. 3 Abs. 2 bezeichnet, so ist auch in dem Auszug aus der Mutterrolle die Abschreibung zu vermerken; eine ganz oder theilweise abgeschriebene Parzelle ist roth zu unterstreichen, eine bei dem Grundstücke verbleibende Restparzelle ist am Schlusse neu einzutragen. Diese Vorschriften gelten auch für die Fälle des Abs. 6 Nr. 2.[7])

Bei Eintragungen in den Spalten 12, 14 ist in den Spalten 11, 13 auf die laufende Nummer des von der Eintragung betroffenen Grundstücks zu verweisen.

[1]) Bezüglich der Nr. der Landgüterrolle LGO. für Kassel § 3[3], Allg. Vf. vom 18. 8. 87 (JMBl. S. 198).

[2]) GBO. § 2[2].

[3]) § 28[4] für bisherige GB.

4) § 24[2].

5) Für Hann. Salzabbaugerechtigkeiten G. vom 4. 8. 04 § 5, Allg. Vf. vom 26. 8. 04 §§ 3, 4.

6) § 17. — Bezüglich der Flächen zur Errichtung trigonometrischer Marksteine, G. vom 7. 10. 65, 7. 4. 69, 3. 6. 74, Allg. Vf. 6. 9. 78 (JMBl. S. 136), Allg. Vf. vom 21. 11. 88 § 9 (Rheinl.).

7) bez. der mehreren Grundstücke (§ 7 A. 1).

§. 9. Der zweite Abschnitt des Bestandsverzeichnisses ist für die Vermerke über Rechte, die dem jeweiligen Eigenthümer eines auf dem Blatte verzeichneten Grundstücks zustehen, sowie über die Aenderung oder die Aufhebung eines solchen Rechtes (GBO. §. 8, Ausf.Ges. zur GBO. Artikel 12 Abs. 2 Nr. 2) bestimmt. Im Falle der Löschung sind in den Spalten 1 bis 4 die sich auf das gelöschte Recht beziehenden Eintragungen roth zu unterstreichen.[1])

1) Für bisherige GB. § 28[5].

§. 10. In die erste Abtheilung sind einzutragen:

1. in Spalte 1 der Eigenthümer, bei Miteigenthümern auch die im §. 48 der Grundbuchordnung vorgeschriebene Angabe;[1])
2. in Spalte 2 die laufende Nummer der Grundstücke, auf die sich die in Spalte 3 enthaltenen Eintragungen beziehen;
3. in Spalte 3 der Tag der Auflassung oder die anderweitige Grundlage der Eintragung (Erbschein, Testament, Zuschlagsbeschluß, Bewilligung

der Berichtigung des Grundbuchs, Ersuchen der Auseinandersetzungsbehörde um die Berichtigung, Enteignungsbeschluß 2c.), der Verzicht auf das Eigenthum an einem Grundstücke (BGB. §. 928 Abs. 1) und der Tag der Eintragung;

4. in Spalte 4 auf Antrag des Eigenthümers der Erwerbspreis, der durch eine öffentliche Taxe festgestellte Schätzungswerth und bei Gebäuden die Feuerversicherungssumme unter Hinweis auf die laufende Nummer des Grundstücks und mit Angabe des für den Preis, die Schätzung oder die Versicherung maßgebenden Zeitpunkts.

Bei der Eintragung eines neuen Eigenthümers sind die sich auf den bisher eingetragenen Eigenthümer beziehenden Vermerke in den Spalten 1 bis 3 roth zu unterstreichen.

[1]) Für bisherige GB. § 28[6].

§. 11. In der zweiten Abtheilung dienen die Spalten 1 bis 3 zur Eintragung:

1. der das Grundstück belastenden Rechte mit Ausnahme von Hypotheken, Grundschulden und Rentenschulden, insbesondere auch der im §. 1010 Abs. 1 und im §. 2044 des Bürgerlichen Gesetzbuchs bezeichneten Belastungen des Antheils eines Miteigenthümers oder Miterben;
2. der Beschränkungen des Verfügungsrechts des Eigenthümers,[1]) insbesondere durch die Fideikommißeigenschaft des Grundstücks (Ausf.Ges.

z. GBO. Artikel 15 Abs. 1 Satz 2), durch das Recht eines Nacherben (GBO. §. 52) oder die Ernennung eines Testamentsvollstreckers (GBO. §. 53), durch die Anordnung der Zwangsversteigerung oder Zwangsverwaltung des Grundstücks (Gesetz über die Zwangsversteigerung rc. §. 19 Abs. 1, §. 146 Abs. 1), durch ein vom Konkursgericht erlassenes Veräußerungsverbot oder durch die Eröffnung des Konkursverfahrens über das Vermögen des Eigenthümers (KO. §. 113), durch die Vermerke oder Vormerkungen nach §. 59 der Verordnung wegen des Geschäftsbetriebs in den Angelegenheiten der Gemeinheitstheilungen rc. vom 30. Juni 1834, nach §. 12 Abs. 3 des Gesetzes, betreffend die Beförderung der Errichtung von Rentengütern, vom 7. Juli 1891 und nach §. 23 Abs. 3 Nr. 1 des Gesetzes, betreffend das Anerbenrecht bei Renten- und Ansiedelungsgütern, vom 8. Juni 1896[2]) sowie durch die Zugehörigkeit zu einer Bahneinheit (Gesetz, betreffend das Pfandrecht an Privateisenbahnen rc., vom 19. August 1895 §. 15 Abs. 1);[3]) [4])

3. der Vormerkung über ein eingeleitetes Enteignungsverfahren (Enteignungsgesetz vom 11. Juni 1874 §. 24 Abs. 4);

4. der vertragsmäßigen Feststellung der Höhe einer für einen Ueberbau oder einen Nothweg zu ent-

richtenden Rente, sowie des Verzichts auf die Rente (BGB. §. 914 Abs. 2, §. 917 Abs. 2).

In die Spalten 4, 5 sind die Veränderungen der in den Spalten 1 bis 3 vermerkten Rechte und Beschränkungen einzutragen. Hierher gehören insbesondere die Aenderung des Rangverhältnisses (BGB. §. 880), die nachträgliche Anlegung eines besonderen Grundbuchblatts für ein Erbbaurecht (GBO. §. 7 Abs. 2), die Mitbelastung eines anderen Grundstücks in den Fällen des §. 49 Abs. 1 Satz 2 der GBO. sowie die Beschränkung des Berechtigten in der Verfügung über ein in den Spalten 1 bis 3 eingetragenes Recht (BGB. §. 892), auch wenn die Beschränkung nicht erst nachträglich eintritt.

Die Löschung einer Veränderung erfolgt in Spalte 6, die Löschung der in den Spalten 1 bis 3 eingetragenen Rechte oder Beschränkungen in den Spalten 7, 8.

¹) EKG. 20^{96}. Nicht hierhergehörig die Vermögensbeschlagnahme nach StPO. §§ 322 ff., EK. 29^{233}.
²) §§ 21, 43. ³) § 45.
⁴) Für Hauberge und Jahnschaften § 44.

§. 12. In der dritten Abtheilung dienen die Spalten 1 bis 4 zur Eintragung der Hypotheken, Grundschulden und Rentenschulden.

In die Spalten 5 bis 7 sind die Veränderungen eines solchen Rechtes einzutragen. Hierher gehören insbesondere die Aenderung des Rangverhältnisses (BGB. §. 880), die Beschränkung des Berechtigten in der Verfügung über das Recht (BGB. §. 892), auch wenn die Beschränkung nicht erst nachträglich eintritt, die nachträgliche Ausschließung der Ertheilung eines Briefes oder die Aufhebung der Ausschließung (BGB. §. 1116 Abs. 2, 3), eine Aenderung in Ansehung der Verzinsung,[1]) der Zahlungszeit oder des Zahlungsorts (BGB. §. 1119), die Uebertragung, Pfändung oder Verpfändung des Rechtes (BGB. §. 1154 Abs. 2, 3, §§. 1192, 1199; CPO. §§. 830, 837), der Verzicht des Berechtigten (BGB. §. 1168), die Aenderung der Forderung, für welche die Hypothek besteht (BGB. §. 1180), die Umwandlung einer Hypothek, Grundschuld oder Rentenschuld (BGB. §§. 1177, 1186, 1198, 1203), die Mitbelastung eines anderen Grundstücks in den Fällen des §. 49 Abs. 1 Satz 2 der Grundbuchordnung sowie die Ertheilung eines neuen Briefes (GBO. §. 68 Abs. 3).

Die Löschung einer Veränderung erfolgt in Spalte 8, die Löschung der Rechte in den Spalten 9 bis 11.

[1]) Auch eine Erhöhung der Zinsen über 5% ohne Zustimmung der nachstehenden Berechtigten. Dann muß aber der Vermerk, daß die höheren Zinsen im Range nachstehen, sie hinzufügt werden, EK. 26^{142}.

§. 13. Die in Spalte 3 der zweiten und in den Spalten 3, 4 der dritten Abtheilung erfolgenden Eintragungen erhalten in jeder Abtheilung fortlaufende Nummern. Bei der Eintragung ist das von ihr betroffene Grundstück in Spalte 2 mit der laufenden

Nummer, die es im Bestandsverzeichnisse führt, zu bezeichnen.

Bei Vermerken über Veränderungen und bei Löschungen ist auf die laufende Nummer der Eintragung zu verweisen.

Wird eine Eintragung ganz gelöscht, so ist sie roth zu unterstreichen.

Wird eine Hypothek, eine Grundschuld oder eine Rentenschuld theilweise gelöscht, so ist in Spalte 3 der gelöschte Theil von dem Betrage abzuschreiben.[1])

[1]) § 39.

3. Vormerkungen und Widersprüche.

§. 14. Die Eintragung einer Vormerkung[1]) erfolgt:

1. wenn die Vormerkung den Anspruch auf Uebertragung des Eigenthums betrifft, in den Spalten 1—3 der zweiten Abtheilung;
2. wenn die Vormerkung den Anspruch auf Einräumung eines anderen Rechtes an dem Grundstücke betrifft, in der für die Eintragung des Rechtes bestimmten Abtheilung und Spalte;
3. in den übrigen Fällen in der für Veränderungen bestimmten Spalte der Abtheilung, in welcher das von der Vormerkung betroffene Recht eingetragen ist.

In den Fällen des Abs. 1 Nr. 2, 3 ist bei der Eintragung der Vormerkung die rechte Hälfte der Spalte für die endgültige Eintragung frei zu lassen.

Soweit die Eintragung der Vormerkung durch die endgültige Eintragung ihre Bedeutung verliert, ist sie roth zu unterstreichen.

Diese Vorschriften finden auf die Eintragung eines Widerspruchs[2]) entsprechende Anwendung.

[1]) BGB. §§ 883 ff., 1179, GBO. §§ 18², 76.

[2]) BGB. §§ 899, 927, 1139, 1140, 1160, GBO. §§ 18², 23, 42, 54, 62, 71, 76.

4. Eintragungen in mehreren Spalten.

§. 15. Sind für eine Eintragung mehrere Spalten desselben Abschnitts oder derselben Abtheilung bestimmt, so gelten die sämmtlichen Vermerke im Sinne des §. 45 der Grundbuchordnung nur als eine Eintragung.

5. Schreibart.

§. 16. Die Eintragungen sind deutlich und ohne Abkürzungen zu schreiben, in dem Grundbuche darf nichts radirt oder sonst unleserlich gemacht werden.

Bei Reallasten, insbesondere Rentenbankrenten, sowie bei Hypotheken, Grundschulden und Rentenschulden sind die in das Grundbuch einzutragenden Geldbeträge (BGB §. 1107, §. 1115 Abs. 1, §. 1190 Abs. 1, §§. 1192, 1199) in den Vermerken über die Eintragung des Rechtes mit Buchstaben zu schreiben. Das Gleiche gilt für die Eintragung einer Veränderung oder einer Löschung bezüglich eines Theilbetrags eines Rechtes sowie im Falle des §. 882 des Bürgerlichen Gesetzbuchs für die Eintragung des Höchstbetrags des Werthersatzes.

6. Schließung und Umschreibung eines Grundbuchblattes.

§. 17. Sind alle auf einem Blatte eingetragenen Grundstücke abgeschrieben oder aus dem Grundbuch ausgeschieden, so ist das Blatt zu schließen.[1])

[1]) §§ 8[6, 7], 19. — Instr. vom 3. 8. 53 (JMBl. S. 275). — Für Bahneinh. BahnG. § 14.

§. 18. Geht die Zuständigkeit für die Führung eines Grundbuchblatts auf ein anderes Grundbuchamt über,[1]) so ist das bisherige Blatt zu schließen;[1]) dem anderen Grundbuchamte sind die Grundakten zu übersenden, nachdem die wörtliche Uebereinstimmung der Tabelle (§. 34 Abs. 2) mit dem Grundbuchblatte von dem Richter und dem Gerichtsschreiber bescheinigt ist.

In der Aufschrift des neuen Blattes ist auf das bisherige Blatt zu verweisen. Gelöschte Eintragungen werden in das neue Blatt insoweit übernommen, als dies zum Verständnisse der noch gültigen Eintragungen erforderlich erscheint; im Uebrigen sind aus der zweiten und der dritten Abtheilung nur die Nummern der Eintragungen mit dem Vermerke „Gelöscht" zu übernehmen. Die Uebereinstimmung des Inhalts des neuen Blattes mit dem Inhalte des bisherigen Blattes ist in jedem Abschnitt und jeder Abtheilung von dem Richter und dem Gerichtsschreiber zu bescheinigen.

Sind in dem neuen Blatte die Spalten eines

Abschnitts oder einer Abtheilung nicht gleich weit ausgefüllt, so sind die leer gebliebenen Stellen zu durchkreuzen.[2])

[1]) Pr. AG. a. 2, 3.

[2]) §§ 19, 20.

§. 19. Die Schließung eines Grundbuchblatts erfolgt durch Eintragung des Schließungsvermerkes in der Aufschrift sowie am Schlusse der Eintragungen in den beiden Abschnitten des Bestandsverzeichnisses und den drei Abtheilungen; der Vorschrift des §. 18 Abs. 3 findet entsprechende Anwendung.

In dem auf die Aufschrift zu setzenden Vermerk ist der Grund der Schließung anzugeben.[1])

[1]) § 20.

§. 20. Ist ein Grundbuchblatt unübersichtlich geworden, so kann es auf Antrag des Eigenthümers oder von Amtswegen umgeschrieben werden.[1]) Die Vorschriften des §. 18 Abs. 2, 3 und des §. 19 finden entsprechende Anwendung.

[1]) § 28[7].

7. Besondere Fälle. a) Anerbengüter.

§. 21. Das in Anlage A enthaltene Formular tritt auch für die Eintragung von Anerbengütern im Sinne des Gesetzes, betreffend das Anerbenrecht bei Renten- und Ansiedelungsgütern, vom 8. Juni 1896 (Gesetz-Samml. S. 124)[1]) an die Stelle des im §. 3 Satz 1 daselbst vorgeschriebenen Formulars I der

Grundbuchordnung vom 5. Mai 1872. Jedoch bewendet es dabei, daß jedes Anerbengut ein besonderes Grundbuchblatt erhält (Gesetz vom 8. Juni 1896 §. 3 Satz 3; GBO. §. 82 Abs. 2; Einf.Ges. z. BGB. Artikel 4).

In Spalte 7 des Verzeichnisses der Grundstücke ist einzutragen: Anerbengut Nr. x (Angabe der Hausnummer in der Gemeinde). Die Anerbenguts eigenschaft wird in der zweiten Abtheilung eingetragen.

[1]) § 11[1] Nr. 2.

b) Bergwerke.

§. 22. Die Vorschriften der §§. 1 bis 20 finden auf Bergwerke, selbständige Kohlenabbau-Gerechtigkeiten und andere Berechtigungen,[1]) für welche die sich auf Grundstücke beziehenden Vorschriften gelten, entsprechende Anwendung, soweit nicht in den §§. 23 bis 26 ein Anderes bestimmt ist.

[1]) Auf Salzabbaugerechtigkeiten in Hann. Allg. Vf. vom 26. 8. 04 § 1.

§. 23. Für die im Bezirk eines Grundbuchamts belegenen Bergwerke ist ein besonderes Grundbuch einzurichten.[1])

[1]) § 1. — Eine hann. Salzabbaugerechtigkeit ist bei Anlage des GBBl. an dem Grundstück abzuschreiben, G. vom 4. 8. 04 § 5.

§. 24. Bei Bergwerken und selbständigen Kohlenabbau-Gerechtigkeiten ist in die Aufschrift eine Beschreibung aufzunehmen, die den wesentlichen Inhalt der Verleihungsurkunde oder des sonstigen Berechtigungstitels[1]) angiebt.

Für die dem Bergwerk oder der Kohlenabbau-Gerechtigkeit zugeschriebenen Grundstücke gelten die Vorschriften des §. 3. Die Vorschriften des §. 8 Abs. 4 finden auf diese Grundstücke keine Anwendung.[2])

[1]) Allg. Berggeſ. §§ 34 ff., 41 ff., 51. G. vom 22. 2. 69 § 2 — Allg. Vf. vom 26. 8. 04 (für hann. Salzabbau) § 2.
[2]) § 25[1] Nr. 1.

§. 25. Für Bergwerke mit unbeweglichen Antheilen der Gewerken (Kuxen)[1]) behält es bei dem im §. 6 Abs. 3 der Grundbuchordnung vom 5. Mai 1872 vorgeschriebenen Formulare (bisher Formular III) mit folgenden Maßgaben sein Bewenden:

1. Der Unterabschnitt II des Titels ist für die dem Bergwerk als Bestandtheil zugeschriebenen Grundstücke bestimmt; die Vorschriften des §. 24 Abs. 2 finden Anwendung.
2. Die Vermerke über die mit dem Bergwerkseigenthume verbundenen Rechte (GBO. §. 8; Ausf. Ges. z. GBO. Artikel 22) sind in einen hinter dem Unterabschnitte II des Titels einzuschiebenden neuen Unterabschnitt III aufzunehmen; der bisherige Unterabschnitt III erhält die Ziffer IV.
3. Die dritte Abtheilung ist auch für die Eintragung von Rentenschulden bestimmt.

In der ersten Abtheilung ist die Anzahl der Kuxe, die den einzelnen Gewerken gehören, anzugeben.

[1]) Allg. Bergg. §§ 226 ff. — Vf. § 26.

§. 26. Für die Hütten in der Grafschaft Sayn-Altenkirchen verbleibt es bei dem Formular, welches für sie durch das Gesetz über das Grundbuchwesen in dem Bezirke des Justizsenats zu Ehrenbreitstein vom 30. Mai 1873 (Gesetz-Samml. S. 296ff.) vorgeschrieben ist;[1]) die Vorschriften des §. 25 Abs. 1 finden Anwendung.

[1]) § 21 dieses Ges.

8. Fortführung der bisherigen Bücher.

§. 27. Die bisher geführten Bücher, die nach den Artikeln 3, 4 der Verordnung, betreffend das Grundbuchwesen, vom 13. November 1899 als Grundbücher im Sinne der Reichsgesetze gelten, werden fortgeführt.[1])

Sind die Bücher noch nicht eingebunden, so sind neu anzulegende Grundbuchblätter nach den neuen Vorschriften einzurichten. Das Gleiche gilt für die Grundbuchblätter in neu anzulegenden Bänden.

Auf die Fortführung der bisherigen Bücher finden die Vorschriften der §§. 1 bis 4, 6, 8 bis 19, 22 bis 26 mit den im §. 28 bestimmten Maßgaben entsprechende Anwendung.

[1]) Bahn-Grundbücher BahnVf. § 10.

§. 28. Soweit die bisherigen Bücher für besondere Grundsteuer-Erhebungsbezirke angelegt sind, behält es bis zur Auflösung der Bezirke bei dieser Einrichtung sein Bewenden.

Sind die Grundstücke bisher nicht nach Maßgabe

der Vorschriften des §. 3 Abs. 1 Nr. 1 bis 3, Abs. 2 bezeichnet, so ist diese Bezeichnung allmählich von Amtswegen zu bewirken.[1]) Der Angabe der Gemarkung bedarf es nicht, wenn diese denselben Namen hat wie der Bezirk, für den das Grundbuch eingerichtet ist.

Die Eintragungen erhalten an der in den bisherigen Formularen dafür geeigneten Stelle ihren Platz.

Die im §. 8 Abs. 3 bezeichneten Eintragungen erfolgen bei dem bisherigen Formular I auf dem Titel, bei dem bisherigen Formular II in Spalte 8 der ersten Abtheilung.

Die Eintragung der im §. 9 bezeichneten Vermerke erfolgt bei Formular I auf dem Titel, bei Formular II in der ersten Abtheilung, unter Verweisung auf die laufende Nummer des Grundstücks, dessen jeweiligem Eigenthümer das Recht zusteht.

Die im §. 10 Abs. 1 Nr. 1 bezeichnete Eintragung erfolgt bei Formular II auf dem Titel.

Reicht in den bisherigen Formularen der Raum für die in das Bestandsverzeichniß des neuen Formulars aufzunehmenden Vermerke nicht aus, so sind an der geeigneten Stelle des bisherigen Formulars Einlagebogen mit dem Grundbuche fest zu verbinden, die der Einrichtung des Bestandsverzeichnisses im neuen Formular entsprechen; auf dem Einlagebogen ist die Stelle des bisherigen Formulars, zu welcher der Bogen gehört, sowie die Zeit der Einfügung anzugeben. Diese Vorschriften finden keine Anwendung, wenn das Grundbuchblatt durch die Einfügung des Einlagebogens unübersichtlich werden würde; in diesem Falle ist nach Maßgabe des §. 20 zu verfahren.

Die Aufsichtsbehörden können zum Zwecke der Anpassung der bisherigen Bücher an das neue Formular weitere Anordnungen treffen.

[1]) GBO. § 89.

9. Übereinstimmung mit den Steuerbüchern.

§. 29. Für das Verfahren behufs Erhaltung der Uebereinstimmung zwischen den Grundbüchern und den Steuerbüchern[1]) bleiben, unbeschadet der Vorschriften des §. 3 Abs. 2, die bisherigen Bestimmungen maßgebend.[2])[3])[1])

[1]) Die Verbindung des Grundbuchs mit dem Kataster (vgl. Koppers, die Verbindung des Grundbuchs mit der Katasterkarte) ist zunächst in Westfalen und in den landrechtlichen Gebietsteilen der Rheinprovinz eingeführt und dann auf die übrigen Landesteile ausgedehnt. Es kommen dabei in Betracht: V. vom 31. 3. 34, KO. vom 16. 7. 40, Ministerialinstruktion vom 30. 1. 42 (JMBl. S. 67), Allg. Anweisung vom 2. 11. 70 (JMBl. S. 320ff.), Allg. Vf. vom 30. 11. 70 (JMBl. S. 320), sämtlich nur für Westfalen, a. 5. Instr. vom 9. 6. 68 (JMBl. S. 185) u. Allg. Verf. vom 11. 4. 70 (JMBl. S. 111) für NVP., Allg. Vf. vom 2. 9. 72 (JMBl. S. 178) für Altpr., vom 31. 1. 73 (JMBl. S. 46) für Altpr. ohne Westfalen, vom 24. 5. 73 (JMBl. S. 169), für NVP. vom 31. 10. 73 (JMBl. S. 293) für Ehr., vom 9. 5. 74 (JMBl. S. 141) für Kassel, vom 9. 11. 74 (JMBl. S. 301) für Hz., vom 24. 11. 74 (JMBl. S. 331) für Hann., Jade, vom 28. 8. 76 (JMBl. S. 152) für Schl.H. vom 18. 11. 76 (JMBl. S. 222) für Altpr.

ohne Westfalen, vom 16. 2. 77 (JMBl. S. 29) für Hannover, Jade, vom 18. 5. 77 (JMBl. S. 89) für Schl.H. Hann., Jade, Ehr., vom 5. 6. 77 (JMBl. S. 103) für Altpr., Hann., Jade, Ehr., vom 28. 6. 77 (JMBl. S. 161) für Kassel, vom 11. 10. 77 (JMBl. S. 213) für das Gesamtgebiet der pr. GBO. (B. a. 35 A. 1) ohne Hz. u. Rhein, v. 21. 12. 78 (JMBl. S. 208) für Schl.H., vom 10. 5. 80 (JMBl. S. 111) für das Gesamtgebiet ohne Hz. u. Rhein., vom 15. 2. 81 (JMBl. S. 30) für Hann. und Jade, vom 21. 9. 81 (JMBl. S. 190) für Waldeck und Pyrmont, vom 21. und 25. 5. 83 (JMBl. S. 156) für das Gesamtgebiet ohne Hz. und Rhein., vom 15. 6. 83 (JMBl. S. 190) für Schl.H., vom 15. 6. 83 (JMBl. S. 196) für Waldeck und Pyrmont, vom 12. 7. 83 (JMBl. S. 240) für Kassel, vom 27. 11. 83 (JMBl. S. 350) für das Gesamtgebiet ohne Rhein., vom 12. 6. 85 (JMBl. S. 186) für Rhein., vom 2. 7. 85 (JMBl. S. 233) für das Gesamtgebiet ohne Rhein., Westf. u. Hz., vom 17. 8. 88 (JMBl. S. 199) für das Gesamtgebiet ohne Hz., vom 21. 11. 88 [§ 9] (JMBl. S. 305) und vom 3. 10. 89 (JMBl. S. 204) für Rhein., vom 4. 2. 90 (JMBl. S. 77) und vom 25. 3. 90 (JMBl. S. 1898) für das Gesamtgebiet ohne Hz., vom 7. 6. 90 (JMBl. S. 109) für Rhein., vom 29. 9. 90 (JMBl. S. 247) für das Gesamtgebiet ohne Rhein., vom 29. 8. 91 (JMBl. S. 217) für das Gesamtgebiet, vom 7. 3. 92 (JMBl. S. 86) für Rhein., vom 29. 3. 95 (JMBl. S. 119) für das Gesamtgebiet ohne Hz., vom 11. 9. 97 (JMBl. S. 239) für das Gesamtgebiet, vom 18. 1. 06 (JMBl. S. 19) für das Gesamtgebiet. Unstatthaftigkeit der Umrechnung der Reinerträge in Reichswährung: Vf. des Justizministers vom 29. 1. 82.

²) Diejenigen ins GB. übernommenen Katasterangaben, auf welche sich der öffentliche Glaube des GB. erstreckt (BGB. § 892) dürfen auf Grund der Fortschreibung des Katasteramts nicht ohne weiteres berichtigt werden, EK. 27[86].

[3]) Kein Beschwerderecht der Katasterbehörde gegen Ablehnung der Übernahme einer Katasterfortschreibung, EK. 30[202].

§. 30. Ein Theil eines Grundstücks soll von diesem nur abgeschrieben werden,[1]) wenn ein beglaubigter Auszug aus dem Steuerbuche, sowie eine von dem Fortschreibungsbeamten beglaubigte Karte vorgelegt wird, aus denen die Größe und die Lage des Theiles ersichtlich sind; der Theil muß im Steuerbuch unter einer besonderen Nummer verzeichnet sein, es sei denn, daß nach dem Ermessen der Grundsteuerbehörde die deutliche Darstellung der Nummer in der Karte unausführbar ist. Der Vorlegung einer Karte bedarf es nicht, wenn bei der Abschreibung eine Aenderung der Karte nicht eintritt.

Die Vorschriften des Abs. 1 über die Vorlegung einer Karte finden entsprechende Anwendung, wenn ein Grundstückstheil ohne Abschreibung mit einer Dienstbarkeit oder Reallast belastet werden soll (GBO. §. 6 Satz 2).

Für die Ertheilung des Auszugs und der Karte gelten die für den Fall des §. 58 der Grundbuchordnung vom 5. Mai 1872 erlassenen Anweisungen.[2])

Der Vorlegung des Auszugs und der Karte bedarf es nicht zu Abschreibungen, die auf Ersuchen einer Auseinandersetzungsbehörde auf Grund eines von ihr bestätigten Rezesses[3]) oder auf Ersuchen der zuständigen Behörde auf Grund eines Enteignungsbeschlusses[4]) erfolgen sollen.[5])[6])

[1]) GBO. §§ 96, 3 A. 5. EK. 20[30].

[2]) Allg. V. vom 5. 6. 77 (JMBl. S. 104) und vom 2. 7. 85 (JMBl. S. 233) und v. 17. 8. 88 (JMBl. S. 199).

[3]) Pr. AG. a. 12ff.

[4]) Pr. G. v. 11. 6. 74, § 33.

[5]) Wegen Gründung neuer Ansiedelungen und Verteilung der öffentlichen Lasten bei Grundstücksteilungen G. vom 16. 9. 99 (GS. S. 497) und die in diesem Gesetz in Bezug genommenen Vorschriften.

[6]) Anwendung auf Hannov. Salzabbaugerechtigkeiten, G. v. 4. 8. 04 § 5[2], Allg. Vf. v. 26. 8. 04 § 3.

10. Bekanntmachung der Eintragungen.

§. 31. Die Eintragung eines Eigenthümers ist außer den im §. 55 der Grundbuchordnung bezeichneten Betheiligten der Grundsteuerbehörde[1]) bekannt zu machen.

Die bestehenden Vorschriften, nach welchen andere Behörden von Eintragungen in das Grundbuch zu benachrichtigen sind, bleiben unberührt.[2])

[1]) Allg. Vf. vom 24. 5. 73 (JMBl. S. 164), vom 5. 6. 77 (JMBl. S. 103). — Allg. Vf. vom 25. 3. 90 (JMBl. S. 109) und f. Hz. Allg. Vf. vom 9. 11. 74 (JMBl. S. 303).

[2]) Enteignungsbehörde G. vom 11. 6. 74 § 4, Vorstand der Haubergsgenossenschaft, G. vom 17. 3. 79 § 10, G. vom 9. 4. 90 § 11. Weggefallen ist zufolge Aufhebung des pr. GBO. § 57 durch a. 33 Nr. 1 pr. AG. die Benachrichtigung von Landrat und Magistrat bei Abzweigungen.

11. Einsicht und Abschriften.

§. 32. Die Einsicht des Grundbuchs¹) ist öffentlichen Behörden und den von ihnen beauftragten Beamten gestattet, ohne daß es der Darlegung eines berechtigten Interesses bedarf.

Notare, die das Grundbuch im Auftrage des Eigenthümers oder eines sonst zur Einsicht Berechtigten einsehen wollen, brauchen den Auftrag nicht nachzuweisen.²)

Soweit nach Abs. 1, 2 die Einsicht des Grundbuchs gestattet ist, kann eine Abschrift gefordert werden; die Abschrift ist auf Verlangen zu beglaubigen.³)

¹) GBO. § 93.

²) Sie haben aber im Gegensatz zu Abs. 1 das Interesse ihres zu bezeichnenden Auftraggebers nachzuweisen, EK. 22²⁹³.

³) AG. a. 7².

§. 33. Soll eine beglaubigte Abschrift nur von einem Theile des Grundbuchblatts ertheilt werden, so sind in die Abschrift diejenigen Eintragungen aufzunehmen, welche den Gegenstand betreffen, auf den sich die Abschrift beziehen soll. In dem Beglaubigungsvermerk ist der Gegenstand anzugeben und zu bezeugen, daß weitere den Gegenstand betreffende Eintragungen in dem Grundbuche nicht enthalten sind.¹)

¹) AG. a. 7².

II. Grundakten.¹)

§. 34. Für jedes Grundbuchblatt werden besondere Grundakten gehalten.

Bei den Grundakten ist eine Tabelle zu halten, die mit dem Blatte wörtlich übereinstimmen muß. Die Sorge für die Uebereinstimmung liegt dem Richter und dem Gerichtsschreiber ob.[2][3])

[1]) GBO. § 94. — Geschäftsanw. f. d. Gerichtsschreibereien der Amtsgerichte §§ 48ff. (AG. a. 1 A. 1c. — Für Bahneinheiten BahnBf. § 11.

[2]) Pr. AG. a. 6 A. 2. Der Richter ist also nicht gehindert, zunächst die Vermerke in die Tabelle einzutragen und von dort in das GB. übertragen zu lassen.

[3]) Über Eigentümerverzeichnis und Tagebuch Geschäftsanw. §§ 50, 51.

§. 35. Die Urkunden und Abschriften, die nach §. 9 der Grundbuchordnung von dem Grundbuchamt aufzubewahren sind, werden zu den Grundakten genommen.

Ist eine Urkunde, auf die eine Eintragung sich gründet oder Bezug nimmt, in anderen der Vernichtung nicht unterliegenden Akten des das Grundbuch führenden Amtsgerichts enthalten, so genügt statt der Aufbewahrung einer beglaubigten Abschrift der Urkunde eine Verweisung auf die anderen Akten.[1])

[1]) GBO. § 95, EFG. 1^{171}.

§. 36. Die Einsicht von Grundakten ist, auch soweit es sich nicht um die im §. 11 Abs. 1 Satz 2 der Grundbuchordnung bezeichneten Urkunden handelt,[1]) Jedem gestattet, der ein berechtigtes Interesse darlegt. Die Vorschriften des §. 32 Abs. 1, 2 finden auf die Einsicht der Grundakten entsprechende Anwendung.

Soweit die Einsicht gestattet ist, kann eine Abschrift gefordert werden; die Abschrift ist auf Verlangen zu beglaubigen.[2])

[1]) Bezüglich anderer Urkunden Geschäftsanw. f. d. Gerichtsschreibereien der Amtsgerichte (§ 40 AG. a. 1 A. 1c).

[2]) GBO. § 94, pr. AG. FG. a. 57, 59. — FG. § 34 hat daher auch in Pr. trotz pr. FG. a. 1 für GBsachen keine Bedeutung.

III. Hypotheken-, Grundschuld-, Rentenschuldbrief.[1])

[1]) GBO. §§ 56ff.

§. 37. Der im §. 57 der Grundbuchordnung bezeichnete Auszug aus dem Grundbuche[1]) soll außer den dort vorgeschriebenen Angaben enthalten:

1. die Größe, den Grundsteuerreinertrag, den Gebäudesteuernutzungswerth des Grundstücks;
2. die letzten im Grundbuche vermerkten Erwerbspreise, falls der Erwerb nicht zehn Jahre zurückliegt, sowie die etwa eingetragenen Schätzungs- oder Versicherungssummen mit Angabe des Jahres.[2])

[1]) Auch der Brief § 38² Nr. 2.

[2]) GBO. § 97.

§. 38. Die Hypothekenbriefe sind am Kopfe mit dem Königlich Preußischen Adler und einer Ueberschrift zu versehen, welche die Bezeichnung „Preußischer Hypothekenbrief" und die Angabe der Hypothek enthält, über die der Brief ertheilt wird; die Hypothek ist nach dem Grundbuche, den Nummern des Bandes und des Blattes, der Eintragungsnummer und dem Geldbetrage zu bezeichnen.

In den Brief sind in nachstehender Reihenfolge aufzunehmen:

1. der Inhalt der die Hypothek betreffenden Eintragungen nach Maßgabe des §. 57 Abs. 2 Nr. 3 und des §. 58 Abs. 2 der Grundbuchordnung;
2. die Bezeichnung des belasteten Grundstücks oder der belasteten Grundstücke nach dem Inhalte des Grundbuchs, mit Einschluß der im §. 37 vorgeschriebenen Angaben;
3. die Bezeichnung des Eigenthümers;
4. die kurze Bezeichnung der Eintragungen, welche der Hypothek im Range vorgehen, oder gleichstehen, unter Angabe des Zinssatzes, wenn dieser fünf vom Hundert übersteigt.[1])

Der Hypothekenbrief über eine Gesammthypothek (GBO. §. 59 Abs. 1) sowie die nachträglich auf ihn gesetzten Vermerke sind nur von einem Richter und von einem Gerichtsschreiber zu unterschreiben.[2])

Die Vorschriften der Abs. 1 bis 3 finden auf Grundschuldbriefe und Rentenschuldbriefe entsprechende Anwendung. In der Ueberschrift eines Rentenschuldbriefs ist nur der Betrag der einzelnen Jahresleistung, nicht der Betrag der Ablösungssumme anzugeben.

[1]) Eventuell Negativ-Zeugnis. A. 1 zu Formular B.
[2]) AG. a. 7[1], GBO. § 59[2].

§. 39. In den Fällen des §. 13 Abs. 4 ist auf dem Briefe der Betrag, für welchen das Recht noch besteht, neben der in der Ueberschrift enthaltenen Angabe des Rechtes durch den Vermerk ersichtlich zu machen:

Noch gültig auf (Angabe des Betrags).

In gleicher Weise ist bei der Herstellung eines Theilhypotheken-, Theilgrundschuld- oder Theilrentenschuldbriefs auf dem bisherigen Briefe der Betrag ersichtlich zu machen, auf den sich der Brief noch bezieht.

§. 40. Für die Hypotheken-, Grundschuld- und Rentenschuldbriefe dienen die Anlagen B bis G als Muster.[1])

[1]) Die Beigabe von Zins- und Erneuerungsscheinen (GBO. § 70 A. 5) ist nicht vorgesehen.

§. 41. Die im §. 58 Abs. 1 und im §. 59 Abs. 2 der Grundbuchordnung vorgeschriebene Verbindung von Urkunden erfolgt durch Schnur und Siegel.

§. 42. In den Fällen des §. 69 der Grundbuchordnung ist der Brief in der Weise unbrauchbar zu machen, daß, nachdem die bei dem Rechte bewirkte Eintragung auf dem Briefe vermerkt ist (GBO. §. 62), der Vermerk über die erste Eintragung des Rechtes durchstrichen und der Brief mit Einschnitten versehen wird.

Der Brief ist nach Befolgung der Vorschrift des §. 69 Satz 2 der Grundbuchordnung zurückzugeben, sofern nicht aus besonderen Gründen die Zurückbehaltung des Briefes bei den Grundakten angemessen erscheint.

IV. Schlußbestimmungen.

1. Anerbengüter.

§. 43. Die Eintragung der Anerbengutseigenschaft bei Anerbengütern[1]) im Sinne des Gesetzes, betreffend das Anerbenrecht in der Provinz Westfalen und in den Kreisen Rees, Essen (Land), Essen (Stadt), Duisburg, Ruhrort und Mülheim a. d. Ruhr, vom 2. Juli 1898 (Gesetz-Samml. S. 139) bleibt der Regelung durch besondere Anweisung vorbehalten.[2])

[1]) § 11 Nr. 2.

[2]) Allg. Vf. vom 22. 1. 00 betr. d. Eintragung der Anerbengutseigenschaft bei Anerbengütern im Sinne des Gesetzes vom 2. 7. 98:

Auf Grund des Artikel 29 des Ausführungsgesetzes zur Grundbuchordnung vom 26. 9. 99 (Gesetz-Samml. S. 307) wird über die Eintragung der Anerbengutseigenschaft bei Anerbengütern im Sinne des Gesetzes, betreffend das Anerbenrecht in der Provinz Westfalen usw., vom 2. 7. 98 (Gesetz-Samml. S. 139) folgendes angeordnet:

1. Die sich auf die Anerbengutseigenschaft beziehenden Eintragungen erfolgen bei Grundbuchblättern, welche nach dem neuen Formular (Just.-Minist.-Bl. 1899 S. 359) eingerichtet sind, in der Aufschrift nach Maßgabe des anliegenden mit Probeeintragungen versehenen Formulars.

2. Sollen mehrere Anerbengüter auf demselben Blatte eingetragen werden, so ist der Raum durch einen senkrechten Strich zu teilen und für jedes der Güter eine Hälfte zu verwenden.

3. Reicht der Raum in der Aufschrift für die Eintragungen nicht aus, so sind diese am Schlusse des Grundbuchblatts hinter der dritten Abteilung fortzusetzen.

In der Tabelle kann eine hinter der Aufschrift einzufügende Einlage für die Fortsetzung der Eintragungen verwendet werden.

4. In Spalte 1 des Formulars sind die laufenden Nummern, welche die von der Eintragung betroffenen Grundstücke in dem Verzeichnisse der Grundstücke führen, einzeln aufzuführen. Betrifft die Eintragung eine größere Anzahl von Grundstücken, so ist eine Zusammenfassung der Nummern zulässig (vgl. die Probeeintragungen).

Wird die Anerbengutseigenschaft gelöscht, so sind die Nummern der von der Löschung betroffenen Grundstücke in Spalte 1 rot zu unterstreichen; sind die Nummern in Spalte 1 nicht einzeln aufgeführt, so ist die bisherige Angabe der Nummern rot zu unterstreichen und der Bestand der nicht von der Löschung betroffenen Grundstücke nach Maßgabe der Probeeintragungen ersichtlich zu machen.

Berlin, den 22. Januar 1900.

Der Justizminister

Schönstedt.

Anlage.

Amtsgericht Fürstenberg.

Grundbuch

von

Haaren, Kreis Büren.

Band I, Blatt Nr. 12.

Verzeichnis der Grundstücke mit Anerbengutseigenschaft nach dem Gesetze vom 2. Juli 1898.
Zu dem Anerbengute N. . . . . gehörig.
Teile dieses Anerbenguts sind auch Bd. . . . Bl. Nr. . . . des Grundbuchs von . . . . eingetragen.

Eintragungen.		Löschungen.	
Laufende Nummer im Verzeichnisse der Grundstücke.		Laufende Nummer im Verzeichnisse der Grundstücke.	
1.	2.	3.	4.
1—14, 18—30.	Eingetragen am 6. Juni 1902. Fischer Neumann	34, 36.	Gelöscht am 4. Juli 1910. Fischer Neumann
1—13, 18—26, 28, 29, 30.			
31—40.	Eingetragen am 4. Dezember 1903. Fischer Neumann	40.	Gelöscht am 8. September 1911. Fischer Neumann
31, 32, 33, 35, 37—40.			
37—39.		14, 27.	Gelöscht am 4. Dezember 1912. Fischer Neumann
15, 16, 17,*) 41—100.	Eingetragen am 12. Dezemb. 1904. Fischer Neumann		
		16.	Gelöscht am 5. Januar 1920. Fischer Neumann

*) Die Grundstücke Nr. 15, 16, 17 haben nachträglich Anerbengutseigenschaft erhalten.

2. Hauberge.

§. 44. Die besonderen Bestimmungen über die Einrichtung der Grundbücher für die Hauberge im Kreise Altenkirchen (Haubergordnung vom 9. April 1890, Gesetz-Samml. S. 55, §. 8 Abs. 2) sowie für die Jahnschaften und Konsortenstücke im Kreise Olpe (Gesetz, betreffend die Regelung der Forstverhältnisse für das ehemalige Justizamt Olpe rc., vom 3. August 1897, Gesetz-Samml. S. 285, §. 18 Abs. 2, §. 24 Abs. 1) bleiben unberührt.

3. Bahneinheiten.

§. 45. Für die Einrichtung der Bahngrundbücher und -grundakten behält es bei den Vorschriften der §§. 10, 11 des Gesetzes, betreffend das Pfandrecht an Privateisenbahnen und Kleinbahnen und die Zwangsvollstreckung in dieselben, vom 19. August 1895 (Gesetz-Samml. S. 499) und der Allgemeinen Verfügung vom 19. September 1895 (JMBl. S. 286) sein Bewenden.[1]

[1]) Aufgehoben. Jetzt gilt Allg. Vf. betr. die Bahngrundbücher v. 11. 11. 02 (unten VI).

Berlin, den 20. November 1899.

Der Justizminister.
Schönstedt.

Anlage A.[1])

Amtsgericht Lobau.

Grundbuch

von

Buchhain, Kreis Seefeld.

Band I Blatt Nr. 12.

---

[1]) Die mit *) angefügten Anmerkungen bilden einen Teil der Allg. Verfügung.

I. Verzeichnis der

Laufende Nummer der Grundstücke.	Bisherige laufende Nummer der Grundstücke.	Gemarkung.	Flurbuch. Kartenblatt (Flur) Nr.	Flurbuch. Parzelle Nr.	Grundsteuermutterrolle. Art.	Gebäudesteuerrolle. Nr.	Wirtschaftsart und Lage.	Größe ha	a	qm	Grundsteuerreinertrag. Thlr.	1/100	Gebäudesteuernutzungswert. M
1.	2.	3.	4.		5.	6.	7.	8.			9.		10.
1.*)	—	Buchhain.	—	—	3	27	Bauerhof Nr. 8.	41	67	09	373	29	136
2.	—	Buchhain.	2	110	—	—	Garten im Dorfe.	—	34	86	7	68	—
3.	1 mit 2	Buchhain.	—	—	3	27	Bauerhof Nr. 8.	42	01	95	380	97	136
4.	—	Buchhain.	5	90	24	—	Acker im Mittelfelde.	2	18	90	19	83	—
5.	—	Brühl.	3	20	15	—	Holzung in den Fichten.	1	31	66	10	31	—
6.	Rest von 4.	Buchhain.	5	419/90	24	—	Acker im Mittelfelde.	—	60	75	6	30	—
7.	—	Buchhain.	5	17	—	—	Acker im Mittelfelde.	—	73	40	7	60	—
8.	6, 7.	Buchhain.	5	419/90, 17	24	—	Acker im Mittelfelde.	1	34	15	13	90	—

*) Die punktierten Linien bedeuten rote Striche. [In dieser Ausgabe sind

Grundstücke.

Bestand und Zuschreibungen.		Abschreibungen.	
Zur laufenden Nummer der Grundstücke.		Zur laufenden Nummer der Grundstücke.	
11.	12.	13.	14.
1.	Bei Anlegung des Grundbuchs eingetragen am 3. August 1901. Fischer Neumann	4.	Von Nr. 4 die Parzelle $\frac{420}{90}$ übertragen nach Bd. II Blatt Nr. 50 am 16. Oktober 1908. Rest: laufende Nr. 6. Fischer Neumann
1, 2, 3.	Nr. 2 nach Abschreibung von Band I Blatt Nr. 20 der Nr. 1 als Bestandteil zugeschrieben und Nr. 1 mit Nr. 2 unter Nr. 3 neu eingetragen am 24. Februar 1903. Fischer Neumann		
4.	Von Band I Blatt Nr. 17 hierher übertragen am 4. August 1904. Fischer Neumann	5.	Übertragen nach Bd. III Blatt Nr. 117 des Grundbuchs von Brühl am 3. Mai 1910. Fischer Neumann.
5.	Von Band IV Blatt Nr. 29 des Grundbuchs von Brühl hierher übertragen am 12. Juni 1908. Fischer Neumann		
6, 7, 8.	Nr. 7 von Band II Blatt Nr. 32 hierher übertragen und infolge Vereinigung mit Nr. 6 unter 8 als ein Grundstück eingetragen am 3. Mai 1910. Fischer Neumann		

der größeren Anschaulichkeit wegen rote Linien zur Anwendung gebracht.

II. Verzeichnis der mit dem Eigentume verbundenen Rechte.

Laufende Nummer der Eintragung.	Laufende Nummer des beteiligten Grundstücks.	Bezeichnung des Rechtes.	Veränderungen.	Löschungen.
1.	2.	3.	4.	5.
1.	1.	Die auf dem Grundstücke Buchhain Kartenblatt 10 Parzelle 5 (Band I Blatt Nr. 15) in Abteilung II Nr. 3 eingetragene jährliche Rente von 200 Mark hier vermerkt am 10. September 1901. Fischer Neumann		Nr. 2 gelöscht am 15. Oktober 1904. Fischer Neumann
2.	2.	Das auf dem Grundstücke Buchhain Kartenblatt 2 Parzelle 114 (Band I Blatt Nr. 37) in Abteilung II Nr. 1 eingetragene Wegerecht bei der Zuschreibung von Nr. 2 hier vermerkt am 24. Februar 1903. Fischer Neumann		

Erste Abteilung.

Eigentümer.	Lfd.Nr. der Grundst.	Grund des Erwerbes. Verzicht.	Erwerbspreis. Wert. Feuerversicherungssumme.
1.	2.	3.	4.
~~Landwirt Friedrich Gerber in Buchhain.~~	1.	~~Bei der Anlegung des Grundbuchs auf Grund des Kaufvertrags vom 20. Sept. 1895 eingetragen am 3. Aug. 1901.~~ ~~Fischer Neumann~~	Zu Nr. 1: 51500 Mk. Kaufpreis v. 20. September 1895 eingetragen am 3. August 1901. Fischer Neumann
	~~2.~~	~~Aufgelassen und Band I Blatt Nr. 20 eingetragen am 30. Januar 1902, hierher übertragen am 24. Februar 1903.~~ ~~Fischer Neumann~~	
Bauer Heinrich Schmidt in Buchhain.	3.	Aufgelassen und eingetragen am 5. April 1904. Fischer Neumann	Zu Nr. 3: Wohnhaus und Wirtschafts-Gebäude am 30. April 1904 versichert mit 8400 Mk. Eingetragen am 5. Mai 1904. Fischer Neumann
	4.	Aufgelassen und eingetragen am 4. August 1904. Fischer Neumann	
Die Ehefrau des Heinr. Schmidt, Sophie, geborene Busse, als Miteigentümerin kraft ehelicher Gütergemeinschaft.	3, 4.	Auf Grund des Zeugnisses des Königlichen Amtsgerichts zu Lobau vom 7. November eingetragen am 23. Novbr. 1907. Fischer Neumann	
	~~5.~~	~~Die Ehefrau Schmidt auf Grund des Erbscheins vom 5. Febr. 1908, der Ehemann kraft ehel. Gütergemeinschaft eingetragen am 12. Juni 1908.~~ ~~Fischer Neumann~~	
	7.	Aufgelassen am 2. und eingetragen am 3. Mai 1910. Fischer Neumann	

Zweite

Lfd. Nr. der Eintragung.	Lfd. Nr. der belastet. Grundst.	Lasten und Beschränkungen.	Zurlfd. Nr. der Eintragung.
1.	2.	3.	4.
1.	1.	Ein Altenteil für Anton Siegert in Buchhain nach Maßgabe des Kaufvertrags vom 20. Sept. 1895 bei der Anlegung des Grundbuchs eingetragen am 3. Aug. 1901. Fischer Neumann	2.
2.	3.	Ein lebenslängliches Wohnungsrecht für den Landwirt Friedrich Gerber in Buchhain nach Maßgabe der Bewilligung[1]) vom 30. März 1904. Der Höchstbetrag des Ersatzes für den Fall des Erlöschens durch den Zuschlag ist auf eintausend Mark festgesetzt. Zur Löschung des Rechtes soll der Nachweis des Todes des Berechtigten genügen. Vorbehalten ist der Vorrang für eine später einzutragende Hypothek von dreitausend Mark nebst fünf vom Hundert Zinsen. Eingetragen am 6. April 1904. Fischer Neumann	5.
3.	4.	Ein Vorkaufsrecht für den Gastwirt Wilhelm Schröder in Seefeld unter Bezugnahme auf die Bewilligung vom 3. März 1906 eingetragen am 4. April 1906. Fischer Neumann	
4.	5.	Widerspruch gegen die Eintragung des Eigentums des Bauers Heinrich Schmidt und seiner Ehefrau zu Gunsten des Kaufmanns Felix Busse in Grünbusch auf Grund der einstweiligen Verfügung des Kgl. Landgerichts zu N. vom 25. September eingetragen am 3. Oktober 1908. Fischer Neumann	
5.	8.	Ein Erbbaurecht nach Maßgabe der Bewilligung vom 15. August 1910 für den Gastwirt Wilhelm Schröder in Seefeld eingetragen am 17. August 1910. Fischer Neumann	

[1]) EK. 21[143].

Abteilung.

Veränderungen.		Löschungen.	
Eintragung.	Löschung.	Zur lfd. Nr. der Eintragung.	
5.	6.	7.	8.
Der vorbehaltene Vorrang vor diesem Rechte ist der in Abteil. III Nr. 4 eingetragenen Hypothek eingeräumt. Eingetragen am 16. Oktober 1905. Fischer Neumann		1.	Gelöscht am 5. April 1904. Fischer Neumann
		4.	Gelöscht am 5. Juli 1909. Fischer Neumann
Für das Erbbaurecht ist das Blatt Nr. 86 in Band III dieses Grundbuchs angelegt. Eingetragen am 5. Februar 1912. Fischer Neumann		3.	Gelöscht am 17. August 1910. Fischer Neumann.

Laufende Nummer der Eintragung.	Lfd. Nummer der belast. Grundstücke	Betrag. M	Pf	Hypotheken, Grundschulden, Rentenschulden.	Zur lfd. Nr. der Eintragung.	Betrag M	Pf
1.	2	3.		4.	5.	6.	
1.	1.	9000 —4000 6000 —2000 3000	— — — — —	Neuntausend Mark Darlehen mit fünf v. Hundert jährl. seit 1 April 1896[1]) verzinsl. u. sechs Monate nach Kündigung rückzahlbar für den Schankwirt Wilh. Peters in Schwarzbach bei der Anlegung des Grundbuchs eingetragen am 3. Aug. 1901. Fischer Neumann	2.	2800	—
2.	3.	3300 — 500 2800	— — —	Sicherungshypothek für eine am 1. April 1904 zahlbare Kaufgeldforderung v. dreitausenddreihundert Mark für d. Maschinenfabrikanten Karl Franck in Lobau eingetragen am 12. Juni 1903. Fischer Neumann	1.	5000	—
3.	3, 4.	500		Vormerkung zur Sicherung des Anspruchs auf Einräumung e. Hypothek im Betrage v. fünfhundert Mark f. d. Kaufmann Karl Müller i. Seefeld unt. Bezugnah. auf d. einstweilige Verfügung des Kgl. Landgerichts zu N. vom 1., eingetr. a. 3. Febr. 1905. Fischer Neumann Umgeschrieb. in e. Hypothek für e. Kaufgeldforderung v. fünfhund. Mk. nebst vier vom Hundert jährl. Zins. seit d. 1. Mai 1905 für d. Kaufm. Karl Müller i. Seefeld unt. Bezugn. a. d. rechtskräft. Urteil d. Kgl. Landger. zu N. vom 6. Juni 1905 eingetr. a. 12. Juli 1905. Fischer Neumann	1. 2.	5000 2800	— —
4.	3.	3000	—	Dreitausend Mark Darlehen, mit fünf v. Hundert jährl. seit dem 1. Okt. 1905 verzinsl., für d. Landwirtschaftl. Kreditbank, Akt.-Ges., in Hannover. Die Eigentümer haben sich d. sofortigen Zwangsvollstreckung in d. Weise unterworfen, daß sie geg. den jeweilig. Eigentümer zulässig sein soll. Unter Bezugnahme auf die Bewilligung vom 24. Sept. 1905 eingetrag. mit d. Vorrange vor d. in Abt. II Nr. 2 eingetrag. Wohnungsrecht a. 16. Okt. 1905. Fischer Neumann	1. 2. 4.	5000 2800 3000	— — —

[1]) Braucht nicht im Vermerk zu stehen, E.K. 24[127].

Veränderungen.		Löschungen.			
Eintragung.	Löschung.	Zur lfd. Nr. der Eintragung.	Betrag. ℳ	₰	
7.	8.	9.	10.		11.
Der Restbetrag von zweitausendachthundert Mark umgewandelt i. eine gewöhnliche Hypothek für ein m. fünf v. Hundert jährlich seit d. 1. April 1904 verzinsliches Darlehen für d. Fabrikbesitzer Karl Franck in Lobau eingetragen am 4. April 1904. Fischer Neumann		2.	500	—	Fünfhundert Mark gelöscht am 4. April 1904. Fischer Neumann
		1.	4000	—	Viertausend Mark Resthypothek des Wilhelm Peters gelöscht am 6. Januar 1905. Fischer Neumann
Fünftausend Mark mit dem Vorrange vor dem Reste nebst den Zinsen seit dem 1. Oktober 1904 abgetreten an den Schmied Heinrich Stark in Hannover. Eingetragen am 24. Oktober 1904. Fischer Neumann		3.	500	—	Gelöscht am 16. Oktober 1905. Fischer Neumann
} Umgeschrieben für die Landwirtschaftliche Kreditbank, Aktiengesellsch., in Hannover mit der Maßgabe, daß an die Stelle d. bisherigen Forderungen eine mit fünf vom Hundert jährlich seit dem 1. Oktober 1905 verzinsliche Darlehnsforderung gesetzt ist. Die Eigentümer haben sich der sofortigen Zwangsvollstreckung in der Weise unterworfen, daß sie gegen den jeweiligen Eigentümer zulässig sein soll. Unter Bezugnahme auf die Bewilligung vom 24. September eingetragen am 16. Oktober 1905. Fischer Neumann		1.	2000	—	Zweitausend Mark gelöscht am 10. Dezember 1907. Fischer Neumann
		6.	1000	—	Gelöscht am 4. April 1912. Fischer Neumann
		7.	2500	—	Zweitausendfünfhundert Mark Ablösungssumme und einhundertzehn M. jährl. Rentenschuld gelöscht am 16. Oktober 1916. Fischer Neumann
} Über diese Hypotheken ist der Gläubigerin ein gemeinschaftlicher Brief erteilt. Eingetragen am 20. Okt. 1905. Fischer Neumann					

Dritte

Lfd. Nr. der Eintragung.	Lfd. Nr. der belasteten Grundst.	Betrag. ℳ	₰	Hypotheken, Grundschulden, Rentenschulden.	Zur lfd. Nr. der Eintragung.	Betrag. ℳ	₰
1.	2.	3.		4.	5.	6.	
5.	3.	500	—	Sicherungshypothek zum Höchstbetrage von fünfhundert Mark für den Zimmermeister Hermann Zander in Seefeld eingetragen am 4. März 1908. Fischer Neumann	6.	1000	—
6.	3.	1000	—	Eintausend Mark Grundschuld mit sechs vom Hundert jährlich seit dem 1. April 1908 verzinslich und drei Monate nach Kündigung zahlbar für den Rentier Friedrich Klein in Hannover. Die Erteilung eines Briefes ist ausgeschlossen. Eingetragen am 7. April 1908. Fischer Neumann	5.	500	—
7.	3.	6000 —2500 3500	— — —	Zweihundertfünfundachtzig Mark vom 1. April 1912 an jährlich am 1. April zahlbare Rentenschuld, ablösbar mit sechstausend Mark für die Kirchengemeinde in Hochdorf mit dem Vorrange vor den unter Nr. 5 eingetragenen fünfhundert Mark eingetragen am 4. April 1912. Fischer Neumann	5.	500	—

Abteilung.

Veränderungen.		Löschungen.			
Eintragung.	Löschung.	Zur lfd. Nr. der Eintragung.	Betrag. ℳ	₰	
7.	8.	9.	10.		11.
Mit den Zinsen seit 1. Oktober 1909 abgetreten an den Bankier Karl Scholz in Hannover und umgewandelt in eine Hypothek für eine vom 1. Oktober 1909 an jährlich mit sechs vom Hundert verzinsliche, sechs Monate nach Kündigung rückzahlbare Darlehnsforderung. Die Ausschließung der Erteilung eines Briefes ist aufgehoben. Das Grundstück Buchhain Kartenblatt 2 Parzelle 25 (Band III Blatt Nr. 22) haftet mit. Eingetragen am 3. Oktober 1909. Fischer Neumann					
Diese Hypothek ist infolge Verzichts des Gläubigers vom 7. Januar 1910 als Grundschuld für den Bauer Heinrich Schmidt in Buchhain und seine Ehefrau Sophie, geborene Busse, umgeschrieben am 7. Januar 1910. Fischer Neumann					
Vor dieser Grundschuld ist der unter Nr. 7 eingetragenen Rentenschuld der Vorrang eingeräumt. Eingetragen am 4. April 1912. Fischer Neumann					

Anlage B.

(Adler.)

Preußischer Hypothekenbrief

über

die in dem Grundbuche von Buchhain (Kreis Seefeld) Band I Blatt Nr. 12 Abteilung III Nr. 1 eingetragenen 9000 Mark.

Noch gültig auf 4000 Mk.

Lobau, den 24. Okt. 1904.

(Unterschriften.) *)

Inhalt der Eintragung:

Nr. 1: 9000 (neuntausend) Mark Darlehen, mit fünf vom Hundert jährlich seit dem 1. April 1896 verzinslich und sechs Monate nach Kündigung rückzahlbar, für den Schankwirt Wilhelm Peters in Schwarzbach eingetragen am 3. August 1901.

Belastetes Grundstück:

Der im Bestandsverzeichnis unter Nr. 1 verzeichnete, in der Gemarkung Buchhain belegene Bauerhof Nr. 8 von 41 ha 67 a 09 qm mit 373,29 Tlr. Grundsteuerreinertrag und 136 Mark Gebäudesteuernutzungswert; Grundsteuermutterrolle Art. 3, Gebäudesteuerrolle Nr. 27. Kaufpreis im Jahre 1895: 51 500 Mark.

Eigentümer:

Landwirt Friedrich Gerber in Buchhain.

---

*) Wird im Falle des § 39 Abs. 2 der Allgemeinen Verfügung zur Ausführung der Grundbuchordnung der dort vorgeschriebene Vermerk nicht von dem Grundbuchamte, sondern von einem anderen Amtsgericht oder einem Notar auf den Brief gesetzt, so genügt die Unterschrift des Richters oder des Notars.

Vorgehende oder gleichgehende Eintragungen:

Abteilung II: Nr. 1 ein Altenteil mit gleichem Range;
Abteilung III: keine.[1])

Lobau, den 6.[2]) August 1901.

Königliches Amtsgericht.

(Siegel.) (Unterschriften.)*)

Dem jeweiligen Eigentümer des im Bestandsverzeichnis unter Nr. 1 bezeichneten Grundstücks steht die auf dem Grundstücke Buchhain Kartenblatt 10 Parzelle 5 (Band I Blatt Nr. 15) in Abteilung II Nr. 3 eingetragene jährliche Rente von 200 Mark zu. Diese Rente ist auf dem Blatte des erstgenannten Grundstücks am 10. September 1901 vermerkt worden.

Dem im Bestandsverzeichnis unter Nr. 1 verzeichneten belasteten Grundstück ist am 24. Februar 1903 der ebenda unter Nr. 2 verzeichnete, im Dorfe Buchhain belegene Garten Kartenblatt 2 Parzelle 110 von 34 a 86 qm mit 7,68 Tlr. Grundsteuerreinertrag als Bestandteil zugeschrieben und vermerkt worden, daß dem jeweiligen Eigentümer des Gartens das auf dem Grundstücke Buchhain Kartenblatt 2 Parzelle 114 (Band I Blatt Nr. 37) in Abteilung II Nr. 1 eingetragene Wegerecht zusteht. Infolge der Zuschreibung ist das belastete Grundstück unter Nr. 3 des Bestandsverzeichnisses, wie folgt, neu eingetragen worden:

Der in der Gemarkung Buchhain belegene Bauerhof Nr. 8 von 42 ha 01 a 95 qm mit 380,97 Tlr. Grundsteuerreinertrag und 136 Mark

---

*) Eine über die Forderung ausgestellte Urkunde ist mit dem Briefe durch Schnur und Siegel zu verbinden. Erstreckt sich der Inhalt der Urkunde auch auf andere Angelegenheiten, so genügt ein öffentlich beglaubigter Auszug.

[1]) Dieses Negativzeugnis ist notwendig. Bloßes Schweigen genügt nicht, EK. 21^{171}. Vgl. aber EK. 23^{162}.

[2]) EK. 23^{163}.

Gebäudesteuernutzungswert; Grundsteuermutterrolle Art. 3, Gebäudesteuerrolle Nr. 27.

Lobau, den 3. März 1904.

Königliches Amtsgericht.

(Siegel.) (Unterschriften.)

Feuerversicherungssumme für das Wohnhaus und die Wirtschaftsgebäude im Jahre 1904: 8400 Mark.

Lobau, den 5. Mai 1904.

Königliches Amtsgericht.

(Siegel.) (Unterschriften.)

Von den vorstehenden 9000 Mark sind 5000 (fünftausend) Mark mit dem Vorrange vor dem Reste nebst den Zinsen seit dem 1. Oktober 1904 abgetreten an den Schmied Heinrich Stark in Hannover. Die Abtretung ist im Grundbuch eingetragen. Für den abgetretenen Betrag ist ein Teilhypothekenbrief hergestellt worden.

Lobau, den 24. Oktober 1904.

Königliches Amtsgericht.

(Siegel.) (Unterschriften.)*)

---

*) Wird der Teilhypothekenbrief nicht von dem Grundbuchamte, sondern von einem anderen Amtsgericht oder einem Notar hergestellt, so ist der Vermerk über die Herstellung des Hypothekenbriefs nur von dem Richter oder dem Notar zu unterschreiben.

Anlage C.

(Adler.)

Preußischer Teilhypothekenbrief

über

5000 Mark Teilbetrag der in dem Grundbuche von Buchhain (Kreis Seefeld) Band I Blatt Nr. 12 Abteilung III Nr. 1 eingetragenen 9000 Mark.

Der bisherige Brief über die Hypothek von 9000 Mark lautet, wie folgt:

(folgt Abschrift des bisherigen Briefes und der auf diesem befindlichen Vermerke mit Ausschluß des Vermerkes über die Teilabtretung.)

Die vorstehende Abschrift stimmt mit der Urschrift überein.

Von den 9000 Mark sind dem Schmied Heinrich Stark in Hannover 5000 (fünftausend) Mark nebst den Zinsen seit dem 1. Oktober 1904 mit dem Vorrange vor dem Reste abgetreten. Die Abtretung ist im Grundbuch eingetragen.

Über die 5000 (fünftausend) Mark ist dieser Teilhypothekenbrief hergestellt worden. Die Herstellung ist auf dem bisherigen Briefe vermerkt.

Lobau, den 26. Oktober 1904.

Königliches Amtsgericht.

(Siegel.) (Unterschriften.)*)

---

*) Ist mit dem bisherigen Briefe eine Schuldurkunde verbunden, so ist eine beglaubigte Abschrift der Urkunde nicht in den Teilhypothekenbrief aufzunehmen, sondern mit ihm durch Schnur und Siegel zu verbinden. Vgl. wegen der Unterschriften die Anmerkung auf S. 370 [in dieser Ausgabe S. 212].

Anlage D.

(Adler.)

Preußischer Hypothekenbrief.

über

Noch gültig auf 6000 Mk. Lobau, den 25. März 1913. (Unterschriften.)

die in dem Grundbuche von Buchhain (Kreis Seefeld) Band I Blatt Nr. 17 Abteilung III Nr. 1 und ebenda Blatt Nr. 26 Abteilung III Nr. 3 sowie in dem Grundbuche von Seefeld (Kreis Seefeld) Band VI Blatt Nr. 35 Abteilung III Nr. 6 eingetragene Gesamthypothek von 7000 Mark.

Inhalt der Eintragung:

7000 (siebentausend) Mark Kaufpreis mit viereinhalb vom Hundert jährlichen, am 1. April und 1. Oktober zu entrichtenden Zinsen seit dem 1. April 1908, zahlbar sechs Monate nach Kündigung, die nur zum 1. April und 1. Oktober, dem Gläubiger im Falle pünktlicher Zinszahlung frühestens zum 1. April 1913 gestattet ist, für den Landwirt Karl Friedrich in Buchhain eingetragen am 5. April 1908.

Belastete Grundstücke:

1. Buchhain Bd. I Bl. Nr. 17:

a) Das im Bestandsverzeichnis unter Nr. 1 verzeichnete, im Dorfe Buchhain belegene Wohnhaus mit Hofraum Kartenblatt 2 Parzelle $\frac{152}{67}$ von 6 a 17 qm mit 36 Mark Gebäudesteuernutzungswert; Grundsteuermutterrolle Art. 63, Gebäudesteuerrolle Nr. 61;

Feuerversicherungssumme im Jahre 1902: 4200 Mark.

b) Der im Bestandsverzeichnis unter Nr. 3 verzeichnete, in der Gemarkung Buchhain in der großen Huben belegene Acker Kartenblatt 1 Parzelle 46 von 22 ha 18 a 40 qm mit 89,94 Tlr. Grundsteuerreinertrag; Grundsteuermutterrolle Art. 63.

2. Buchhain Bd. I Bl. Nr. 26: das im Bestandsverzeichnis unter Nr. 7 verzeichnete, im Oberfelde der Gemarkung Buchhain belegene Stück Acker, Wiese, und Weide, Kartenblatt 2 Parzellen $\frac{146}{27}$, $\frac{147}{28}$, 29 von 3 ha 08 a 91 qm mit 16,13 Tlr. Grundsteuerreinertrag, Grundsteuermutterrolle Art. 63.*)

3. Seefeld Bd. VI Bl. Nr. 35: Der im Bestandsverzeichnis unter Nr. 4 verzeichnete, in der Gemarkung Seefeld an der Feldmark Greben belegene Acker Kartenblatt 5 Parzelle 76 von 3 ha 12 a 10 qm mit 10,15 Tlr. Grundsteuerreinertrag, Grundsteuermutterrolle Art. 32.

Eigentümer:

Zu Nr. 1, 2: Schankwirt Karl Zimmermann in Buchhain.

Zu Nr. 3: derselbe und seine Ehefrau Marie Luise Zimmermann, geborene Schulze, in Buchhain, je zur Hälfte.

Vorgehende und gleichstehende Eintragungen:

Auf Nr. 1a:

Abteilung II: Nr. 1 ein Altenteil mit gleichem Range.

Auf Nr. 1b:

keine.

---

*) Bei dem Grundstücke Nr. 2 bilden die aufgeführten Katasterparzellen ein Grundstück. Würde es sich bei jeder von ihnen um ein selbständiges Grundstück handeln, so wäre wie bei Nr. 1 zu verfahren.

Auf Nr. 2:

Abteilung II: Nr. 2 ein Wegerecht, Abteilung III: Nr. 2 500 (fünfhundert) Mark,	im Range vorgehend.

Auf Nr. 3:

keine.

Lobau, den 7. April 1908.

Königliches Amtsgericht.

(Siegel). (Unterschriften).

1000 (eintausend) Mark sind gelöscht worden. Der Rest von 6000 (sechstausend) Mark ist mit den Zinsen seit dem 1. Januar 1913 dem Kaufmann Emil Kuntze in Seefeld abgetreten. Die Abtretung ist im Grundbuch eingetragen.

Lobau, den 25. März 1913.

Königliches Amtsgericht.

(Siegel). (Unterschriften).

Die Hypothek ist auf dem oben unter Nr. 2 aufgeführten Grundstück in dem Grundbuche von Buchhain Band I Blatt Nr. 26 gelöscht, nachträglich aber auch im Grundbuche von Seefeld Band VII Blatt Nr. 42 Abteilung III Nr. 1 eingetragen worden. Dieses neubelastete Grundstück ist die im Bestandsverzeichnis unter Nr. 3 verzeichnete in der Gemarkung Seefeld an der Feldmark Greben belegene Holzung Kartenblatt 5 Parzelle 77 von 2 ha 71 a 30 qm mit 6,33 Tlr. Grundsteuerreinertrag, Grundsteuermutterrolle Art. 67.

Eigentümer des neu belasteten Grundstücks: Schankwirt Karl Zimmermann und seine Ehefrau Marie Luise Zimmermann, geborene Schulze, in Buchhain je zur Hälfte.

Vorgehende oder gleichstehende Eintragungen sind auf dem neu belasteten Grundstücke nicht vorhanden.

Lobau, den 10. Oktober 1916.

Königliches Amtsgericht.

(Siegel.) (Unterschriften.)

Anlage E.

(Adler.)

Preußischer Hypothekenbrief

über

die in dem Grundbuche von Buchhain (Kreis Seefeld) Band I Blatt Nr. 12 Abteilung III Nr. 1, 2, 4 eingetragenen 5000, 2800 und 3000, zusammen 10800 Mark.

Noch gültig auf 3000, 2800 und 3000, zusammen 8800 Mk.

Inhalt der Eintragungen:

Lobau, den 10. Dez. 1907.

Nr. 1: 5000 (fünftausend) Mark Restbetrag der am 3. August 1901 eingetragenen 9000 Mark.

Nr. 2: 2800 (zweitausendachthundert) Mark Restbetrag der am 12. Juni 1903 eingetragenen 3300 Mark.

(Unterschriften.)

Die Hypotheken Nr. 1, 2 sind am 16. Oktober 1905 für die Landwirtschaftliche Kreditbank, Aktiengesellschaft, in Hannover mit der Maßgabe umgeschrieben, daß an die Stelle der bisherigen Forderungen eine Darlehnsforderung von gleichem Betrage gesetzt ist.

Nr. 4: 3000 (dreitausend) Mark Darlehen für die Landwirtschaftliche Kreditbank, Aktiengesellschaft, in Hannover eingetragen am 16. Oktober 1905.

Die Darlehen (Nr. 1, 2, 4) sind mit fünf vom Hundert jährlich seit dem 1. Oktober 1905 in halbjährigen, am 1. April und 1. Oktober zahlbaren Beträgen verzinslich und sechs Monate nach Kündigung rückzahlbar. Die Kündigung ist nur zum 1. April und 1. Oktober gestattet. Werden die Zinsen pünktlich, d. h. spätestens am 10. April und 10. Oktober gezahlt, so kann die Gläubigerin nicht früher als zum 1. Oktober 1910 kündigen. Erfolgt die Zinszahlung nicht pünktlich, so sind die Darlehen sofort fällig; für diesen Fall haben sich die Eigentümer der sofortigen Zwangsvollstreckung in der Weise unterworfen, daß sie gegen den jeweiligen Eigentümer zulässig sein soll.

Belastetes Grundstück:

Der im Bestandsverzeichnis unter Nr. 3 verzeichnete, in der Gemarkung Buchhain belegene Bauerhof Nr. 8 von 42 ha 01 a 95 qm mit 380,97 Tlr. Grundsteuerreinertrag und 136 Mark Gebäudesteuernutzungswert; Grundsteuermutterrolle Art. 3, Gebäudesteuerrolle Nr. 27.

Kaufpreis für den Bauerhof ohne den ihm zugeschriebenen, im Bestandsverzeichnis unter Nr. 2 verzeichneten Garten im Jahre 1895: 51500 Mark.

Feuerversicherungssumme im Jahre 1904: 8400 Mark.

Eigentümer:

Bauer Heinrich Schmidt und seine Ehefrau Sophie Schmidt, geborene Busse, in Buchhain in ehelicher Gütergemeinschaft.

Vorgehende oder gleichstehende Eintragungen:

Keine.

Dieser Hypothekenbrief tritt für die in Abteilung III Nr. 1 eingetragene Resthypothek von 5000 Mark an die Stelle des bisherigen Briefes.

Lobau, den 20. Oktober 1905.

Königliches Amtsgericht.

(Siegel.) (Unterschriften.)

Von den in Abteilung III Nr. 1 noch eingetragenen 5000 Mark sind 2000 (zweitausend) Mark gelöscht worden.

Lobau, den 10. Dezember 1907.

Königliches Amtsgericht.

(Siegel.) (Unterschriften.)

Anlage F.

(Adler.)

Preußischer Grundschuldbrief

über

die in dem Grundbuche von Seefeld (Kreis Seefeld) Band VI Blatt Nr. 25 Abteilung III Nr. 7 eingetragenen 2000 Mark.

Inhalt der Eintragung:

Nr. 7: 2000 (zweitausend) Mark Grundschuld, mit fünf vom Hundert jährlich seit dem 1. Oktober 1903 in halbjährigen, am 1. April und 1. Oktober zahlbaren Beträgen verzinslich, drei Monate nach Kündigung, die jedem Teil nur zu dem Schlusse eines Kalendervierteljahrs zusteht, zahlbar, für den Rentier Wilhelm Korn in Grünbusch eingetragen am 11. Oktober 1903. Das Kapital und die Zinsen sind am jeweiligen Wohnsitze des Gläubigers zu zahlen.

Belastetes Grundstück:

Das im Bestandsverzeichnis unter Nr. 5 verzeichnete, im Dorfe Seefeld belegene Wohnhaus mit Hofraum und Garten Kartenblatt 2 Parzelle $\frac{150}{67}$, $\frac{151}{67}$ von 28 a 79 qm mit 1,11 Tlr. Grundsteuerreinertrag und 90 Mark Gebäudesteuernutzungswert; Grundsteuermutterrolle Art. 4, Gebäudesteuerrolle Nr. 65.

Eigentümer:

Schlächtermeister Heinrich Krause in Seefeld.

Vorgehende oder gleichstehende Eintragungen:

Abteilung II: Nr. 2 ein lebenslängliches Wohnungsrecht, Abteilung III: Nr. 5 500 (fünfhundert) Mark, Nr. 6 1000 (eintausend) Mark,	im Range vorgehend.

Lobau, den 13. Oktober 1903.

Königliches Amtsgericht.

(Siegel.) (Unterschriften.)

Die Grundschuld von 2000 Mark ist mit den Zinsen seit dem 1. April 1906 abgetreten an den Kaufmann Hermann Funke in Hannover und umgewandelt in eine Hypothek für eine vom 1. April 1906 an jährlich mit fünfeinhalb vom Hundert verzinsliche, sechs Wochen nach Kündigung rückzahlbare Darlehnsforderung von 2000 Mark; die Kündigung ist nur zu dem ersten Tage eines Kalendervierteljahrs gestattet. Die Abtretung und die Umwandlung sind im Grundbuch eingetragen.

Lobau, den 6. April 1906.

Königliches Amtsgericht.

(Siegel.) (Unterschriften.)

Anlage G.

(Adler.)

Preußischer Rentenschuldbrief

über

die im Grundbuche von Buchain (Kreis Seefeld) Band I Blatt Nr. 12 Abteilung III Nr. 7 eingetragene Rentenschuld von 285 Mark.

Noch gültig auf 175 Mark Rentenschuld, ablösbar mit 3500 Mk.

Inhalt der Eintragung:

Nr. 7: 285 (zweihundertundfünfundachtzig) Mark vom 1. April 1912 an jährlich am 1. April zahlbare Rentenschuld, ablösbar mit sechstausend Mark, für die Kirchengemeinde in Hochdorf eingetragen am 4. April 1912. Lobau, den 16. Okt. 1916. (Unterschriften.)

Belastetes Grundstück:

(wie in Anlage E).

Eigentümer:

(ebenso).

Vorgehende und[1]) gleichstehende Eintragungen:

Abteilung II: ein lebenslängliches Wohnungsrecht; Abteilung III: Nr. 1 3000 (dreitausend) Mark, Nr. 2 2800 (zweitausendachthundert) Mark, Nr. 4 3000 (dreitausend) Mark,	im Range vorgehend.

Lobau, den 6. April 1912.

Königliches Amtsgericht.

(Siegel.) (Unterschriften.)

110 (einhundertzehn) Mark jährliche Rentenschuld mit einer Ablösungssumme von 2500 (zweitausendfünfhundert) Mark sind gelöscht worden.

Lobau, den 16. Oktober 1916.

Königliches Amtsgericht.

(Siegel.) (Unterschriften.)

[1]) In den übrigen Formularen heißt es „oder".

Sachregister.

Die eingeklammerten Zahlen geben die Seiten an, die freien Zahlen den §. oder Art. und zwar ohne Zusatz die §§. der GBO., während die vorgesetzten römischen Zahlen auf die in der Inhaltsübersicht unter der entsprechenden Zahl aufgeführte Quelle verweisen. A = Anmerkung. E. = Einleitung.

A.

G.

M.

Herrosé & Ziemsen, G. m. b. H., Wittenberg.

Verzeichnis

der

Guttentag'schen Sammlung Deutscher Reichs- und Preussischer Gesetze

Text-Ausgaben

mit Anmerkungen u. Sachregister

Guttentag'sche Sammlung

Deutscher Reichsgesetze.

Text-Ausgaben mit Anmerkungen. Taschenformat.

---

1. **Verfassung** des Deutschen Reichs. Gegeben Berlin, den 16. April 1871. Von Dr. **L. von Rönne.** Neunte Auflage von Landrat **Paul von Rönne.** 1904. 2 M. 40 Pf.

2. **Strafgesetzbuch** für das Deutsche Reich. Nebst den gebräuchlichsten Reichs-Strafgesetzen: Presse, Entziehung elektrischer Arbeit, Personenstand, Kranken-, Unfall-, Invalidenversicherung, Gewerbeordnung, unlauterer Wettbewerb, Depot- und Börsengesetz, gewerbliche Kinderarbeit usw. Von Dr. **H. Rüdorff.** Zweiundzwanzigste Auflage von Dr. **H. Appelius,** Kammergerichtsrat. 1907. 1 M. 50 Pf.

3. **Militärstrafgerichtsordnung** nebst Einführungsgesetz und Gesetz, betreffend die Dienstvergehen der richterlichen Militärjustizbeamten und die unfreiwillige Versetzung derselben in eine andere Stelle oder in den Ruhestand. Bearbeitet von Dr. **Paul Herz,** Senatspräsident am Reichsmilitärgericht. Dritte Aufl. 1902. Aus dem Handel gezogen.

4. **Handelsgesetzbuch vom 10. Mai 1897** unter Ausschluß des Seerechts. Mit den ergänzenden Vorschriften des Bürgerlichen Gesetzbuchs und Erläuterungen herausgegeben von **F. Litthauer,** Justizrat Dreizehnte Aufl. herausgeg. von Geh. Justizrat Prof. Dr. **A. Mosse,** Oberlandesgerichtsrat 1905. 3 M

5. Allgemeine Deutsche **Wechselordnung.** Neunte Auflage von Justizrat Dr. **J. Stranz** und Rechtsanwalt Dr. **M. Stranz,** und das Reichsgesetz über die **Wechselstempelsteuer.** Von Regierungsrat **P. Loeck.** Achte Auflage. 1906. 3 M.

6. **Gewerbeordnung** für das Deutsche Reich nebst allen Ausführungsbestimmungen. Ursprünglich herausgegeben von **T. Ph. Berger** und Dr. **L. Wilhelmi.** Siebzehnte Auflage bearbeitet von Oberverwaltungsgerichtsrat **H. Spangenberg.** 1907. 3 M.

7. Die deutsche **Post- und Telegraphen-Gesetzgebung.** Nebst dem Weltpostvertrag und dem internationalen Telegraphenvertrag. Von Wirkl. Geh. Rat Dr. **Fischer.** Fünfte Auflage bearbeitet von Geh. Postrat Dr. **M. König.** 1902. 3 M.

8. Die Reichsgesetze über den **Unterstützungswohnsitz** in der Fassung der Novelle vom 12. März 1894, **die Freizügigkeit, den Erwerb und Verlust der Bundes- und Staatsangehörigkeit,** nebst allen landesgesetzlichen Bestimmungen. Von Geheimrat Dr. **J. Krech,** Mitglied des Bundesamtes für das Heimatwesen. Sechste Auflage. 1907. 3 M.

9a. Sammlung **kleinerer privatrechtlicher Reichsgesetze.** Von **F. Vierhaus.** Zweite Auflage in Vorbereitung.

9. **Sammlung kleinerer strafrechtlicher Reichsgesetze.** Mit den Entscheidungen des Reichsgerichts bearbeitet von **M. Werner,** Geh. Ober-Regierungsrat. Zweite Auflage. 1903. 3 M.

Inhalt: Inhaberpapiere — Presse — Personenstand — Urheberrechtsgesetzgebung — Rinderpest — Nahrungs- und Genußmittel - Sprengstoff — Feingehalt von Gold- und Silberwaren — Patentgesetz — Handfeuerwaffen — Gebrauchsmusterschutz — Militärische Geheimnisse — Warenbezeichnung — unlauterer Wettbewerb — Auswanderung — Margarine — Wein — Sklavenraub — Fleischbeschau — Reichsseuchengesetz — Süßstoff — Reichskassenscheine.

10. **Das Reichsbeamtengesetz** vom 31. März 1873 und seine Ergänzungen. Erläutert von **J. Pieper,** Geh. Ober-Reg.-Rat. Zweite Auflage. 1901. 4 M. 50 Pf.

11. **Zivilprozeßordnung mit Gerichtsverfassungsgesetz** in den neuesten Fassungen. Unter besonderer Berücksichtigung der Entscheidungen des Reichsgerichts herausgegeben mit Anmerkungen zunächst von **R. Sydow,** Unterstaatssekretär, weiter bearbeitet von **L. Busch,** Reichsgerichtsrat. Zehnte Auflage. 8°. 1905. 6 M.

Dieser Band ist in größerem Format erschienen!

12. **Strafprozeßordnung und Gerichtsverfassungsgesetz** nebst den Gesetzen, betreffend die Entschädigung der im Wiederaufnahmeverfahren freigesprochenen Personen und die Entschädigung für unschuldig erlittene Untersuchungshaft. Von Dr. **A. Hellweg,** Reichsgerichtsrat. Vierzehnte Auflage. 1907. 2 M.

13. **Konkursordnung und Anfechtungsgesetz.** Von **R. Sydow.** Weiter bearbeitet von **L. Busch.** Zehnte Auflage. 1906. 2 M. 25 Pf.

14. **Gerichtsverfassungsgesetz** mit Einführungsgesetz. Herausgegeben von **R. Sydow** und **L. Busch.** Neunte Auflage. 1905. 1 M. 50 Pf.

15. Das **Deutsche Gerichtskostengesetz** nebst den Gebührenordnungen für Gerichtsvollzieher, Zeugen und Sachverständige. Herausgegeben mit Kostentabellen von **R. Sydow.** Weiter bearbeitet von **L. Busch.** Achte Auflage. 1907. 2 M.

16. **Rechtsanwaltsordnung.** Von **R. Sydow.** Sechste Auflage von Justizrat **M. Jacobsohn.** 1907. 1 M. 20 Pf.

17. Die **Deutsche Gebührenordnung für Rechtsanwälte und das Preußische Gebührengesetz** vom 27. September / 6. Oktober 1899. Von **R. Sydow** und **L. Busch.** Siebente Auflage. 1903. 1 M. 60 Pf.

18. **Reichsstempelgesetz (Börsensteuer, Frachturkunde, Kraftfahrzeuge, Personenfahrkarte, Tantieme für Aufsichtsratsmitglieder).** In der Fassung des Gesetzes vom 3. Juni 1906. Nebst Ausführungsbestimmungen, den Entscheidungen der höchsten Verwaltungsbehörden und des Reichsgerichts. Neunte Auflage von **P. Loeck,** Regierungsrat. 1906. 4 M. 50 Pf.

Dieser Band ist in größerem Format erschienen!

19. Die **Seegesetzgebung.** Von Dr. **W. E. Knitschky.** Dritte Auflage bearbeitet von Oberlandesgerichtsrat **Otto Rudorff** in Hamburg. 1902. 4 M. 50 Pf.

20. **Krankenversicherungsgesetz.** Von weil. Dr. **E. von Woedtke,** Direktor im Reichsamte des Innern. Elfte Auflage bearbeitet von Dr. **G. Eucken-Addenhausen,** Geh. Reg.-Rat und vortr. Rat im Reichsamte des Innern. 1905. 3 M.

21 Die **Konsulargesetzgebung.** Von Professor Dr. **Ph. Zorn.** Zweite Auflage. 1901. 3 M.

22a. **Patentgesetz.** Nebst Ausführungsbestimmungen, völkerrechtlichen Verträgen und der Patentanwalts-Ordnung unter eingehender Berücksichtigung der Rechtsprechung des Reichsgerichts und der Praxis des Patentamts. Erläutert von Professor Dr. **R. Stephan,** Geh. Reg.-Rat, Mitglied des Kaiserlichen Patentamts. Sechste Auflage. 1904. 2 M.

22b. Gesetz zum **Schutz der Warenbezeichnungen.** Nebst Ausführungsbestimmungen. Von Dr. **R. Stephan,** Geh. Reg.-Rat, Mitglied des Kaiserlichen Patentamts. Vierte Auflage. 1899. 1 M.

23. **Gewerbe-Unfallversicherungsgesetz.** Von weil. Dr. **E. v. Woedtke.** Neunte neubearbeitete Auflage von **Franz Caspar,** Direktor im Reichsamt des Innern. 1907. 2 M. 50 Pf.

24. **Aktiengesellschaft und Kommanditgesellschaften auf Aktien.** (Handelsgesetzbuch, II. Buch, Abschnitt 3 und 4). Mit Anmerkungen von **H. Keyssner,**

Kammergerichtsrat und Dr. **H. Veit Simon**, Rechtsanwalt. Fünfte Auflage. Bearbeitet von Dr. **Hugo Keyssner** und **L. Keyssner.** 1900. 2 M. 25 Pf.

25. **Brausteuergesetz** vom 3. Juni 1906 mit Ausführungsvorschriften. Von **A. Düffe**, Obersteuerkontrolleur. 1907. 3 M.

26. Die Reichsgesetzgebung über **Münz- und Notenbankwesen**, Papiergeld, Prämienpapiere und Reichsschulden. Von Dr. jur. **R. Koch**, Präsident des Reichsbankdirektoriums. Fünfte Auflage. 1905. 3 M.

27. Die Gesetzgebung, betr. das **Gesundheitswesen** im Deutschen Reich für Behörden, Aerzte 2c. Von Dr. jur. **C. Goesch** und Dr. med. **J. Karsten.** 1888. 1 M. 60 Pf.

28. **Bau-Unfallversicherungsgesetz.** Vom 30. Juni 1900. Von **R. Chrzescinski**, Kaiserl. Regierungsrat. Dritte Auflage. 1900. 2 M.

29. Reichsgesetz, betr. die **Erwerbs- und Wirtschaftsgenossenschaften.** Von **L. Parisius** und Dr. **H. Crüger.** Zwölfte Auflage bearbeitet von Dr. **H. Crüger.** 1907. 1 M. 50 Pf.

30. **Invalidenversicherungsgesetz** vom 13. Juli 1899. Von weil. Dr. **E. v. Woedtke.** Zehnte Auflage bearbeitet von Regierungsrat **H. Follmann.** 1906. 4 M.

31. Gewerbegerichtsgesetz. Von Stadtrat **L. Mugdan.** Sechste Auflage bearbeitet von **W. Cuno,** Erstem Bürgermeister zu Hagen i. W. 1906. 2 M. 20 Pf.

32. Reichsgesetz, betr. die Gesellschaften mit beschränkter Haftung. Von **L. Parisius** und Dr. **H. Crüger.** Neunte Auflage von Dr. **H. Crüger.** 1907. 1,40 M.

33. Vereins- und Versammlungsrecht in Deutschland. Von Dr. **E. Ball.** Zweite, völlig neubearbeitete Auflage von Dr. **F. Friedenthal.** 1907. 2 M. 50 Pf.

34. Reichsgesetz, betreffend die Abzahlungsgeschäfte. Vom 16. Mai 1894. Von **J. Hoffmann.** Zweite vermehrte Auflage besorgt von Dr. **E. Wilke,** Landgerichtsrat. 1901. 1 M. 20 Pf.

35. Die Reichs-Eisenbahngesetzgebung. Von **W. Coermann,** Kaiserl. Amtsrichter. 1895. 2 M. 25 Pf.

36. Gesetze, betr. die privatrechtlichen Verhältnisse der Binnenschiffahrt und der Flößerei. Erläutert von **H. Makower.** Dritte Auflage bearbeitet von **E. Löwe,** Landgerichtsrat. 1903. 3 M.

37. Gesetz zur Bekämpfung des unlauteren Wettbewerbes. Vom 27. Mai 1896. Von Dr. **R. Stephan,** Geh. Regierungsrat. Dritte Auflage. 1903. 1 M.

38/39. Bürgerliches Gesetzbuch nebst Einführungsgesetz. Nach dem Tode des ursprünglichen Herausgebers Reichsgerichtsrats a. D. Dr. **A. Achilles** in Verbindung mit Professor Dr. **André,** Kammergerichtsrat

Ritgen, Ober-Landesgerichtsrat **Strecker,** Ober-Regierungsrat Dr. **Unzner** herausgegeben von Geh. Ober-Justizrat **Greiff.** Fünfte Auflage. 8°. 1906. 6 M. 50 Pf.

Dieser Band ist in größerem Format erschienen!

40. Gesetz, betr. die **Pflichten der Kaufleute bei Aufbewahrung fremder Wertpapiere (Depotgesetz).** Mit Erläuterungen. Von **F. Lusensky,** Geh. Ober-Regierungsrat. Zweite Auflage. 1905. 1 M.

41. **Börsengesetz.** Vom 22. Juni 1896. Nebst Ausführungsbestimmungen. Unter Mitwirkung des Direktors im Reichsamt des Innern **A. Wermuth** bearbeitet von Regierungsrat **H. Brendel.** 1897. 1 M. 50 Pf.

42. **Grundbuchordnung** nebst den preußischen Ausführungsbestimmungen. Mit Einleitung. Von Professor Dr. **O. Fischer.** Vierte Auflage. 1906. 2 M.

43. Die Gesetzgebung, betr. die **Zwangsvollstreckung in das unbewegliche Vermögen** im Reiche und in Preußen. Mit Einleitung, Kosten- und Gebührentabellen. Von Dr. **J. Krech,** Kaiserl. Geh. Regierungsrat und Professor Dr. **O. Fischer.** Fünfte Auflage. 1907. 2 M.

44. Das Reichsgesetz über das **Auswanderungswesen** vom 9. Juni 1897 nebst Ausführungsverordnungen und Anlagen. Unter Benutzung amtlicher Quellen. Von Professor Dr. **Felix Stoerk.** 1899. 2 M. 25 Pf.

45. Das **Entmündigungsrecht** unter Berücksichtigung der für Preußen geltenden Vorschriften nebst der preußischen Justiz-Ministerial-Verfügung vom 28. November 1899. Text der zivil- und prozeßrechtlichen Bestimmungen mit Erläuterungen von Landgerichtsrat Dr. **P. Koll** in Cöln. 1900. 1 M. 50 Pf.

46. Die Gesetze des Reiches und Preußens über die **freiwillige Gerichtsbarkeit.** Mit Einleitung von **Herm. Jastrow,** Amtsgerichtsrat. Vierte Auflage. 1906. 3 M.

47. Das **deutsche Vormundschaftsrecht** und das preuß. Gesetz über die Fürsorgeerziehung Minderjähriger nebst den dazu gehörigen preußischen Nebengesetzen. Mit Einleitung und Erläuterungen von **Max Schultzenstein,** Oberverwaltungsgerichtsrat und Amtsgerichtsrat Dr. **Paul Köhne.** Zweite Auflage. 1901. 3 M.

48. Gesetze und Verordnungen, betr. den **Drogen-, Gift- und Farbenhandel** außerhalb der Apotheken. Von Dr. **Broh,** Rechtsanwalt. 1899. 1 M. 25 Pf.

49. Deutsche **Kolonialgesetzgebung.** Von Professor Dr. **Philipp Zorn.** 1901. 4 M. 50 Pf.

50. Der **Viehkauf** (Viehgewährschaft) nach dem Bürgerlichen Gesetzbuche. Mit Erläuterungen von Rechtsanwalt Dr. **H. Stölzle.** Nebst Verordn. betr. die Hauptmängel und Gewährsfristen beim Viehhandel. Von **H. Weiskopf,** Königl. Kreistierarzt in Augsburg. Dritte Auflage. 1904. 3 M.

51. **Hypothekenbankgesetz** vom 13. Juli 1899. Von Dr. **H. Göppert**, Gerichts-Assessor. 1900. 1 M. 80 Pf.

52. Gesetz, betreffend die gemeinsamen **Rechte der Besitzer von Schuldverschreibungen.** Von Dr. **Heinrich Göppert**, Gerichts-Assessor. 1900. 2 M.

53. **Reichspreßgesetz** vom 7. Mai 1874 nebst den einschlägigen Bestimmungen des Strafgesetzbuchs, der Gewerbeordnung 2c. Kommentar von **A. Born**, Polizeiassessor. 1900. 1 M. 50 Pf.

54. Die Reichsgesetzgebung über den Verkehr mit **Nahrungsmitteln, Genußmitteln** und **Gebrauchsgegenständen.** Von Dr. **Georg Lebbin**, Nahrungsmittelchemiker. 1900. 2 M. 25 Pf.

55. Das Recht der **Beschlagnahme von Lohn- und Gehaltsforderungen.** Auf Grundlage der Reichsgesetze vom 21. Juni 1869 u. 29. März 1897 und der Zivilprozeßordnung. Von Rechtsanwalt **Georg Meyer.** Zweite Auflage. 1904. 2 M.

56. **Gesetz**, betr. die **Bekämpfung gemeingefährlicher Krankheiten.** Nebst Ausführungsbestimmungen. Von Dr. **Bruno Burkhardt**, Regierungsrat, Mitglied des Kais. Gesundheitsamts. 1900. 1 M. 40 Pf.

57. **See-Unfallversicherungsgesetz.** Von **Dr. Max Mittelstein**, Oberlandesgerichtsrat in Hamburg. 1901. 2 M.

58. **Das Recht der unehelichen Kinder.** Ausgabe aller einschlägigen Bestimmungen des BGB. Von **Hermann Jastrow,** Amtsg.-Rat. 1901. 1 M. 80 Pf.

59. Reichsgesetz über die **Beurkundung des Personenstandes und die Eheschließung.** Von Dr. **F. Fidler,** Amtgerichtsrat. 1901. 1 M. 80 Pf.

60. Gesetz, betreffend das **Urheberrecht an Werken der Literatur und der Tonkunst.** Von Landrichter **Otto Lindemann.** Zweite Auflage. 1907. 1 M. 60 Pf.

61. Gesetz über das **Verlagsrecht.** Von Justizrat **Ernst Heinitz.** 1901. 1 M. 50 Pf.

62. Gesetz über die **privaten Versicherungsunternehmungen.** Von **H. Könige,** O.L.G.-Rat. 1901. 3 M.

63. **Gesetzestafel des Deutschen Reichsrechts.** Systematisch geordnete Nachweisung des z. Z. geltenden Reichsrechts. Ergänzungsband zu der Guttentag'schen Sammlung Deutscher Reichsgesetze. Von **Hugo Bruhns,** Syndikus. 1902. 2 M. 50 Pf.

64. Gesetzsammlung betr. den **Handel mit Drogen und Giften.** Reichsgesetzl. Bestimmungen und Anhang mit den landesgesetzl. Verordnungen sämtlicher Bundesstaaten. Von Rechtsanwalt **H. Sonnenfeld,** Syndik. d. Berl. Drogisten-Innung. 1902. 3 M.

65. Das **Weingesetz** vom 24. Mai 1901. Mit Ausführungsbestimmungen erläutert von Dr. **Georg Lebbin,** Handels- und Gerichtschemiker zu Berlin. 1902. 1 M. 50 Pf.

66. Die **Eisenbahn-Gesetzgebung.** Von **W. Pietsch,** Geh. exp. Sekretär im Reichs-Eisenbahn-Amt. 1902. 5 M.

67. **Militär-Strafgesetzbuch.** Mit den Entscheidungen des Reichs-Militärgerichts von Dr. **Paul Herz,** Senats-Präsident am Reichs-Militärgericht und Kriegsgerichtsrat Dr. **Georg Ernst.** 1903.
Aus dem Handel gezogen.

68. Das **Fleischbeschaugesetz.** Vom 3. Juni 1900. Mit Ausführungsges. u. Verordnungen im Reiche und in Preußen. Von Dr. **Georg Lebbin,** Gerichtschemiker und Rechtsanwalt Dr. **Georg Baum.** 1903. 4 M.

69. Reichsgesetz über die **Naturalleistungen der bewaffneten Macht im Frieden** nebst den zugehörigen in Preußen geltenden Bestimmungen. Von Regierungsassessor Dr. **Walter v. Hippel.** 1903. 1 M. 25 Pf.

70. Das **Reichs-Haftpflichtgesetz,** betr. die Verbindlichkeit zum Schadensersatz für die bei dem Betriebe von Eisenbahnen, Bergwerken, Steinbrüchen, Gräbereien und Fabriken herbeigeführten Tötungen und Körperverletzungen, vom 7. Juni 1871. Von Regierungsrat Dr. **G. Eger.** 1903. Preis 3 M.

71. **Kinderarbeit in gewerblichen Betrieben,** v. 30. März 1903. Nebst der Preuß. Ausführ.-Anw. v. 30. Nov. u. d. Bek. des Reichskanzlers v. 17. Dez. 1903. Von **H. Spangenberg,** Oberverwaltungsgerichtsrat. Zweite vermehrte Auflage. 1904. 1 M. 60 Pf.

72. **Unfallversicherungsgesetz für Land- und Forstwirtschaft** vom Wirkl. Geh. Rat Dr. **E. von Woedtke,** fortgesetzt von Dr. **Alfred Radtke,** Geh. Regierungsrat und Senatspräs. im Reichsversicherungsamt. Zweite Auflage. 1904. 4 M. 50 Pf.

73. **Entschädigung für unschuldig erlittene Verhaftung und Bestrafung.** Nebst Anhang, enth. die dazu gehörigen Nebengesetze über Schadensersatz. Von Dr. jur. **A. Romen,** Geh. Kriegsrat und vortr. Rat im Kriegsministerium. 1904. 2 M.

74. Die **Kaufmannsgerichte** nebst den preuß. Ausführungsbestimmungen. Von Dr. **Max Apt,** Syndikus der Korporation der Berliner Kaufmannschaft. Dritte Auflage. 1905. 2 M.

Daraus einzeln: **Preuß. Ausführungsbestimmungen.** 50 Pf.

75. Reichsgesetz über die **Konsulargerichtsbarkeit.** Erläutert von Dr. jur. **A. F. Vorwerk,** Rechtsanwalt in Schanghai. 1905. 2 M.

76. **Die Rechtshilfe im Verkehr mit den ordentlichen Gerichten nach deutschem Reichsrecht.** Zusammenstellung aller in Betracht kommenden Gesetzesstellen. Von Landrichter Dr. **A. Friedländer.** 1906. 1 M. 80 Pf.

77. **Das Reichserbschaftssteuergesetz.** Vom 3. Juni 1906. Von **Ulrich Hoffmann,** Geh. Registrator im Königl. Preuß. Finanzministerium. 1906. 2 M. 60 Pf.

78. **Zigarettensteuergesetz.** Vom 3. Juni 1906. Von Dr. **Cuno,** Gerichtsassessor. 1906. 1 M. 80 Pf.

79. **Die Militärpensionsgesetze** vom 31. Mai 1906 nebst den Ausführungsbestimmungen. Zum praktischen Gebrauch für Heer, Marine und Schutztruppe, von Dr. jur. **A. Romen,** Wirklicher Geheimer Kriegsrat und vortr. Rat im Kriegsministerium.
a) I. Teil: Offizierpensionsgesetz. 3 M. 50 Pf.
b) II. Teil: Mannschaftsversorgungsgesetz. Im Druck.
Jeder Teil ist einzeln käuflich.

80. Reichsgesetzgebung über **gerichtliche Registerführung.** Textausgabe der einschlägigen Gesetzesbestimmungen mit Anmerkungen und Sachregister von **Otto Lindemann,** Landrichter. 1906. 3 M.

81. Gesetz, betr. **Urheberrecht an Werken der bildenden Künste und der Photographie.** Von Dr. **Ludw. Fuld,** Rechtsanwalt. 1907. 1 M.

Guttentag'sche Sammlung

Preußischer Gesetze.

Text-Ausgaben mit Anmerkungen. Taschenformat.

---

1. **Die Verfassungs-Urkunde** für den Preußischen Staat. Mit Einleitung, vollständigem Kommentar. Von Prof. Dr. **Adolf Arndt.** Sechste Auflage. 1907. 3 M.
2. **Preußische Beamten-Gesetzgebung.** Enthaltend die wichtigsten Beamtengesetze in Preußen. Von **C. Pfafferoth.** Vierte, neubearb. Auflage. 1905. Mit Anhang: Abänderung vom 27. Mai 1907. 2 M.
3. **Die Aufnahme des Nottestaments** durch die bestellten besonderen Urkundspersonen. Anweisung vom 15. März 1904. Erläutert mit Musterbeispielen und einem Abriß des Erbrechts von Amtsgerichtsrat **C. Kurtz.** 1904. 1 M. 50 Pf.
4. **Gebührenordnung** für **Notare** vom 25. Juni 1895 nebst den einschlägigen Vorschriften des Preußischen Gerichtskostengesetzes. Von **R. Sydow.** Zweite Auflage bearbeitet von Dr. **E. Mosler,** Gerichtsassessor. 1900. 1 M. 50 Pf.
5. **Gesetz vom 24. April 1854 (betr. die außerehel. Schwängerung).** Von Dr. **Schulze.** 1873. 75 Pf. Gültiges Recht siehe: Reichsgesetze Nr. 58.
6. **Die Preuß. Ausführungsgesetze und Verordnungen zu den Reichs-Justizgesetzen.** Von **R. Sydow.** Dritte vermehrte Auflage. 1895. 2 M. 40 Pf.

Siehe Seite 23, Busch, Ausführungsgesetze.

7. Allg. **Gerichtsordnung** vom 6. Juli 1793 und Preuß. **Konkursordnung** vom 8. Mai 1885. Von **F. Vierhaus**, Geh. Ober-Justizrat. Vergriffen.

8. **Vormundschaftsordnung**. Von **F. Schultzenstein.** Gültiges Recht siehe: Reichsgesetze Nr. 47.

9. Die Preußische **Grundbuchgesetzgebung**. Von Prof. Dr. **Fischer.** Vergriffen. Siehe: Reichsgesetze Nr. 42.

10. **Einkommensteuergesetz**. Von **A. Fernow,** Geh. Ober-Finanzrat. Sechste Auflage. 1906. 3 M.

11. **Gewerbesteuergesetz**. Von **A. Fernow,** Geh. Ober-Finanzrat. Vierte, vermehrte Auflage. 1905. 2 M.

12. **Allgemeines Berggesetz** für die Preußischen Staaten vom 24. Juni 1865 nebst den preußischen Berggesetznovellen, den einschläg. Nebengesetzen u. Ausführungsbestimmungen. Mit Einleitung, Erläuterungen und Sachregister bearbeitet von **W. Westhoff** und **W. Schlüter.** Zweite Auflage. 1907. 5 M.

13. **Ergänzungssteuergesetz** (Vermögenssteuergesetz). Von **A. Fernow,** Geh. Ober-Finanzrat. Vierte vermehrte Auflage. 1907. 2 M. 40 Pf.

14. **Kommunalabgabengesetz**. Vom 14. Juli 1893 und Gesetz wegen Aufhebung direkter Staatssteuern. Von Dr. **F. Adickes,** Oberbürgermeister. Vierte Auflage. 1906. 1 M. 50 Pf.

15. Die **Kreisordnungen** für den Preußischen Staat. Von **O. Kolisch,** Landgerichtsrat. 1894. 4 M.

16. **Konzessionierung gewerblicher Anlagen.** Preuß. Ausführungs-Anweisung zu §§. 16 u. ff. der Gewerbe-Ordnung. Von Dr. **W. v. Rüdiger,** Geh. Regierungs- u. Gewerberat. Zweite Auflage. 1901. 2 M.

17. **Preußisches Gerichtskostengesetz.** Mit Kostentabellen. Von Dr. **P. Siméon,** Landrichter. Vierte Auflage. 1904. 2 M. 25 Pf.

18. **Preußisches Stempelsteuergesetz** vom 31. Juli 1895. Mit den gesamten Ausführungsbestimmungen und vollständigen Tabellen. Von **P. Loeck,** Regierungsrat. Sechste Auflage. 1907. 6 M.

Dieser Band ist in größerem Format erschienen.

19. Das **Jagdscheingesetz.** Mit ausführlichen Erläuterungen. Von **F. Kunze,** Wirklichem Geh. Ober-Regierungsrat. Zweite Auflage. 1899. 2 M.

20. Die **preußischen Erbschaftssteuergesetze.** Unter Berücksichtigung der Novelle vom 31. Juli 1895. Von **U. Hoffmann,** Geh. Registrator im Königl. preuß. Finanzministerium. 1905. 4 M.
(Reichserbschaftssteuergesetz s. Reichsgesetze Nr. 77).

21. Gesetz über die **Handelskammern.** Vom 19. August 1897. Mit Erläuterungen von **F. Lusensky,** Geh. Regierungsrat. 1897. 3 M.

22. Gesetz, betr. **Anstellung und Versorgung der Kommunalbeamten.** Mit Ausführungsanweisung. Von Dr. **W. Ledermann,** Magistratsassessor zu Berlin. 1899. 1 M. 25 Pf.

23. Ausführungsgesetz zum Bürgerlichen Gesetzbuche. Von Landrichter Dr. **P. Siméon.** 2. Aufl. 1905. 1 M. 80 Pf.

24. Die **Hinterlegungsordnung** in der Fassung des Ausführungsgesetzes z. BGB. v. 20. Sept. 1899 nebst Ausführungsbestimmungen. Von Regierungsassessor Dr. **Georg Bartels.** 1900. 1 M. 50 Pf.

25. **Preußische Kommunalbeamtengesetzgebung.** Von Magistr.-Assess. Dr. **Fr. Kremski,** Berlin. 1901. 3 M.

26. Gesetze über das **Diensteinkommen der Lehrer und Lehrerinnen, Ruhegehalt und Fürsorge für Hinterbliebene.** Tabelle zur Berechnung der Ruhegehalts-, Witwen- u. Waisenbezüge. Von Dr. **Ed. Cremer,** Beigeordneter. 1900. 2 M. 40 Pf.

27. Gesetz, betreffend die **Warenhaussteuer.** Von Geh. Ober-Finanzrat Dr. **G. Strutz.** 1900. 1 M. 20 Pf.

28. Gesetz über die **Fürsorgeerziehung Minderjähriger.** Nebst Ausführungsbestimmungen. Von Landgerichtsdirektor Dr. **P. F. Aschrott.** Zweite umgearbeitete Auflage. 1907. 2 M. 80 Pf.

29. Gesetz, betr. **die ärztlichen Ehrengerichte, das Umlagerecht und die Kassen der Aerztekammern.** Von Amtsgerichtsrat Dr. **Fidler.** 1901. 1 M. 50 Pf.

30. Die das **Preußische Staatsschuldbuch** und **Reichsschuldbuch** betr. Gesetze nebst Ausführungsbestimmungen. Von Wirkl. Geh. Ober-Finanzrat **J. Mücke,** Mitglied der Staatsschuldenverwaltung. 1902. 2 M.

31a. **Die geltenden Preußischen Gesindeordnungen.** Herausgegeben in zwei Bänden von **Stephan Gerhard,** Rechtsanwalt in Berlin. 1902.

Band I: Gesindeordnung für die altpreußischen Provinzen vom 8. XI. 1810, mit Erläuterungen unter Berücksichtigung der Ergänzungsgesetze und der Rechtsverhältnisse der Gesindevermieter, sowie die Gesindeordnung für Neuvorpommern und Rügen und für die Rheinprovinz. 2 M. 50 Pf.

31b. **Band II:** Gesindeordnungen für Hannover, Schleswig-Holstein, Hessen-Nassau und den Regierungsbezirk Hohenzollern. 2 M. 50 Pf.

32. **Die Städteordnung für die sechs östlichen Provinzen** Preußens vom 30. Mai 1853 nebst ihren gesetzlichen Ergänzungen. Von **Dr. jur. Walter Ledermann,** Magistrats-Assessor zu Berlin. 1902. 6 M.

Dieser Band ist in größerem Format erschienen!

33. **Rentenguts- und Anerbenrechts-Gesetzgebung in Preußen.** Von Landgerichtsrat **M. Peltasohn** und Rechtsanwalt **Bruno Peltasohn.** 1903. 3 M.

34. Sammlung der wichtigsten **preußischen Strafgesetze** nebst Anhang: Gesetz betr. polizeiliche Strafverfügungen vom 23. April 1883. Von **Otto Lindemann,** Amtsrichter. 1903. 2 M. 50 Pf.

Inhalt: Mobiliar-Feuerversicherung — Chausseegeld — Jagdpolizei — Jagdschein — Wild-Schonzeit — Fischerei — Versammlungs- u. Vereinigungsrecht — Belagerungszustand — Gesindedienstpflichten — Mineraliengewinnung und -Aneignung — Schlachthäuser — Dampfkesselbetrieb — Wandergewerbebetrieb — Reblausverbreitung — Forstdiebstahl — Wald- u. Wassergenossenschaften — Feld- u. Forstpolizei — Lotteriespiel — Verkehrsabgaben — Landestrauer.

35. **Geschäftsordnung für Gerichtsvollzieher.** Gerichtsvollzieherordnung und Gebührensätze von Amtsgerichtssekretär a. D. **Emil Exner.** 1904. 3 M. 50 Pf.

36. Die Gesetzgebung über **Polizeiverordnungen in Preußen** von **Otto Lindemann,** Amtsrichter in Köslin. 1904. 1 M. 50 Pf.

37. Gesetz über die **Enteignung von Grundeigentum** vom 11. Juni 1874. Von Landrichter **O. Meyer.** 1905. 2 M.

38. **Kreis- und Provinzial-Abgabengesetz.** Vom 23. April 1906. Von **Fr. Schmidt,** Gemeindevorsteher. 1906. 1 M. 25 Pf.

39. Gesetz betr. die **Unterhaltung der öff. Volksschulen.** Vom 28. Juli 1906. Von **Dr. A. Marcks,** Regierungsrat. 1906. 2 M.

40. Gesetz betr. das **Verwaltungsstreitverfahren** bei Zuwiderhandlungen gegen die Zollgesetze und die sonstigen Vorschriften über indirekte Reichs- und Landesabgaben, sowie die Bestimmungen über die Schlacht- und Wildpretsteuer vom 26. Juli 1897. Von **Dr. Richard Katzenstein,** Gerichtsassessor. 1907. 3 M. 60 Pf.

41. Die **preußischen Jagdpolizeigesetze.** Von **Fr. Kunze,** Wirkl. Geh. Oberregierungsrat und **R. Kühnemann,** Rechtsanwalt. Zweite gänzlich veränderte und verbesserte Auflage. 3 M. 60 Pf.

Guttentag'sche Sammlung von
Text-Ausgaben mit Sachregister ohne Anmerkungen.

Taschenformat, elegant in Leinen gebunden.

Reichs-Justizgesetze:

Gerichtsverfassungsgesetz. Zivilprozeßordnung. Konkursordnung. Strafprozeßordnung.

In einem Bande gebunden 3 M. 80 Pf.

Zweite Auflage.

Zivilprozeßordnung mit Gerichtsverfassungsgesetz und Einführungsgesetzen in den neuesten Fassungen. 2 M.

Konkursordnung mit Einführungsgesetz. 80 Pf.

Strafprozeßordnung nebst Einführungsgesetz. 1 M. 20 Pf.

Bürgerliches Gesetzbuch nebst Einführungsgesetz. Zehnter Abdruck. 2 M. 50 Pf.

Handelsgesetzbuch nebst Einführungsgesetz u. Seerecht. Siebenter Abdruck. 1 M. 80 Pf.

Gewerbeordnung für das Deutsche Reich. Zweite Auflage. 1 M. 20 Pf.

Ausführungsanweisung zur Gewerbeordnung vom 1. Mai 1904 nebst der preuß. technischen Anleitung. 2 M.

Militär-Strafgesetzbuch mit Abdruck der angezogenen Bestimmungen des Reichs-Strafgesetzbuchs. 1 M.

Guttentag'sche Sammlung von Text-Ausgaben mit Sachregister ohne Anmerkungen.

Militärstrafgerichtsordnung nebst Einführungsgesetz u. Ges., betr. Dienstvergehen der richterlichen Militärjustizbeamten u. unfreiwillige Versetzung derselben usw. **Militär-Strafgesetzbuch** mit Abdruck der entsprechenden Bestimmungen des Reichs-Strafgesetzbuchs. Zweite Auflage. 1 M. 50 Pf.

Die Preußischen Ausführungsgesetze, Verordnungen und ministeriellen Verfügungen zu dem Bürgerlichen Gesetzbuche und den Reichs-Justizgesetzen nebst anderen zugehörigen Gesetzen. Textausgabe, nach Materien geordnet, mit Sachregister von **L. Busch.** Zweite Auflage von Gerichtsassessor **O. Eylau.** 8°. Preis geb. 4 M. 50 Pf.

Die Preußischen Ausführungsgesetze zum Bürgerlichen Gesetzbuche und Nebengesetze. Text-Ausgabe ohne Anmerkungen. Fünfte Auflage. Taschenformat. Preis geb. in ganz Leinen 1 M. 80 Pf.

Handbuch des Testamentsrechts

mit zahlreichen Beispielen und Formularen.

Dargestellt von **Heinrich Peiser,** Landgerichtsrat in Danzig. gr. 8°. Zweite Auflage. Im Druck.

Wegweiser durch das Aktienrecht, nach dem Wortlaut der seit dem 1. Januar 1900 gültigen Reichsgesetze. Von Dr. Max Wittenberg. 1900. 16⁰. (121 S.) Geb. in Leinen 1 M.

Das Preußische Baupolizeirecht nebst den einschlägigen Bestimmungen des **Ansiedelungs-, Feld- und Forstpolizei-, Waldschutz-** und **Deichgesetzes,** sowie dem **Fluchtlinien-, Rayongesetz** und dem Gesetz über die Zulässigkeit des Rechtsweges gegen polizeiliche Verfügungen. Kommentar von Kgl. Polizeiassessor A. Born. 1902. gr. 8⁰. (497 S.) 10 M., geb. in Leinen 11 M.

Strafrecht der Berufsgenossenschaften nach den Unfallversicherungsgesetzen vom 30. Juni 1900. Unter Benutzung amtlichen Materials zum praktischen Gebrauche dargestellt von Professor, Regierungsrat Dr. Ludwig Laß. 1901. 8⁰. (134 S.) Geb. in Leinen 3 M.

Das **Eigenbild** im Recht. Von Prof. Dr. J. Kohler. 1903. gr. 8⁰. (66 S.) 2 M.

Das Recht am eigenen Bilde. Von Geh. Justizrat und Kammergerichtsrat Dr. Hugo Keyssner. 1896. gr. 8⁰. (63 S.) 2 M.

Erbenhaftung und Nachlaßkonkurs im neuen Reichsrecht. Von Professor Dr. Ernst Jaeger. 1898. gr. 8⁰. (117 S.) 3 M.

Feuerschutz und Feuerrettungswesen beim Beginn des XX Jahrhunderts. Berichtswerk über die Internationale Ausstellung für Feuerschutz und Feuerrettungswesen. Berlin 1901. Mit zahlreichen Abbildungen. Bearbeitet im Auftrage des Königlich Preussischen Ministeriums des Innern. 1902. gr. 4⁰. (483 S.) 10 M., geb. 12 M.

Organisation der Arbeitgeber. Von H. A. Bueck. 1904. (89 S.) 1 M. 20 Pf.

Fluchtliniengesetz. — Das Gesetz, betreffend die **Anlegung** und **Veränderung** von Straßen und Plätzen in Städten und ländlichen Ortschaften vom 2. Juli 1875. Des Kommentars von weil. Oberverwaltungsgerichtsrat R. Friedrichs fünfte, völlig neubearbeitete Auflage. Von Senatspräsident Dr. jur. Hugo von Strauß und Torney. 1905. 8°. (364 S.) geb. 5 M.

Das **Verfügungsrecht beim Frachtgeschäft** unter besonderer Berücksichtigung des Postfrachtgeschäfts. Von Dr. jur. P. Leutke, Postinspektor. 1905. (270 S.) 5 M.

Die **freiwillige Gerichtsbarkeit** im Reiche und in Preußen. Ein Leitfaden von Dr. A. Nußbaum. 1900. 8°. (268 S.) Geb. in Leinen 4 M.

Das **System der Reichs-Gewerbeordnung.** Für den akademischen und praktischen Gebrauch dargestellt von Dr. R. Beyendorff. 1902. 8°. (303 S.) 4 M., geb. in Leinen 4 M. 60 Pf.

Gewerberecht und **Arbeiterschutz.** Führer für Arbeitgeber und Arbeiter durch die Gewerbe- und Arbeiterschutzgesetze. Von G. Laurisch, Kgl. Gewerbeinspektor. 1901. 8°. (210 S.) Kart. 1 M. 80 Pf.

Die **Gläubigeranfechtung außerhalb des Konkurses.** Auf Grundlage des Gesetzes v. 21. Juli 1879. Von Prof. Dr. Ernst Jaeger. 1905. (356 S.) 9 M., geb. 10 M.

Die **Grundbuchordnung** nebst den preußischen Ausführungsbestimmungen mit Kommentar und systematischer Uebersicht über das materielle Grundbuchrecht. Von Reichsgerichtsrat Dr. Alex Achilles und Landrichter O. Strecker. 1901. Lex. 8°. (960 S.) 12 M., geb. in Halbfr. 14 M.

Die **Verfügungen in Grundbuchsachen**. Leitfaden für Grundbuchbeamte, Notare und Referendare. Von Amtsgerichtsrat Max Löwenherz. 1904. (115 S.) gr. 8°. 2 M., geb. in Leinen 2 M. 50 Pf.

Die **Haftpflicht der Beamten.** Nach Reichsrecht und dem Recht der deutschen Bundesstaaten unter Berücksichtigung der Haftpflicht des Staates (Gemeindeverbandes usw.). Von Landrichter Dr. H. Delius. 1901. 8°. (147 S.) Kart. 2 M.

Das Recht der Handlungsgehilfen und Handlungslehrlinge auf Grund des Handelsgesetzbuches, der Reichs-Gewerbeordnung, der Reichs-Versicherungsgesetze und des bürgerlichen Rechts dargestellt für Juristen und Kaufleute. Von Rechtsanwalt Hugo Horrwitz. 2. vollständig neubearbeitete Auflage. 1905. (203 S.) Geb. in Leinen 3 M.

Das Handwerkergesetz vom 26. Juli 1897. Mit Einleitung und Bemerkungen unter besonderer Berücksichtigung der Ausführungsanweisungen. Von Dr jur. L. Wilhelmi. 1902. 8°. (360 S.) 5 M., geb. in Leinen 6 M.

Handelsgesetzbuch vom 10. Mai 1897 nebst Abdruck des Gesetzes über die Angelegenheiten der freiwilligen Gerichtsbarkeit und Gerichtsverfassungsgesetz (Titel 7, Kammern für Handelssachen). Zu praktischem Gebrauch dargestellt von Oberlandesgerichtsrat H. Könige. 1899. 8°. (410 S.) Geb. in Leinen 4 M. 50 Pf.

Gesetz, betreffend **die Prüfung der Läufe und Verschlüsse der Handfeuerwaffen.** Vom 19. Mai 1891. Nebst den Ausführungsbestimmungen des Bundesrats vom 22. Juni 1892. Textausgabe mit Anmerkungen. Von Hauptmann a. D. Georg Koch. 1892. 8°. (59 S.) Kart. 1 M. 50 Pf.

Das deutsche Handels-, Wechsel- und Seerecht. Erweiterter Abdruck aus: Das alte und das neue Bürgerliche Recht Deutschlands mit Einschluß des Handelsrechts. Von Prof. Dr. A. Engelmann. 2. Aufl. im Druck.

Das **Kommunalabgabengesetz** vom 14. Juli 1893. Für den praktischen Gebrauch mit einer geschichtlichen Einleitung und Erläuterungen versehen, sowie mit einem die Ausführungsanweisung berücksichtigenden Nachtrag. Kommentar von Oberbürgermeister Dr. Franz Adickes. 1894. 8°. (417 S.) Kart. 6 M.

Das **Absonderungsrecht im Konkurse** mit besonderer Berücksichtigung des preußischen und gemeinen Rechts, systematisch dargestellt von Oberlandesgerichtsrat Dr. Th. Wolff. 1892. gr. 8°. (542 S.) 10 M.

Konkursordnung mit Einführungsgesetz, Nebengesetzen und Ergänzungen in der Fassung des Gesetzes vom 17. Mai 1898. Kommentar von Oberlandesgerichtsrat Dr. Th. Wolff. 1900 gr. 8°. (555 S.) 11 M., geb. in Leinen 12 M.

Die Kurtaxe. Betrachtungen über ihre rechtliche Natur. Von Professor J. Kohler. 1902. gr. 8°. (52 S.) 1 M.

Das **Wohnungsmietrecht** nach dem Bürgerlichen Gesetzbuch. Zum praktischen Gebrauch für Juristen, Hausbesitzer und Mieter bearbeitet von Rechtsanwalt und Notar Th. Loomann. 1900. 8°. (144 S.) 2 M.

Gesetz betreffend die **Patentanwälte.** Vom 21. Mai 1900. Nebst Ausführungsverordnungen. Von Prof. Dr. R. Stephan, Geh. Reg.-Rat, Abteil.-Vorsitz. im Kaiserl. Patentamt. 1900. 8°. (72 S.) Geb. in Leinen 1 M. 50 Pf.

Der Raritätenbetrug. Von Dr. Hanns Gross, Universitäts-Professor. 1901. gr. 8°. (296 S.) 6 M.

Polizei und Publikum. Eine Darstellung der beiderseitigen Rechte und Pflichten an der Hand der grundlegenden Bestimmungen für die Ausübung der örtlichen allgemeinen Verwaltungspolizei in Preußen. Von Bürgermeister M. Koehne. 1897. 8°. (144 S.) Geb. in Leinen 2 M. 75 Pf.

Patentgesetz und Gesetz, betreffend den **Schutz von Gebrauchsmustern.** Von Justizrat Dr. A. Seligsohn. 2. Auflage. 1901. gr. 8°. (557 S.) 12 M., geb. in Leinen 13 M.

Die **Tätigkeit der Polizei in Strafsachen** auf Grund der Reichsjustizgesetze und des Preußischen Rechts für Polizeiverwalter und Polizeibeamte. Von Oberverwaltungsgerichtsrat St. Genzmer. 4. Auflage. 1900. 16°. (117 S.) Kart. 90 Pf.

Beschwerde und **Klage** sowie sonstige **Rechtsmittel** gegen polizeiliche Verfügungen und Zwangsmaßregeln. Gemeinverständlich dargestellt und durch Beispiele erläutert von Oberverwaltungsgerichtsrat B. von Kamptz. 1894. 12°. (93 S.) Kart. 1 M. 20 Pf.

Dienstunterricht für Polizei-Exekutiv-Beamte. 1. Teil. Strafgesetzgebung (Gerichtsverfassung, Strafprozeßordnung, Strafgesetzbuch). Von Polizeiinspektor J. Segger. 1900. 8°. (308 S.) Kart. 2 M.

Die Registratur. Von Hermann Kollrack, Kgl. Polizeisekretär am Berliner Polizeipräsidium. 1896. 8°. (56 S.) Kart. 90 Pf.

Soziale Reform. Von H. A. Bueck, Geschäftsführer des Verbandes deutscher Industrieller. 1903. 8°. (36 S.) 60 Pf.

Rechtsbrevier für deutsche Ehefrauen. 52 Merksprüche aus dem Bürgerl. Gesetzbuch mit Erläuterungen. Von Dr. jur. Emilie Kempin. 8°. (62 S.) Kart. 1 M.

Verwaltungs-Hygiene. Ein Handbuch der öffentlichen Gesundheitspflege für Verwaltungsbeamte. Von Dr. A. Pfeiffer. 1895. gr. 8°. (228 S.) 5 M., geb. in Leinen 6 M.

Vorschläge zur Reform der Volksversicherung in Deutschland. 1906. gr. 8°. (40 S.) 1 M.

Handbuch des Vormundschaftsrechts. Unter Berücksichtigung der Ausführungsgesetze der deutschen Bundesstaaten. Von H. Schultetus, Landgerichtsrat in Rostock. 1899. 8°. (261 S.) 4 M., geb. in Leinen 4 M. 60 Pf.

Die Pflichten des Waisenrates. Ein praktischer Leitfaden für Waisenräte und Verwaltungsbeamte. Von F. Baum, Geh. Justizrat und Vormundschaftsrichter. Achte vermehrte und verbesserte Auflage. 1906. 8°. (46 S.) 60 Pf.

Wechselstempelsteuer und ihre Reform. Eine kritische Studie. Von Dr. jur. Eug. Jacobsohn. 1906. gr. 8°. (47 S.) 1 M.

Der Vormund, Gegenvormund, Pfleger u. Familienrat. Nach dem Bürgerlichen Gesetzbuch, dem Reichsgesetz über die Angelegenheiten der freiwilligen Gerichtsbarkeit und dem Ausführungsgesetz zum BGB. Ein praktischer Leitfaden. Von F. Baum, Geh. Justizrat und Vormundschaftsrichter. 1899. 8°. (64 S.) 50 Pf.

Gesetz zum **Schutz der Warenbezeichnungen** vom 12. Mai 1894, nebst Ausführungsbestimmungen. 2. Auflage, bearbeitet von Dr A. Seligsohn in Gemeinschaft mit Rechtsanwalt Martin Seligsohn. 1905. gr. 8°. (353 S.) 7 M., geb. 8 M.

Anleitung zur **Bildung öffentlicher Genossenschaften zur Ent- und Bewässerung** von Grundstücken für Zwecke der Landeskultur in den preuß. Provinzen nebst den in Betracht kommenden Gesetzen und Ministerialerlassen. Zugleich ein Handbuch des landwirtschaftlichen Wasserrechts für jedermann. Von Regierungsrat Dr. Bernh. Weddige. 1887. 8°. (300 S.) 4 M. 50 Pf.

Das **Wildschadengesetz.** Vom 11. Juli 1891. Kommentar von Dr. A. Holtgreven u. Dr. Th. Wolff. Vierte vermehrte und verbesserte Auflage. 1902. 8°. (224 S.) 4 M., geb. in Leinen 4 M. 50 Pf.

Belehrung über den Wucher. Ein Schutz gegen Schädigung mit Fingerzeigen für jedermann. Nach dem neuen Wuchergesetz bearbeitet von Carl Pfafferoth, Geh. Kanzleirat im Reichsjustizamt. 1893. 8°. (38 S.) 50 Pf.

Das Gesetz zur **Bekämpfung des unlauteren Wettbewerbs.** Für die gerichtliche und gewerbliche Praxis erläutert von C. Hauß, Geh. Oberregierungsrat. 1896. 8°. (123 S.) geb. 3 M.

Das **Reichsgesetz zur Bekämpfung des unlauteren Wettbewerbs** nebst den ergänzenden Bestimmungen des Bürgerlichen Gesetzbuchs. Kommentar von Justizrat Albert Pinner, 1903. gr. 8°. (189 S.) 5 M., geb. in Leinen 6 M.

Verfassung des Deutschen Reichs. Mit Einleitung und Kommentar. Dritte, stark vermehrte und verbesserte Auflage. Von Prof. Dr. A. Arndt. 1907. 8°. (436 S.) 4 M., geb. in Leinen 5 M.

Daß **Preußische Versammlungs- und Vereinsrecht.** Systematisch dargestellt. Von Staatsanwaltschaftsrat Dr. Paul Caspar. 1894. 8°. (130 S.) 2 M.

Schlagwort-Register.

N. — Nummer der Sammlung Deutscher Reichsgesetze.
P. — Nummer der Sammlung Preußischer Gesetze.
S. — Seite.

FSC
www.fsc.org
MIX
Papier | Fördert
gute Waldnutzung
FSC® C083411

Kolibri 360 GmbH
Ferdinand-Jühlke-Straße 7
99095 Erfurt, Deutschland
produktsicherheit@kolibri360.de